Susan Crain Bakos

S/M

Sex, Gewalt und Liebe

Aus dem Amerikanischen von
Anneli von Könemann

Knaur

Dieses Buch ist Jack Kaplan und Jack Heidenry, meinen besten Freunden, gewidmet.

Inhalt

EINFÜHRUNG

Welche sexuellen Geheimnisse haben Ihre Nachbarn?

»Slomo«, eine »Lederlesbe« (lesbische S/M-Anhängerin) aus San Francisco, schenkte ihrer Mutter, einer Grundschullehrerin aus dem Mittleren Westen, zu Weihnachten eine Peitsche – nicht eine Peitsche, wie sie von Reiterinnen benutzt werden. Das Geschenk war eine rote wildlederne Peitsche, die Slomo selbst gemacht hatte.

»Mom will sie nicht an ihrem Freund ausprobieren«, erzählt Slomo. »Sie hat sie an die Wand im Flur gehängt, wo sich auch die schönsten Familienfotos befinden, direkt neben der eingerahmten Karte zum Muttertag, die ich ihr gemalt habe, als ich sechs Jahre alt war. Sie schämt sich keineswegs dafür.«

In dem kürzlich gesendeten Film *Exit to Eden* spielte Dana Delaney, die nette Krankenschwester aus der Fernsehserie *China Beach,* die Rolle einer Sexgöttin und Herrin. Bald werden Wesley Snipes und Patrick Swayze in einem Film über Transvestiten zu sehen sein, Titel *To Wong Foo, Love Julie Newmar,* in dem die Schauspieler die Parts richtiger Transvestiten übernehmen und sich nicht etwa Männer wie Frauen verkleiden, um einen Job zu bekommen oder in die Nähe ihrer Kinder zu gelangen, wie sonst in den Filmen. In der Zeitschrift *Philadelphia* berichtet die Herausgeberin Carol Saline in einer Umfrage über Sex in der Stadt, daß »überraschenderweise« 20 Prozent der Antwortenden »Bondage-

und Disziplinspielen gute Noten gaben«. Abartige Veranlagungen, einstmals verhüllt unter dem Schleier der Geheimnistuerei – etwa die Kleider, die angeblich in J. Edgar Hoovers Schrank hingen –, werden heute offen gezeigt.
In Los Angeles nahm ich an der Party eines Filmstars teil. Die dezidierten S/M Anspielungen an jenem Abend umfaßten zweideutige Bemerkungen und Anspielungen auf die Kleidung – viel Schwarz, viel schwarzes Leder, sehr hohe Absätze bei den Frauen und weibliche Kleidung bei den Männern sowie sehr häufig Metall, das durch die Haut gezogen war. »Szenen« wurden nicht aufgeführt. Ein junger Mann war direkt aus dem S/M-Club »Fuck!« gekommen, der heute nicht mehr existiert, da die Sittenpolizei Hollywoods eine Razzia veranstaltete und den Club schließen ließ. Der Mann beschrieb die damals schon drohende Schließung als »eine Art Vergewaltigung der S/M-Gemeinde«. Die Anwesenden nickten höflich, so wie sie auch einem Aktivisten für die Rechte der Tiere freundlichen Respekt gezollt hätten.
Eine junge Frau Anfang Zwanzig, bekleidet mit einem schwarzen Leder-BH, Hot pants und hüfthohen Stiefeln mit 13 cm hohen Absätzen, sah sich die Gäste an und stellte fest, daß »sich die normalen Menschen in der S/M-Szene breitmachen«. Die winzigen goldenen Ringe, die sie durch ihre äußeren Ohrmuscheln und die Haut unterhalb der Augenbrauen gezogen hatte, funkelten, wenn sie ihren Kopf bewegte. Der Stab durch ihre Zunge leuchtete auf, wenn sie sprach. Ihre Brustwarzen und ihre Schamlippen seien ebenfalls gepierct, erzählte sie mir. Sie war in Philadelphia aufgewachsen, wo ihre Eltern heute noch lebten – oder, ihrer Einschätzung nach, vor sich hin vegetierten. Ich hätte sie beinahe gefragt: Bricht diese Verstümmelung Ihres Körpers Ihrer Mutter nicht das Herz?

»Es ist unheimlich«, sagte sie und meinte damit die vielen schönen Menschen, auf die sie mit der Hand deutete; ihre grotesk langen Nägel waren so tiefrot lackiert, daß sie beinahe schwarz wirkten. »Es ist unheimlich, wie diese Menschen unsere Dinge übernehmen. Sie können damit nicht umgehen. Jemand könnte zu Schaden kommen.«

»Die meisten tun es vermutlich gar nicht«, sagte ich beruhigend. »Sie wollen nur so aussehen.«

Ich mußte an den Artikel im *Philadelphia*-Magazin denken. Sie hatte unrecht, wenn sie sagte, in ihrer Stadt sei nichts los. Was würde sie von der Frau denken, die berichtete, es gefalle ihr, sich an den Balken auf dem Dachboden zu hängen und von ihrem Mann mit seinem Gürtel auspeitschen zu lassen?

Einige Wochen nach dieser Party war ich in Baltimore, dem konservativen *Baltimore*, wegen der Enthüllungen in dem Bericht »Kinky Sex« (Titelstory im *City Paper* im Januar 1993, einer kostenlosen Wochenzeitung). Der Artikel beschrieb sowohl homosexuellen als auch heterosexuellen abartigen Sex, der von einer Gruppe von Leuten gelebt wurde, die bereit waren, sich mit Namen nennen und fotografieren zu lassen, und die zum inneren Zirkel einer Gruppe gehörten, die als »die Szene« bekannt ist. Peitschenmacher, Barbesitzer, politische Aktivisten und andere Leute, deren Leben und Lebensunterhalt durch S/M bestimmt werden, deren Hobbys schweres Auspeitschen, Branding (das Brandmarken), Cutting (das Zufügen von Schnittwunden), Scarring (das Zufügen von Wunden) und Bodypiercing (das Piercen – Durchstoßen – von Penis, Schamlippen, Brustwarzen, Nabel und Zunge) einschließt. Einer der befragten Männer, laut Selbstbeschreibung ein »Herr« und »echter Sadist«, erklärte, wie er seine Lieblingsbeschäftigung, das Piercing, bei einem Sklaven bevorzugt durchführte: Er steckte im Abstand von einem Zentimeter Nadeln in den entsprechenden Körperteil des Sklaven und verband die Nadeln durch ein Seil mit Nägeln, die er 30 Zentimeter vom Körper entfernt festnagelte. Es sei sein Ziel, so erzählte er, »kreativ« mit S/M umzugehen.

Seine Offenheit gegenüber einem Blatt, das viele normale Bürger von Baltimore lesen, überraschte mich, nicht jedoch sein Erfindungsreichtum. Mehrere Jahre lang habe ich als Sex-Kolumnistin für das *Penthouse Forum* und für *Briefe an Penthouse* gearbeitet, wo ich die »Superlady des Sex« genannt wurde. Ich hatte von Männern und gar nicht so wenigen Frauen gehört, die Fußfetischisten, S/M-Anhänger oder Transvestiten waren, von Leuten, die anderen gerne den Hintern versohlten oder sich versohlen ließen, von Gummifreunden und solchen, die verschiedene andere Formen abartigen Sex praktizierten –, die Art von Verhalten, das vom psychologischen Establishment als »sexuelle Anomalie« oder Perversion bezeichnet wird. Viele von ihnen hatten teuflisch clevere Möglichkeiten gefunden, sich oder ihre Partner sexuell zu quälen. Sie waren oft intelligent, manchmal geistreich und gehörten nicht selten zur oberen Mittelklasse. Meine Briefpartner waren ganz eindeutig typische Leser gehobener Stadtmagazine.

Als ich Recherchen für meine beiden Bücher *Liebe und Lust der Männer* und *Liebe und Lust der Frauen* anstellte, interviewte ich viele Männer und Frauen, die sich zumindest oberflächlich mit alternativen Ausdrucksmöglichkeiten beim Sex beschäftigten, und auch einige wenige, die »Sex« nur auf eine extreme Art und Weise lebten, die viele von uns nicht als Sex betrachten würden. Sie hatten überhaupt keinen Geschlechtsverkehr mehr – und erlebten auch nicht oft einen Orgasmus. Statt dessen fanden sie erotische Stimulation und Erfüllung durch komplizierte

Gedankenspiele, beispielsweise Erniedrigung und Kontrolle, Fußfetischismus oder das Zufügen oder Ertragen von Schmerzen.

Bei meinen Recherchen als Autorin stieß ich auf einen direkten Zusammenhang zwischen sozioökonomischem Status und abartigem Sex. Arme Leute scheinen diese Formen des Sex weit weniger zu praktizieren als reiche. Nach Untersuchungen des Kinsey-Instituts praktizieren mehr als ein Drittel der amerikanischen Männer Sex, der außerhalb des »Normalen« liegt (Vorspiel, Geschlechtsverkehr und oraler Sex). Dazu gehören: heterosexueller Analverkehr, Exhibitionismus, Fetischismus, Transvestitismus, S/M und Bondage. Je höher jemand auf der sozioökonomischen Leiter klettert, so fanden Untersuchungen heraus, um so weiter sind abartige Praktiken verbreitet – woraus sich entweder ableiten läßt, daß Menschen »weiter oben« häufiger an Umfragen teilnehmen und sich für Untersuchungen zur Verfügung stellen oder weniger sozialen Druck verspüren, den »sexuellen Normen« genügen zu müssen.

Ich erinnere mich an ein Gespräch mit einer Bekannten, die wunderbar gekleidet, frisiert und sehr gepflegt war. Wir saßen beim Mittagessen in einem Bistro an der Park Avenue in Manhattan, und ich erzählte ihr, daß »es ein viel breiteres Spektrum an abartigem Sexualverhalten gibt, als man annehmen würde – angefangen bei heterosexuellem Analverkehr –, und es in der Mittel- und Oberschicht mehr Menschen gibt, die solche Praktiken bevorzugen, als gemeinhin angenommen«.

Ihre Antwort? »Das höre ich mit Vergnügen. Mein Mann trägt gerne meine Unterwäsche, und manchmal frage ich mich, ob das nicht ein wenig seltsam ist.«

»08/15«-Menschen, die subtile Signale von gewissen Freunden, Nachbarn, Verwandten und Kollegen nicht bemerken und glauben, daß »Perverse« Typen sind, die mit der Hand in der Tasche in der Peep-Show stehen, finden das vielleicht merkwürdig. »08/15« ist die Bezeichnung der »harten S/M-Spieler« für uns anderen, wenn sie hinter unserem Rücken über uns reden. Diese »harten Spieler« *sind* »die Szene« und stehen auf der Skala der Abartigkeiten einige Stufen über jenen, die eher gelegentlich »Szenarien« arrangieren – S/M-Szenen, die eher mit einer Kostümparty als mit Schmerzen zu tun haben – oder die andere in Clubs oder bei privaten Partys »beim Spielen« beobachten. »08/15«-Menschen haben heterosexuellen Sex mit einer Person ohne abartige Praktiken. Unterschwellig soll das heißen, »08/15«-Menschen hätten Angst, ihre Grenzen zu erkunden, zu erweitern, auszureizen. Die »Spieler« glauben, uns würde *ihre* Art von Sex Spaß machen, wenn wir nur nicht zu feige wären, es einmal mit Auspeitschen zu versuchen.

»Normale« Menschen haben oft sogar schon einmal davon geträumt, es mit Bondage oder Schlägen zu versuchen oder mit mehr als einer Person Liebe zu machen oder auch Analverkehr zu probieren. »Erzwungener Sex« (oft mit Bondage) und Sex mit mehr als einem Partner sind zwei der beliebtesten Phantasien, über die Männer und Frauen in verschiedenen Studien sprechen. Nancy Friday berichtet in ihrem Buch *Woman on Top* aus dem Jahr 1992, daß weit mehr weibliche Befragte von sadomasochistischen Phantasien berichten als noch vor zwanzig Jahren.

Wie könnte man nicht über Bondage phantasieren, wenn man damit in Filmen konfrontiert wird wie *Basic Instinct, Feßle mich* und dem Madonna-Streifen *Body of Evidence* (der in Videoläden mit einem »Passion-Pack« verkauft wird, zu dem Handschellen und eine Kerze gehören, mit der heißes

Wachs auf den Körper der geliebten Person getröpfelt werden kann)? Wie könnte man sich nicht über S/M Gedanken machen, wenn man Zeitschriften liest, fernsieht, ins Kino geht oder die Stadtteile aufsucht, die es in jeder größeren Stadt gibt, wo sich Künstler und Homosexuelle aufhalten, vom West End in St. Louis' Central über den Castro-District in San Francisco bis zum Dupont Circle in Washington?

Vor zwanzig Jahren wurde oraler Sex noch als abartig betrachtet – und die Menschen gaben nur selten zu, daß sie ihn praktizierten, obwohl sie es bestimmt taten. Heute sind Cunnilingus und Fellatio anerkannte Formen sexuellen Verhaltens; eine Mehrheit bekennt sich dazu. Wird man in zwanzig Jahren vielleicht auch leichtes Bondage einfach als einen Trick unter vielen verstehen, den ein erfahrener Liebhaber zu beherrschen hat? Möglicherweise. Sex hat sich in Amerika und in der ganzen Welt verändert, und er verändert sich weiter, allerdings vielleicht anders, als man annehmen würde.

Fragt man den durchschnittlichen Amerikaner, wie sich seiner Meinung nach der Sex in den vergangenen zehn Jahren entwickelt hat, so bekommt man zur Antwort: »Die Menschen haben weniger Sex – oder weniger Partner –, weil sie Angst vor Aids haben.«

Falsch.

Ganz gleich, ob die Untersuchungen von Zeitschriften, Universitäten oder großen nationalen Meinungsforschungsinstituten vorgenommen wurden, wie dem Alan-Guttmacher-Institut – Erhebungen der Verhaltensforscher ergeben, daß es *heute im Vergleich zu vor zehn Jahren kaum Veränderungen bei der Anzahl der Partner oder der Häufigkeit der sexuellen Kontakte gibt.* Die Leserinnen der *Cosmopolitan* haben heute pro Jahr ungefähr vier Partner, im Gegensatz zu fünf im Jahr 1980 – dieser Rückgang ist wesentlich deutlicher als der, den die meisten Umfragen und Studien zeigen. Weniger Sex zu haben wird nur von Babyboomern angegeben, die langsam älter werden und sich mehr nach Kindern und Sicherheit sehnen als nach sexueller Abwechslung. Es handelt sich nur um Lippenbekenntnisse, wenn die Menschen ihrer Angst vor Krankheiten Ausdruck verleihen, denn bislang hat es, was die Anzahl der Partner oder der wechselnden Kontakte angeht, angesichts der wachsenden Bedrohung durch Aids (außer unter homosexuellen Männern) keine signifikante Veränderung im Sexualverhalten gegeben. *Nur 17 Prozent der Heterosexuellen mit häufig wechselnden Geschlechtspartnern benutzen regelmäßig Kondome.*

Das »wie oft« hat sich nicht signifikant verändert. Die neue brandheiße Frage lautet »wie?«. Der Sex in Amerika ist abartiger geworden. Einige Formen des Sex werden von manchen Experten mehr oder weniger gutgeheißen, da sie die Ansteckungsgefahr reduzieren. Bei S/M geht es selten um Penetration oder den Austausch von Körperflüssigkeiten. Und ein wenig Abartigkeit kann einen monogamen Partner davon abhalten, sich draußen zwischen möglichen Krankheitsträgern herumzutreiben, oder nicht?

»Viele Experten haben im Gefolge der durch Aids hervorgerufenen Panik den Tod des amerikanischen Sex vorhergesagt«, sagen Samuel S. Janus und Cynthia L. Janus, Autoren des *Janus-Report* von 1992, der ersten breitangelegten Untersuchung über den nationalen Sex seit Kinsey. »Doch wir haben eine ständig wachsende Vielfalt sexueller Abweichungen gefunden.«

Beweise dafür lassen sich überall finden. Die bei MTV vorherrschenden sadomasochistischen Bilder erscheinen inzwischen regelmäßig in unseren Modemagazinen. Damen der Gesellschaft kleiden sich in Bondageroben von

Gianni Versace. Phil und Oprah und Sally und Geraldo haben uns Praktizierende jeder erdenklichen sexuellen Perversion vorgestellt. Die *Time* hat über das »neue Phänomen« der Sexläden in gewöhnlichen Einkaufsstraßen berichtet, wo Handschellen, Peitschen, Knöchel- und Handgelenkfesseln neben Kondomen (mit Geschmack), Bodypaints und Wegwerfunterhosen verkauft werden, was noch vor zehn Jahren undenkbar gewesen wäre.

Abartiger Sex ist bedeutend vielfältiger, als Medienmenschen wie Madonna und der Herausgeber der *S/M-News* vermuten lassen, der regelmäßig mit seinen unterwürfigen, in Ketten gelegten Sklaven bei Nachmittagstalkshows auftaucht. Frauen der Junior League nehmen an Sexpartys teil und kaufen pelzverbrämte Handschellen. Solide republikanische Ehemänner tragen die Seidenhöschen ihrer Frauen unter dem Nadelstreifenanzug. Eher als der Transvestitenhure in der Stadt gleicht der typische Fan von abartigem Sex, Chuck Jones, dem Agenten von Marla Maples, der ihre Schuhe stahl und dafür verhaftet wurde. Bevor Jones von den Medien als Fußfetischist geoutet wurde, lebte er sein geheimes Sexleben hinter der Fassade eines erfolgreichen Unternehmers, Ehemannes und Vaters. Der Unterschied zwischen Jones und Ihrem Nachbarn? Donald Trump hat Jones mit einer Kamera erwischt, die er in Marlas Schrank versteckt hatte.

Es ist schwer, mit unwiderlegbaren Zahlen in einer Nation aufzuwarten, die sich scheut, Untersuchungen über Sex finanziell zu unterstützen. Wer weiß schon genau, wie viele Menschen heute abartigen Sex praktizieren – oder es vor zehn oder zwanzig Jahren taten? Wissenschaftler des Kinsey-Instituts in Bloomington, Indiana, schätzen, daß ungefähr 50 Prozent der Amerikaner mindestens einmal Erfahrungen mit Bondage gemacht haben, 40 Prozent mindestens einmal mit S/M-Spielen – und daß sich fünf bis zehn Prozent der amerikanischen Bevölkerung regelmäßig mit Sadomasochismus sexuelles Vergnügen verschaffen. In der kürzlich veröffentlichten Umfrage unter Lesern der Zeitschrift *Redbook* gaben 46 Prozent der Befragten an, zumindest gelegentlich Analverkehr zu praktizieren – und 50 Prozent sagten, diese Erfahrung mache ihnen Spaß. Beinahe fünf Prozent der verheirateten interviewten Amerikaner erzählten einem Befrager des Guttmacher-Instituts, sie hätten Sex mit einem Dritten gehabt, während der Ehepartner anwesend war. Und wieder gehören die Interviewten der Mittelschicht oder der oberen Mittelschicht an. Eine Umfrage unter Männern, die ein Transvestitenmagazin abonnieren, ergab, daß die Mehrheit über dem Durchschnitt liegt, was Intelligenz, berufliche Karriere und finanzielle Mittel anbelangt, und mehr als 75 Prozent waren verheiratet und hatten Kinder.

Vor 1980 verlangten Männer von einer Prostituierten zumeist die Penetration. Laut Auskunft einer Sprecherin von PONY (einer Organisation von Prostituierten in New York) wollen sie heute Fellatio oder einige Formen von S/M, normalerweise Schläge mit der Hand, einem Gürtel oder Stock. (Er bezahlt sie, damit sie ihn schlägt.) Eine Domina aus dem Süden erzählte mir, sie habe das normale Geschäft zugunsten des »Hinternversohlens« aufgegeben, denn »kluge Frauen sind heute Domina, nur die Dummen bleiben Huren. Man braucht viel Verstand und Kreativität, um als Domina zu arbeiten. Jede Frau kann ihre Beine breit machen.«

Mit Sicherheit hat sich der Sex in Amerika verändert. Was treibt so viele Menschen an ihre sexuellen Grenzen?

Die soziale Akzeptanz von Perversionen, ganz besonders unter der Avantgarde

Früher hatte jeder, der ein wenig Geld hatte, mindestens einen schwulen Freund. Doch die Schwulen der Mittelschicht hatten Angst, ihren Freunden von ihren sexuellen Neigungen zu erzählen. Heute haben die Reichen oft auch Transvestiten in ihrem Bekanntenkreis. Niemand weiß, ob es tatsächlich eine Zunahme harter S/M-Aktivitäten gegeben hat, wie Auspeitschen, Cutting und Branding, lange Disziplinsitzungen, bei denen die Herren ihre Sklaven stundenlang quälen und erniedrigen. Gesellschaftskritiker und Sexforscher stimmen überein, daß leichte Formen von Bondage und S/M heute als gelegentliches Spiel von immer mehr Menschen praktiziert werden, zum Teil auch, weil entsprechende Bilder in den Medien dieses Verhalten in unseren Schlafzimmern akzeptabel erscheinen lassen. In seinem Buch *The New Joy of Sex* nennt Dr. Alex Comfort »liebevollen« S/M eine sexuelle Variante. Selbst Dr. Ruth, eine erklärte »Konservative«, steht Schlägen auf den Hintern und leichtem Bondage wohlwollend gegenüber und versucht, die diesbezügliche Beunruhigung eines Lesers ihrer Kolumne zu zerstreuen.

»Solange niemand verletzt wird«, so Dr. Ruth, »ist es kein Problem, der Bitte Ihres Partners nachzukommen und manchmal etwas zu tun, was Ihnen ein wenig abartig erscheint.«

Angst vor Krankheiten oder Langeweile oder Nähe

Manche Experten sind der Meinung, daß die Angst vor Krankheiten zumindest eine kleine Rolle beim Anstieg perversen Verhaltens spielt, besonders unter schwulen

Männern, Bisexuellen und jenen sexuellen Abenteurern, die in den Siebzigern und Achtzigern an Orgien teilnahmen. Sie behaupten oft, S/M-Spiele machten die Monogamie interessanter. Möglicherweise suchen die kühnsten »Spieler« in diesem Stadium der sexuellen Revolution nach neuen Tabus, die sie brechen könnten. In einer Welt, in der Mütter mit dem Freund ihrer Tochter schlafen, bleibt als Tabu nur der abartige Sex. Für die sexuelle Avantgarde ist »Vault«, ein S/M-Club in Manhattan, der wie ein Kerker ausgestattet ist, die 90er-Jahre-Version der öffentlichen sexuellen Dekadenz, die einst die Massen zu Plato's Retreat zog, einem Club, in dem gegen Eintrittsgebühr zwischen gleichgesinnten Erwachsenen alle Arten von Sex stattfanden. Statt an Orgien teilzunehmen, beobachten die Kunden von »Vault« aus sicherer Entfernung Aktivitäten ohne Penetration zwischen Herren oder Herrinnen und ihren Sklaven.

Bei »Paddles« in Manhattan stand ich vor kurzem mit einem Glas Wein in der Hand an der Bar und beobachtete über eine Stunde lang, wie ein Herr seine Sklavin kunstvoll mit Seidenbändern fesselte, ihr die Augen verband und sie knebelte und dann ihre Brüste, ihr Hinterteil, ihren Rükken und ihre Hüfte peitschte. Der Schweiß lief ihr über das Gesicht, zwischen den Brüsten hindurch, über ihren Bauch und von ihren harten Brustwarzen. Sie bewegte ihre Hüften, und ihr Becken zuckte rhythmisch, als schmiege sie sich an den Körper ihres Liebhabers.

Das Geräusch von Peitschen und anderen Schlaggeräten, die auf Fleisch klatschen, das gedämpfte Stöhnen und Keuchen der Teilnehmer, der Blick auf erigierte Penisse und harte Brustwarzen, die sich durch die Stoffe drücken, Striemen, die sich auf der Haut bilden, und Schweiß, der über die gequälten Körper rinnt, das alles gehört hier zum

Spektakel. Die Regeln des Hauses verbieten den Austausch von Körperflüssigkeiten, fließendes Blut oder die Zurschaustellung von Genitalien. Im Gegensatz dazu halten viele Swinger, die es immer noch in der Öffentlichkeit tun, jetzt Safer-Sex-Partys ab, bei denen »Sex« bedeutet, den Partner sexuell zu stimulieren, wobei Hände und Genitalien in Latex gehüllt sind. Eine vergleichsweise zahme Angelegenheit?

Manche Experten glauben jedoch, daß nicht die Angst vor Ansteckung mit einer Krankheit die Paare dazu bringt, mit Bondage und Disziplinspielen zu experimentieren, sondern die Angst vor Nähe, Angst vor dem Verlust der Kontrolle, Angst vor den Konsequenzen echter sexueller Gleichberechtigung und Angst vor Impotenz. Ist es eine Überraschung, daß »Perversionen« heute der neue Sex sind, in einer Zeit, in der die Babyboomer älter werden und besonders die Männer mehr brauchen, um sexuell erregt zu werden? Sollten wir entsetzt darüber sein, daß S/M mit seinen rigiden Regeln für Rollenspiele heute in Erscheinung tritt, wo die Menschen aller Altersstufen sich, häufig erfolglos, mit einer neuen Definition der »männlichen« und »weiblichen« Rolle herumschlagen?

Diese Ängste, so Experten, sind heute wesentlich weiter verbreitet als noch vor zwanzig Jahren. Sie machen die ritualisierte emotionale Sicherheit des Fetischismus oder Sadomasochismus attraktiv. Im Gegensatz zu dem weitverbreiteten Irrglauben werden perverse Praktiken, besonders S/M oder Fetischspiele, nicht von Menschen praktiziert, die besonders leidenschaftlich sind oder sich nicht mehr in der Gewalt haben. Je weiter man sich in das Territorium der Perversionen hineinwagt, um so mehr Regeln und Rituale muß man erlernen. Das Spiel besteht in einem Austausch von Macht. Es geht um Kontrolle. Die »Szenen« werden geplant und genau ausgeführt; dabei ist seltener für Spontaneität Platz als bei dem belächelten Normalpaar, das sich am Samstagabend in der Missionarsstellung liebt.

Die sexuelle Unterdrückung, die unserer puritanischen Gesellschaft zugrunde liegt

Es gibt immer mehr Forscher, die sich mit sexuellen Abweichungen oder Perversionen beschäftigen, unter ihnen Robert Kolodony und Mark Schwartz, die jetzigen Leiter des Masters and Johnson Institute. Perversionen, so glauben die Experten, sind häufig die Folge einer rigiden religiösen Erziehung. Söhne von Baptistenpredigern aus den Südstaaten werden eher zu Fußfetischisten als Söhne von Liberalen der Ostküste. Alle Töchter und Söhne Amerikas sind in den langen Schatten des Puritanismus aufgewachsen, wodurch wir im allgemeinen weniger Spaß am Sex haben als die Bewohner anderer Länder – obwohl auch die Japaner, Briten und Deutschen uns in manchen Punkten ähneln.
Für Freud war der Sadomasochismus das Hervorbrechen der dunkelsten und primitivsten Seiten des Mannes. Er fand, sexuelle Abweichler seien »arme Teufel, die einen hohen Preis für ihr begrenztes Vergnügen zahlen müssen«.
Heute scheint S/M in Amerika mehr so etwas wie ein Spiel zu sein. Ein Mann kann einen hell erleuchteten Sexshop betreten, seine Kreditkarte vorlegen und Brustwarzenklemmen und Lederfesseln kaufen, sie in rosa Geschenkpapier einwickeln lassen und zusammen mit einem Rosenstrauß und einer Flasche Champagner seiner Geliebten schenken.
Ist das Liebesspiel, das er mit seiner Geliebten genießen will, einfach ein Sport? Oder etwas Unheimlicheres?
Das scheint davon abzuhängen, ob dieses Spiel die einzige Möglichkeit für ihn ist, zu Erregung und Orgasmus zu

gelangen. In diesem Buch werden Sie Menschen kennenlernen, die perversen Sex als Teil ihres privaten erotischen Repertoires betrachten und die Seiden- oder Lederfesseln ein- oder zweimal im Monat herausholen. Sie werden andere kennenlernen, die am Rande der Szene zu finden sind, in Clubs und Freizeitgruppen, und eine kleine Anzahl derjenigen, die total in der Szene aufgehen und sogar ihre Partner und Freunde, oft auch ihren Job, in einer Gruppe von Menschen suchen, die S/M *leben*, nicht nur praktizieren.

Ich habe das Buch so gegliedert, daß ich mit den Spielarten beginne, die viele von uns kennen, wie Analverkehr, leichtes Schlagen auf den Hintern und Bondage, komme dann zu stärkeren Formen der Perversion wie Herr-Sklave-Beziehungen und die Art von Masochismus, die manche Anhänger schon ins Krankenhaus, manchmal sogar ins Grab gebracht hat. Ich schließe mit Bodypiercing, eine Praktik, die für mich nur wenig mit Sex zu tun hat, jedoch unter den jungen Leuten heute auf breite Akzeptanz stößt.

Viele Menschen haben mir offen geschildert, was sie tun und warum sie es tun. Oft wurde ich eingeladen, an privaten Szenen teilzunehmen, einschließlich Dominanzsitzungen in Kerkern. Ich war in Sexclubs und bei privaten Partys, an Orten, die »normale« Menschen gerne einmal besuchen würden. Ich habe Menschen kennengelernt, die Dinge tun, von denen wir nur träumen oder die wir fürchten. Außerhalb ihres sexuellen Umfelds sehen die meisten von ihnen so aus wie Sie und ich. Nur diejenigen, die sich ständig in der Szene bewegen oder extravagant gepierct sind, fallen in der Öffentlichkeit auf – weil sie sich entschieden haben, ihren Lebensstil zur Schau zu stellen.

Die typischen Anhänger von perversem Sex könnten also auch das attraktive, ruhige Paar von gegenüber sein.

ERSTER TEIL

BEINAHE JEDER SEXUELL ABENTEUERLUSTIGE MENSCH HAT SCHON EINMAL …

ERSTES KAPITEL

Welche von ihm bevorzugte Sexvariante würde Sie seiner Meinung nach niemals machen?
Heterosexuellen Analverkehr

UPPER MONTCLAIR, NEW JERSEY

Wendy hält einen Analstöpsel in ihrer Hand. Der Stopfen ist ungefähr sechs Zentimeter lang und nicht ganz so dick und ist an einem Ende stark verbreitert, damit er nicht im Darm verschwindet.

»Ich verstehe den Sinn dieses Dings nicht«, sagt Wendy zur Verkäuferin und spielt mit dem Stopfen in ihrer Hand. Sie trägt einen eleganten marineblauen Gabardinemantel mit goldenen Knöpfen, die genau zu ihren schweren Ohrringen und dem Uhrarmband passen. Ihr kinnlanges, blondes Haar ist anmutig frisiert. Wendy sieht aus wie aus einem *Journal für die berufstätige Frau.* »Es ist nicht groß genug, um einen Orgasmus hervorzurufen«, stellt sie fest.

»Manche Menschen benutzen sie, um den Analverkehr vorzubereiten«, erklärt die Verkäuferin. Sie ist Anfang Zwanzig, sehr hübsch, hat lange, braune Locken und ist sehr klein. Ihre Winzigkeit wird von ihrem trägerlosen schwarzen Kleid aus Gummi unterstrichen. Das Kleid ist häßlich und teuer. Zweihundertneunzig Dollar für etwas, das noch nicht einmal als Autoreifen gut aussehen würde?

»Der Stopfen öffnet den Anus ein wenig und gewöhnt an

das Gefühl, etwas drinnen stecken zu haben«, fährt sie hilfsbereit fort und kommt auf ihren zehn Zentimeter hohen Pumps auf uns zu, mit diesem verletzlichen, zaghaften Gang, den solche Schuhe ihrer Trägerin nun mal aufzwingen. »Vielleicht hätten Sie lieber einen größeren. Wir haben sie in verschiedenen Größen.«

Während Wendy die Analstöpsel und Analvibratoren genau untersucht, sehe ich mich in der Boutique »Dressing For Pleasure« um, einer Boutique für »erotische« Kleidung und Spielzeuge der gehobenen Klasse. DFP ist größer als die Läden, die ich in New York City, Philadelphia oder Washington aufgesucht habe. Die Auswahl der Produkte ist vielfältiger, ebenso die der Bücher und Videos. Die Ware jedoch, die von BHs mit Löchern für die Brustwarzen bis zu maßgefertigten Peitschen reicht, ruft bei mir immer noch ein unterdrücktes Kichern hervor, und »geschmacklos« ist das passendste Adjektiv, das mir für diese Dinge einfällt. Ganz gleich, auf welche Weise eine Bondagemaske oder ein Höschen ohne Zwickel präsentiert werden, für mich sind sie immer stillos. Und in diesem Umfeld wirken sie auch nicht bedrohlich. Wie die rauhe Sexualität von Elvis in seinen Glanzzeiten, die im Design einer Lampe festgehalten wurde, (die wie ein Torso mit Kopf in Pink, Gold und Türkis geformt ist), so ist abartiger Sex inzwischen domestiziert worden und ruft kaum noch stärkere Reaktionen hervor als ein verlegenes Lachen.

Constance, die Besitzerin des Ladens, und ihr Partner John, ein unterwürfiger Mann, führen mehr als nur einen Laden. DFP ist so etwas wie ein Zentrum für die Anhänger des abartigen Sex im Norden Jerseys, dem Land der schicken Schlafstädte, expandierenden Industrieparks und riesigen Einkaufscitys. Die Kunden reden überschwenglich über Constance und John, und in ihren Aussagen schimmert

Respekt für die Ladenbesitzerin durch. Sie sprechen von ihr, als sei sie die strenge, aber gerechte Direktorin ihres ehemaligen Internats.

Eine Woche bevor Wendy und ich den Laden aufsuchen wollten, hatte ich eine Verabredung mit Constance, die mir den Laden vorab zeigen wollte. Prompt vergaß ich diesen Termin. Die Nachricht, die sie auf meinen Anrufbeantworter sprach, klang unnachgiebig. Mit britischem Akzent sagte sie: »Ich bin sehr enttäuscht von Ihnen. Ich habe auf Sie gewartet, aber Sie sind nicht erschienen. Ich hoffe doch sehr, daß Sie eine gute Erklärung dafür haben.« Es ist nicht klug, eine dominante Frau zu ignorieren – meine erste Lektion von einer derart mächtigen Frau lehrte mich, daß sie einem bereits durch das Telefon den Kopf zurechtrücken kann.

Ich sehe mich um und bleibe blöde grinsend bei den eßbaren Höschen stehen und will nicht, daß sie mich sieht, obwohl sie mich wohl kaum erkennen könnte.

Ich betrachte gerade die Kondomauswahl, als Wendy zu mir herüberkommt; sie hat einen Analvibrator gekauft, ein Gerät, das aussieht wie ein altmodischer Duschkopf mit Batterie. Die Beschäftigung mit abartigem Sex bedeutet, daß man oft mit wenig ästhetischen Dingen umgeben ist. Die Utensilien, die Kleidung, das Disziplinarzubehör – allem fehlt es an Charme und Anmut, die Spitze, Seide, Satin und duftenden Cremes und Ölen – den klassischen Verführern – zu eigen sind. Andererseits verbreitet gutes Leder einen außerordentlich erotischen Duft.

»Unsere Verkäuferin ist eine Unterwürfige«, flüstert sie aufgeregt in mein Ohr. »Wenn man sich ihren Rücken ganz genau ansieht, kann man ein paar alte Narben erkennen. Achte mal darauf, wenn wir hinausgehen.« Sie nimmt ein Paket Analkondome in die Hand und legt sie wieder hin.

»Ich wünschte, ich könnte die hier gebrauchen«, bemerkt sie sehnsüchtig.

Wendy kann sich nicht erinnern, ob ihre erste Erfahrung mit Analsex durch eine Geschichte im *Penthouse Forum* oder *Penthouse Variations* inspiriert wurde, aber eins davon muß es gewesen sein. Vor ungefähr zehn Jahren, sie war Ende Zwanzig, lebte sie mit ihrem Freund Alan in einem großen, L-förmigen Studio im East Village von Manhattan. Sie arbeitete als Teilzeitkellnerin im Lion's Head Pub, einem Restaurant im Greenwich Village. Sie nannte sich Schauspielerin, weil sie eine Nebenrolle in einer Seifenoper spielte. Alan, zwei Jahre jünger, dunkel, Bartträger, sehr leidenschaftlich, arbeitete tagsüber für einen Fachverlag und schrieb nachts an einem Roman. Sie lernten sich in einem Moment ihres Lebens kennen, in dem beide einen Partner brauchten, um sowohl ihre Illusionen zu nähren als auch die Miete und das Bett zu teilen.

»Er schrieb seine Sexszenen aus diesen Sexmagazinen ab«, erinnert sich Wendy. »Das haben wir natürlich niemals zugegeben. Ich weiß nicht, ob er diesen oder irgendeinen Roman jemals beendet hat. Nach zwei Jahren haben wir uns getrennt; und ich habe noch nichts von ihm in den Buchläden gesehen, aber ich kaufe auch nicht sehr viele Bücher. Vielleicht habe ich es einfach übersehen.«

»Diese Sexmagazine«, *Forum* und *Variations*, haben Wendys Phantasien inspiriert. Während Alan auf der lauten alten Royal tippte, die seine Eltern ihm zum Highschoolabschluß geschenkt hatten, masturbierte Wendy manchmal im Bett, mit einem Magazin in der Hand. Wenn sie dabei genug Lärm machte, hörte Alan oft mit dem Schreiben auf und kam zu ihr. Und er fragte sie, woran sie beim Masturbieren denke und was sie anmache.

»Ich sagte, er mache mich an, aber er wußte, daß das nicht stimmte. Einmal gab er mir das Magazin und bat, ich solle ihm eine Stelle vorlesen, die mich erregte. Ich öffnete eine Geschichte über Analsex. Während ich las, klopfte mein Herz immer schneller. Das Stück war in der ersten Person geschrieben, von einer Frau, die ihrem Mann zum Geburtstag den Analverkehr schenkte. Sie hatte sich darauf vorbereitet, indem sie gelegentlich einen Analstöpsel einführte, um sich an das Gefühl zu gewöhnen – genau, wie es das Mädchen in dem Sexladen beschrieben hat –, aber ich wollte nicht zeigen, daß ich Bescheid wußte. Als ich zu Ende gelesen hatte, war ich schweißüberströmt; und er hatte eine riesige Erektion.

›Du willst, daß ich dich in den Hintern vögle, oder?‹ fragte er. Nicht *ich* will das, sondern *du* willst es. Natürlich wußte ich, daß er es auch wollte. Er hatte schon ein paarmal darüber geredet, und einmal hatte er versucht, es einfach zu tun, aber so leicht geht das nicht. Ich hatte Angst. Ich wußte, es würde mir teuflisch weh tun, aber ich wollte, daß er es tut. Vor lauter Angst und Aufregung klopfte mein Herz wie wild.

Ich bestand darauf, daß wir langsam vorgingen und viel Gleitcreme benutzten. Er begann mit einem Finger, nahm dann zwei, und drang damit sehr langsam und sanft in meinen After ein. Ich ließ ihn ein Kondom und noch mehr Gleitcreme benutzen. Zuerst lag ich auf dem Rücken, die Beine nach oben über meine Schultern gelegt.

Ich wußte, es würde weh tun, und am Anfang war es auch so. Aber, mein Gott, es war wunderbar. Ich konnte nicht glauben, daß es mir so gut gefallen würde. Der After ist sehr empfindlich. Und man fühlt wirklich alles, jede noch so kleine Bewegung des Penis oder des Fingers.

Ich kenne den Witz über Arschficken. Eine Frau macht das

zweimal, einmal, um herauszufinden, wie es ist, und ein zweites Mal, um zu sehen, ob es wirklich so schlimm war. Und ich weiß, manche Frauen glauben, nur passive Frauen tun es, um ihren Männern einen Gefallen zu tun.
Arschficken wird als ultimative männliche Sexphantasie betrachtet. In unserer Gesellschaft lassen wir nicht gelten, daß Frauen diese Variante sehr wohl auch genießen können.«
Auch Alan gefiel es. In ihrer letzten gemeinsamen Nacht sagte er, er betrachte »ihre anale Jungfräulichkeit« als »das Beste«, das sie ihm je geschenkt habe. Er schrieb es »diesem Magazin« zu, daß sie den Mut gefunden hatte, diesen Aspekt ihrer Sexualität auszuprobieren.
»Vielleicht hatte er recht«, sagt sie. »Ich glaube, ich hätte Analsex ohnehin irgendwann entdeckt, aber in jener Nacht hat mich die Geschichte der jungen Ehefrau dazu stimuliert.«
Wie abartig ist Analsex?
»Das Analtabu ist in diesem Land so stark, daß die meisten Buchhändler mein Buch nicht verkaufen *[Anal Pleasure and Health]*«, sagt Dr. Jack Morin. »Das hat sich auch in den zwölf Jahren, seit das Buch erschienen ist, nicht geändert.« Er lacht und fügt hinzu: »Das ist gut für mein Buch.« Er hat recht: Es gibt nur dieses eine Buch über Analsex; das ist besonders überraschend, wenn man berücksichtigt, wie viele Sexbücher auf dem Markt sind. »Es gibt keine Konkurrenz. Ich kann mir keinen anderen Bereich des Sex vorstellen, über den es nicht mehrere Bücher gibt.«
Obwohl Umfragen steigendes Interesse an heterosexuellem Analsex verzeichnen (gegenüber einem Nachlassen an homosexuellem Analsex, vermutlich wegen der Angst vor Aids), »ist dieses Tabu immer noch sehr stark. Diese Praktik wird nur ganz im geheimen ausgeübt. Die Menschen reden

nicht darüber. Die Assoziation des Anus mit Fäkalien, Schmutz und Ekel reicht weit zurück. Überzeugungen, die so früh erlernt werden, sind fest verwurzelt.
Das Gute an einem Tabu nenne ich den ›Faktor der Ungezogenheit‹. Manchen Menschen macht das Gefühl, Regeln zu übertreten, Spaß. Das macht den Sex für sie um so aufregender. Das Schlechte daran ist natürlich, daß Menschen, die ein Tabu brechen, ein schlechtes Gewissen haben, weil sie es getan haben – und Hemmungen haben, sich darüber zu informieren.«
Ist Wendy eine der seltenen Frauen, die sich Analverkehr wünschen?
Anal Pleasure and Health hat seinen Ursprung in Dr. Morins Workshops, in denen die Teilnehmer lernten, anale Stimulation einschließlich Penetration, ohne Schmerzen oder Verletzungen zu genießen. Am Anfang nahmen hauptsächlich schwule Männer teil. Dann entdeckten auch heterosexuelle Frauen Dr. Morins Workshops. Ihre Fragen und Sorgen unterschieden sich nicht sehr von denen der Männer.
»Einige Frauen mußten erst einmal ihre Gefühle aufarbeiten und erfahren, was es über sie selbst aussagte, wenn sie sich analen Sex wünschten. Sie fragten mich: ›Was für Frauen machen so etwas?‹ oder: ›Wie schmutzig ist das?‹, während schwule Männer sich mehr um Fragen der Macht und Unterwerfung kümmerten. Bedeutete Analverkehr, sich zu unterwerfen?«

Die meisten Männer bitten ihre Frau irgendwann einmal um Analsex; und viele, vielleicht die meisten Frauen sagen nein. Doch vor dreißig Jahren sagten die meisten Frauen auch nein zu Fellatio und Cunnilingus und betrachteten diese Varianten als »abartig«, weil sie vom Durchschnittsamerikaner nicht praktiziert wurden. Das Symbol für sexuelle Zügellosigkeit war das Innenposter des *Playboy*, die von duftigem Haar verdeckten Schamlippen, die mit ihrer Zunge zu penetrieren Männer sich anscheinend nicht vorstellen konnten. Heute ist Analsex so abartig wie damals der orale Sex.

Studien zeigen, daß mindestens 30 Prozent der amerikanischen heterosexuellen Paare schon einmal Analverkehr ausprobiert haben – manche praktizieren ihn regelmäßig. Diese Art des Geschlechtsverkehrs begünstigt die Übertragung des HIV-Virus; die rektale Schleimhaut kann verletzt werden, wenn man kein entsprechendes Gleitmittel benutzt. Dennoch bietet Analverkehr normalen monogamen Paaren die Möglichkeit, abartig zu sein – vielleicht, weil sich dieses gesellschaftliche Tabu am leichtesten brechen läßt. Da überrascht es nicht, daß schwule Männer und andere, die bei der sexuellen Revolution an vorderster Front standen, vor analen Spielen mehr Angst haben als die jungen verheirateten Paare von nebenan.

Der frühere Porno- und Kultstar Annie Sprinkle, die beinahe alles getan und darüber in der Presse und vor Kameras geredet hat, antwortete einmal auf meine Frage, ob sie es auch von hinten mache: »Auf gar keinen Fall! Niemand fickt mich in den Arsch!« Das war das einzige Mal in all den Jahren, die ich Annie kenne, daß Annie die Pose einer Sonntagsschullehrerin einnahm.

Eine andere Frau, eine nicht sehr nahe Freundin von mir, beantwortete die Frage ganz klassisch: »Ich habe es einmal versucht. Es tat weh. Als er seinen Penis herauszog, hingen noch Fäkalien daran. Widerlich! Am nächsten Tag tat es noch mehr weh, besonders wenn ich Stuhlgang hatte. Aber er wollte es wieder tun. Nein! Nein! Nein! Warum machen Männer das überhaupt? Ich verstehe das nicht!«

Ich verstehe es. Männer gehören nicht zu dem Geschlecht, das in Spitzenunterhöschen mit den Worten »Mach dich nicht schmutzig!« zum Spielen geschickt wird, also macht ihnen die Möglichkeit, einmal unsauber zu sein, nicht soviel aus wie uns. Lassen wir die Ästhetik einmal beiseite, stellen wir fest, daß sie das Produkt von Jahrmillionen sozialer Konditionierung sind. Und bei Sex geht es um erotische Macht, Dominanz und Unterwerfung, ganz gleich, ob wir über das Paar in der Missionarstellung sprechen oder über die Herrin, die ihren Sklaven fesselt. Der Impuls, die Frau zu dominieren, muß irgendwo wie ein winziger Mikrochip im männlichen Hirn stecken – zumindest in den Hirnen der meisten Männer. (Viele Männer sind unterwürfiger, als ich je sein könnte.) In einen heißen, engen Korridor einzudringen, der sich nur widerwillig öffnet, muß jedesmal das Gefühl vermitteln, eine Jungfrau zu nehmen. Kann sich der Durchschnittsmann überhaupt gegen solch ein Gefühl wehren? Kann man ihm die Schuld geben, wenn er gerne das Gefühl haben möchte, daß sein Penis so fest umfaßt wird? Nein und wieder nein. Und natürlich ist da auch noch etwas anderes.

In dieser Stellung ist sie so, wie er sie haben will, nicht immer, nicht einmal die meiste Zeit, aber manchmal – *unterwürfig.*

Eine Frau ist nur dann so unterwürfig, wenn sie ihm ihren Hintern darbietet. Sie hat weniger Angst vor Schmerzen oder unangenehmen Gefühlen und Spuren auf dem Laken als vor der totalen Auslieferung, die mit diesem Akt einhergeht. Sie muß ihm vertrauen, damit sie sich selbst völlig gehen lassen kann. Außerdem muß sie darauf vertrauen, daß sie die Kontrolle, die sie zeitweise aufgibt, nach dem Sex zurückbekommt. Die Fähigkeit, zu vertrauen, kann eine Frau dazu bringen, »ja« zum Analsex zu sagen. Aber

will sie ihn so wie sie Geschlechtsverkehr will? Ich genieße es nur ganz selten, mich zu unterwerfen oder dem Analverkehr zuzustimmen, doch wenn ich es tue, macht es mir riesigen Spaß.
Ich habe noch nie Probleme gehabt, beim Analsex einen Orgasmus zu bekommen, dennoch mache ich es nicht oft und habe ihn auch nicht mit vielen Männern praktiziert. Ich *will* es einfach nicht so häufig. Ich muß offen sein für neue Erfahrungen. Es muß ein besonderer Mann sein. Ich weiß, daß mich nichts so sehr bewegt wie Analsex, aber ich sage dennoch sehr oft »nein«.
Der Anus ist ein Geschenk. Wenn eine Frau auf den Knien liegt, den Hintern in der Luft, Kopf nach unten, fühlt sie sich durch und durch erotisch. Sie kann es wollen und trotzdem Angst davor haben. In Erwartung des Eindringens schlägt mein Herz immer schneller, meine Vagina schwillt an. Alles liegt in seiner Hand. Wie wird er mich nehmen?
Sexratgeber sagen, er solle sanft und nur bis zur Eichel eindringen, sich langsam bewegen und die Kraft nicht auf das Eindringen, sondern auf das Herausziehen verwenden. Laut Dr. Alex Comfort, Autor von *Joy of Sex*, drängt man nicht »stürmisch« in den Anus hinein.
»Heißer Analsex mit einem Mann ist ein Meilenstein in einer Beziehung«, erklärte mir eine Frau. »Diese Sache beweist beiden etwas. Wenn ich an Analsex denke, macht mich das immer an. Diese Phantasievorstellung ist sehr mächtig. In Wirklichkeit will ich es nur selten tun. Es erscheint vielleicht seltsam, eine großartige Erfahrung nicht noch einmal machen zu wollen. Vielleicht fürchte ich tief in mir, meinem Körper oder meiner Seele Schaden zuzufügen, wenn ich es zu oft tue.«
Doch natürlich wollen manche Frauen mehr. Wendy zum Beispiel.

»Nachdem Alan und ich uns getrennt hatten, war immer ich diejenige, die in Beziehungen Analsex vorgeschlagen hat«, erzählt Wendy. »Der nächste Mann sagte, er sei daran nicht besonders interessiert, aber er würde es mir zuliebe tun oder auch, wenn ich meine Periode hätte. Doch dann machte es ihm Spaß, meinen Arsch zu ficken, weil er überhaupt am Vögeln Spaß hatte. Er war von allen Männern, die ich kennengelernt habe, am wenigsten an meinem Hintern interessiert. Es gefiel ihm nicht besonders, mein Loch anzusehen oder daran herumzuspielen. Ich glaube, er hatte Angst, das Interesse des Mannes an Analsex könne auf homosexuelle Neigungen hinweisen. Er hat es nie so ausgedrückt, aber ich glaube, das dachte er.«

Vor fünf Jahren tauschte Wendy die Schauspielerei und das East Village gegen einen Job im Einzelhandel und eine Wohnung in einem Vorort New Jerseys ein, ungefähr 45 Minuten von Manhattan entfernt. Sie begann, mit Doug auszugehen, einem Anwalt, den sie kennengelernt hatte, als er in ihrem Laden für seine Mutter und Schwester Geschenke zu Weihnachten kaufte. Sie heirateten ein Jahr später. Jetzt lebt sie in einer noch viel angenehmeren Umgebung, in einem geräumigen zweistöckigen Haus mit Swimmingpool. Ihre Tochter ist ungefähr ein Jahr alt. Das Kindermädchen spricht nur stockend Englisch. Wendy verkauft halbtags Kleidung und Schmuck in einer exklusiven Boutique. Sie arbeitet nicht aus Not, sondern um sich beim Einkauf das Privileg des Rabatts von 40 Prozent unter Verkaufspreis zu sichern. Als begeisterte Hausfrau hat sie das *Redbook*-Magazin abonniert und gehört der Junior League an.

»Ich lese immer noch *Forum* und manchmal auch *Variations*, und sie machen mich heiß, heißer als Doug. Alles mögliche kann mich anregen, einschließlich lesbische und S/M-Szenen, obwohl ich so etwas gar nicht ausprobieren möchte. Er weiß, daß ich bei ›Dressing For Pleasure‹ war. Ich kaufe Dinge, die ihm gefallen, Leder-BHs und Stringtangas, Körperöle und Honey dust. Es gefällt ihm, wenn ich mich für den Sex hübsch kleide und eine große Inszenierung daraus mache. Den Analvibrator zeige ich ihm nicht. Ich hebe ihn in der untersten Schublade auf und benutze ihn, wenn Doug einmal nicht da ist.

Wir machen nur selten Analsex. Er liebt mein Arschloch, sieht es gerne an und berührt es gerne. Ich kann ihn zum Sex verführen, indem ich einfach nur in viel zu kurzen Hosen dasitze, in denen meine Pobacken zu sehen sind. Er fühlt sich bei Analsex einfach nicht so wohl. Er sagt, er fühle sich dann wie ein Vergewaltiger, selbst wenn ich es will. Beim ersten Mal ging seine Erektion zurück, bevor er noch in mich eindringen konnte. Ich glaube manchmal, ich bin die einzige Frau in Amerika, die von einem Mann gegen seinen Willen gerne Analsex will.

Allerdings würde ich deshalb meine Ehe nicht aufgeben. So wichtig ist es mir nicht. Manchmal stelle ich mir vor, ich würde zufällig Alan über den Weg laufen und mit ihm ein Hotelzimmer mieten, wo er mich einmal so richtig von hinten durchfickt. Phantasie, reine Phantasie.«

Sie seufzt theatralisch, schweigt kurz und fügt dann hinzu: »Besuchen Sie mich mal in ein paar Jahren, um zu sehen, ob ich eine geheime, aber heiße Affäre mit einem Mann habe, der Analsex genauso schätzt wie ich. *Das* könnte ich mir vorstellen.«

ZWEITES KAPITEL

Bondage für Anfänger, Tie and Tease – sanfte Fesseln

»Eine pinkfarbene Corsage betont meine schmale Taille und meine vollen Hüften. Ich trage entzückende Kleider ... Sie führt mich zu einem Baum im Hof, wo ich gefesselt und aufgehängt werde. Ihr Ehemann macht leise Fotos. Ich bin ein Sklavenmädchen, berühmt für meine Schönheit. Ich bin die unschuldige Jungfrau, die mit Gewalt genommen werden muß. Meine Muschi erbebt. Meine Rippen und Muskeln spannen sich vom Himmel zur Erde, zwischen Himmel und Hölle«, schreibt Veronika Vera über ihre Initiation ins Bondage.

WASHINGTON, D.C.

Veronica hat vor der Meese-Kommission für Pornographie ausgesagt, um Bondage zu verteidigen. Mit ihren dunklen Haaren und ihrer Schönheit gleicht sie ein wenig Betty Page, der Bondage-Pin-up-Queen der fünfziger Jahre, die ebenfalls vor einer Pornokommission, der Kefauver-Kommission, aussagen mußte. Ironischerweise florieren geheime S/M-Gruppen ausgerechnet in Washington, dem Sitz der Inquisitoren. Die Mitglieder der exklusiven Black Rose, eines Freizeitclubs, kommen angeblich fast zur Hälfte aus den verschiedensten Bereichen der Regierung.

Nachdem Michael Veronicas Geschichte gelesen hatte, die in einem Sexmagazin abgedruckt war, meinte er, er könne endlich verstehen, warum Frauen von Bondage erregt werden.

»Frauen mögen Bondage«, versichert Michael mir. »Es gefällt ihnen, gefesselt zu werden, weil sie keine Verantwortung mehr tragen müssen und sich ihrer wahren unterwürfigen Natur hingeben können. Ich liebe Frauen. Ich bin wirklich romantisch, der Typ, der eine einzelne rote Rose verschenkt.« Er berührt mit dem Finger die Knospe einer langstieligen Rose, die in Plastikfolie eingeschweißt ist; das erinnert ihn an Kondome.

Die Blume liegt neben meinem Kassettenrecorder auf dem Tisch im Kramer's Books and Afterwords Café in Washington. Hat er mir die Blume als sichtbare Hilfe für das Interview mitgebracht? Oder glaubt er, dieses Treffen – es ist unser zweites – würde darauf hinauslaufen, daß er mir »ganz persönlich« sein Lieblingssexspiel zeigt, »Tie and Tease« – sanfte Fesselung?

Über seinen Augenbrauen zeigt sich ein zarter Schweißfilm. Schon seit acht Tagen herrschen 35 Grad, und er ist von der U-Bahn-Station einen halben Block weit gelaufen und dabei ins Schwitzen geraten. Er lächelt. Bei unserem ersten Treffen haben wir über seine persönliche und sexuelle Geschichte gesprochen, aber nicht über Bondage. Seine Mutter war sechzehn, als er geboren wurde, und starb bei einem Autounfall, als er drei Jahre alt war. Er wurde von seiner Großmutter und zwei Tanten aufgezogen. Seinen Vater hat er nie kennengelernt. Hatte er Spaß daran, Frauen zu fesseln, weil er als Erwachsener gegen seine von Frauen dominierte Kindheit rebellieren wollte? Sie haben ihn niemals gefesselt, erzählt er. Er erinnert sich auch nicht, jemals Cowboy und Indianer gespielt zu haben, doch »si-

cher habe ich das gespielt, denn damals gab es samstags morgens immer Cowboyfilme im Fernsehen, den Lone Ranger zum Beispiel oder Sky King«.
Ich bitte die Kellnerin, uns geeiste Cappuccinos zu servieren. Er wirft mir einen eindeutigen Blick zu – seine Augen wandern langsam von der Rose zu meinen Handgelenken und dann zu meinen Augen.
»Nur in Ihren Träumen«, sage ich zu ihm.
»Phantasien«, korrigiert er mich. »In meinen Phantasien. Sie kennen den Film, den Frauen lieben – ich bin mir sicher, auch Sie lieben ihn, Sie sind der Typ dafür – es ist *Feßle mich*. Sie haben sicher genügend über Psychologie gelesen, um zu wissen, daß er die ultimative Vergewaltigungsphantasie der Frau darstellt. Sie wird von einem Mann entführt, der sie ans Bett fesselt und sie so liebt, wie sie es nie zuvor erlebt hat. Als sie schließlich befreit wird, fesselt sie sich selbst wieder. Alles klar?«
Wem wäre das nicht klar? Niemand braucht einen darauf aufmerksam zu machen, daß hier Schneewittchen und die Vergewaltigungsphantasie zusammentreffen.
»Erzählen Sie mir, wie Sie das erste Mal eine Frau gefesselt haben«, fordere ich ihn auf und stelle den Kassettenrecorder an.

Bondage bedeutet erotische Fesselung, die sinnliche Erfahrung einer Gefangenschaft ohne Verletzungen, und kommt als erstes zur Sprache, wenn über S/M geredet wird – obwohl manche Sadisten das Fesseln als zu langweilig empfinden und manche Masochisten zwar Schmerzen ertragen, jedoch keine Fesseln leiden können. Bereits auf alten Abbildungen aus Japan und China finden sich Darstellungen von gefesselten Frauen. Im modernen Japan hat die Bondagetradition wieder Hochkonjunktur. Man kann zwar verstehen, warum ein Mann durch den Anblick einer willfährigen, hilflosen gefesselten Frau erregt wird – doch was hat eine Frau oder ein Mann, die oder der gefesselt werden möchte, von dieser Erfahrung?

Die Fesseln umschließen und umarmen Ihren Körper hart und fest. Sie verändern den Eindruck, den Sie von der Welt haben; und bei längerer Dauer scheinen sie immer enger zu werden, obwohl sich physisch nichts verändert hat. Selbst bequemes, sanftes Bondage versetzt den Körper in einen Streßzustand. Die klassische Bondagepose, Arme über den Kopf, sieht auf Fotos erregend aus, kann aber in Wirklichkeit nicht lange aufrechterhalten werden. Die Position »fliegender Adler« auf einem Bett kann zu Muskelkrämpfen führen. Bondage ist also nicht so einfach, wie es sich anhört.

Obwohl die Fesseln vielleicht nur aus dünnen Seidenschals bestehen, bringt Bondage Sie an jenen Ort, an dem Sie als Kind waren, wo die Indianer die Cowboys an einen Stuhl fesselten – an jenen Ort, wo Sie im abgedunkelten Theater den Atem anhielten, während die Heldin oder der Held von den bösen Buben an einen noch größeren Stuhl gefesselt wurde – an jenen Ort ungefährlicher Gefangenschaft, wo alles, was vor sich geht, außerhalb Ihrer Kontrolle liegt. Bondage ist der Anfang. Der oder die Gefesselte gibt die Kontrolle auf und *akzeptiert.*

Für viele Paare ist Bondage auch der Schluß, weil ihr Spiel nicht mehr beinhaltet als ein wenig »Tie and Tease«, wobei die Kontrolle an den Partner übergeben wird, der somit dafür zuständig ist, Vergnügen zu bereiten. Ich habe einige Partner mit ihren Krawatten oder den Schärpen meiner Seidenkleider an die Bettpfosten gefesselt und sie mit Fellatio zum Orgasmus gebracht; bei diesen Gelegenheiten fühlte ich mich wie eine Frau, die eine Überraschungsparty inszenierte, nicht wie eine Dominierende.

Einmal band ich die Handgelenke und Knöchel meines Partners zusammen und bedeckte anschließend seine Augen mit einem Schal. Ich setzte eine mit Federn besetzte Faschingsmaske auf und leckte seinen Körper von den Brustwarzen bis zu den Lenden, wobei die Federn meiner Zunge folgten. Er hätte sich wohl befreien können, aber warum hätte er das tun sollen? Ich bin auf dieselbe Weise gefesselt mehrmals hintereinander zum Orgasmus gebracht worden, manchmal von Männern, die ihre Zunge immer gerade dann wegzogen, wenn der Orgasmus beginnen wollte, und mich dann manchmal nur Sekunden warten ließen, bevor sie ihre Gesichter langsam wieder über meinen Körper gleiten ließen. Wir praktizierten also gemeinsam die alte Technik, die es ermöglicht, den Orgasmus zu verstärken, indem die Erregung verlängert wird – ein Spiel, das beinahe jeder Mensch, der sexuell experimentierfreudig ist, schon mindestens einmal ausprobiert hat. Dennoch handelte es sich, wenn auch symbolisch, um den Tausch der erotischen Macht.

Eine Freundin erzählte mir einmal folgendes: »Ich hatte eine Affäre mit einem Mann, der mich gerne mit Handschellen ans Bett fesselte. Ich ließ es zu, weil er mich mit Cunnilingus beglückte, solange ich nur gefesselt war. Eines Nachts ließ er die Tür zum Schlafzimmer weit offen, als er ins Badezimmer ging. Sein Zimmergenosse kam vorbei und sah mich. Ich war so beschämt, daß ich mich von dem Mann trennte.«

Eine andere Freundin berichtete: »Ich habe Bondage im College ausprobiert. Wir waren betrunken, und der Junge ließ die Schlüssel der Handschellen durch das Gitter der Heizung fallen. Als meine Zimmergenossin zurückkam, lagen wir da. Wir mußten den Sicherheitsdienst des Campus anrufen. Seitdem habe ich öfter Bondage ausprobiert,

aber immer ohne Handschellen. Nur mit Tüchern, die kann man mit der Schere durchschneiden.«
Wie andere, die sich mit dieser angenehmen Form der Fesselung beschäftigen, von manchen »Love-Bondage« genannt, haben weder die erwähnten Freundinnen noch ich Interesse an harten Bondagepraktiken, d. h. äußerst unangenehmen Formen der Schnürung, die manchmal von Schlägen, Peitschenhieben oder anderen Formen der »Disziplinierung« begleitet werden.

Michael ist 40 Jahre alt und zweimal geschieden von Frauen, die ihn nicht mehr erregen konnten, nachdem sie ihr während der Schwangerschaft angesetztes Gewicht nicht wieder loswurden. Er verdient ungefähr 75 000 Dollar pro Jahr als »hochqualifizierter Techniker«, und er befindet sich ständig auf der Suche nach einer Liebe, die zu seinem Kennzeichen, der Rosenknospe, *perfekt* paßt. Um seine Privatsphäre zu schützen, bat er mich, seinen Job nur mit diesen wenigen Worten zu beschreiben. Eine Beschreibung seines Aussehens könnte ihn kaum unter den Tausenden von Männern seines Alters im Großraum Washington hervorheben: mittelgroß und durchschnittliche Figur. Braunes Haar, ergrauende Schläfen, sorgfältig geschnittener Bart mit rötlichen und grauen Strähnen. Er trägt Schuhe ohne Socken, verwaschene Jeansshorts und ein schwarzes T-Shirt mit kurzen, hochgerollten Ärmeln.
Ich habe Michael durch eine Anzeige in einem Bondageblatt kennengelernt. »Interviewpartner für Buchrecherchen gesucht, Anonymität garantiert.« Er und vierzehn weitere, unter ihnen acht Frauen, meldeten sich.
»Ich interessiere mich nicht für harte Bondagepraktiken«, erklärte er am Telefon. »Habe nichts mit Bondage und Disziplin zu tun. Keine japanischen Seiltricks. Ich kann es

auch lassen. Ich tue es für die Frauen. Frauen werden bei Bondage richtig heiß. Haben Sie schon mal einen Liebesroman gelesen? Sie möchten, daß die Männer ihren Widerstand brechen. Ich bin ein erotischer Spieler. Das Spiel heißt Bondage.«

Laut Umfrage der angesehenen Fachzeitschrift *Archives of Sexual Behavior* stehen mehr Frauen als Männer auf Schläge, oralen Sex, Masturbation, erotische Dessous und Bondage. Herr-Sklavin-Beziehungen, Erniedrigung, Analsex und Transvestitismus werden von Männern bevorzugt. Zu Gummi und Leder fühlen sich Männer und Frauen gleichermaßen hingezogen.

B&D – Bondage und Disziplin – ist das, was Michael als sein Spiel betrachtet und in der »Szene« oder in den Kernkommunen des S/M praktiziert wird. Ein Anhänger von B & D ist, laut eigener Definition, ein Mensch, der in sein Liebesspiel Aspekte von Bondage und Disziplin einbaut. Wenn Sie also schon einmal die Hände Ihres Partners beim Liebesspiel über dessen Kopf festgehalten haben oder selbst so gehalten wurden, haben Sie bereits ein wenig B & D ausprobiert. Dominanz wird von der Person ausgeübt, die die Fesseln anlegt; der oder die Unterwürfige wird gefesselt. Selbst gefesselt und damit unfähig zu sein, sich zu wehren oder das Geschehen zu kontrollieren, können Schuldgefühle und die Verantwortung für den Sex mildern. Viele Menschen bekommen schon durch die Fesselung einen spontanen Orgasmus. Anderen wiederum ist der Orgasmus nicht so wichtig. Anhänger von Tie and Tease gehen weiter. »Beim ersten Mal, als ich eine Frau gefesselt habe«, berichtet Michael, »begann ich damit, daß ich ihre Arme über ihrem Kopf festhielt. Diese Frau war sehr aggressiv, eine Frau, die sich draußen in der Welt gut durchsetzen konnte.

Ich weiß nicht, warum ich ihre Arme festhielt, aber sie wurde dadurch richtig heiß. Und das machte mich noch heißer.«

Während er erzählt, fällt mir ein früherer Liebhaber ein, ein Puertoricaner, der gerne meine Handgelenke über meinem Kopf zusammendrückte, dabei spanische Worte flüsterte und seine Eichel an meiner Klitoris rieb. Bei der Erinnerung erbebe ich. Dieser Mann war heiß, und seine sexuelle Dominanz hat mich ganz sicher angetörnt.

»Das haben wir mehrere Male so gemacht«, fährt Michael fort. »Dann habe ich sie gefragt, ob ich sie mit einem Seidenschal ans Bett fesseln dürfte, und sie sagte okay. Sie tat so, als täte sie mir damit einen Gefallen, aber in Wahrheit gefiel es ihr. Ich habe genau darauf geachtet, wie sie reagierte; und sie reagierte heftiger, wenn ich sie irgendwie festhielt.«

Ich betrachte Michaels Rose. Ein Dorn hat ein winziges Loch in die Plastikhülle gebohrt. Die Blüte ist nicht mehr ganz geschlossen.

»Von da an entwickelte sich meine Beziehung zu Bondage ganz langsam«, fährt er fort, folgt meinem Blick zur Rose und berührt mit dem Zeigefinger kurz den Dorn. »Bei der nächsten Frau durfte ich nicht mehr als ihre Hände festzuhalten, weil es ihr nicht gefiel. Dann bekam ich es mit einer richtig heißen Nummer zu tun, die alles ausprobieren wollte. Sie bat mich, sie zu schlagen. Das ist nicht mein Ding, also sagte ich, ich würde sie lieber fesseln. Wir waren bei ihr. Sie öffnete die Schublade einer Kommode neben ihrem Bett. Dieses Mädchen besaß Polizeihandschellen, lederne Handgelenk- und Knöchelfesseln, seidene Kordeln in verschiedenen Längen, eine Augenbinde aus rotem Satin und einen kugelförmigen Knebel. Die Kugel sah aus wie eines dieser harten Gummidinger, die man einem

Hund zum Apportieren hinwirft. Es törnte mich ab. Statt dessen überredete ich sie, ihren Mund mit einem Schal zuzubinden.
Sie besaß eine Menge Sachen, aber im wesentlichen wollte sie, daß ich sie mit gespreizten Armen und Beinen ans Bett fesselte und sie so richtig durchlutschte und -vögelte. Nur das eine. Sie fand das abwechslungsreich genug, weil sie nie wußte, ob mein Schwanz oder meine Zunge in ihr steckte.«
Hatte er eine Ahnung, was diese »heiße Nummer«, eine attraktive leitende Angestellte der Kosmetikbranche, dazu bewog, sich in dieser Nacht derart fesseln zu lassen? Nein. Sie »sprach nie davon, mißbraucht worden zu sein. Ein Elternteil war Diakon oder so etwas, nichts Verruchtes oder so«.
Wurde er ihrer begrenzten erotischen Vorlieben überdrüssig?
»Nein, nein. Ich habe aus vielen Gründen das Interesse an ihr verloren. Es fehlte das Geheimnisvolle zwischen uns. Man lernt eine Frau kennen und findet heraus, daß sie ganz anders ist, als man gedacht hat. Dabei spielt es keine Rolle, ob die Frau auf Bondage abfährt oder nicht. Das ist nicht das Problem. Es hat mir nichts ausgemacht, daß ich sie immer auf dieselbe Weise vögeln sollte. Ich hätte sie sicher auch zu mehr bringen können, wenn ich gewollt hätte, aber das war es nicht.
Danach hatte ich immer mit Frauen zu tun, die entweder überhaupt kein Interesse an Bondage hatten oder aber sich später damit anfreundeten. Bondage bereicherte die Erfahrungen mit diesen Frauen ganz sicher. Je mehr wir uns auch mit festeren Fesselungsarten beschäftigten, desto stärker reagierten die Frauen darauf.
Eine Frau brachte mir Brustbondage bei. Die Brust wird mit Seilen umschlungen, dann wird das Seil um den Körper

und über die Schultern gewickelt, so daß sich sozusagen ein Effekt wie bei einem vorne offenen BH ergibt. Dann wird auch die Taille umwickelt. Die Brüste wirken dann ganz groß und die Taille ganz schmal. Ich kann verstehen, warum diese Frau dadurch geil wurde. Sie sah niemals besser aus als mit diesem Brustbondage. Viel weiblicher.«

Um welche Art von Frauen handelte es sich?

»Eine Lehrerin. Eine Krankenschwester. Geschäftsfrauen. Die, von der ich Brustbondage gelernt habe, hat ihre eigene Kommunikationsfirma, aber nicht in der Nähe von Washington. Sie kann wirklich gut kommunizieren. Die Frauen, die sich am meisten dafür interessierten, konnten mir auch am genauesten beschreiben, was sie wollten. Man hört immer, daß Frauen nicht sagen können, was sie im Bett wollen. Abartig veranlagte können es. Aber wissen Sie, ich glaube, alle Frauen sind abartig veranlagt.« Er schweigt – bedeutungsvoll, wie er sicher meint. »Manche brauchen einfach ein wenig Ermutigung, Farbe zu bekennen.«

Ich frage ihn, ob er mich einigen dieser Frauen vorstellen könnte. Er will mit ihnen Kontakt aufnehmen und sich melden, falls sie Interesse an einem Interview haben. Zwischenzeitlich gibt er mir die Kopie eines Briefes von der Schönheit mit Brustbondage, in dem sie ihm ausführlich von den Phantasien erzählt, die sie mit ihm ausleben will.

Auszugsweise heißt es da: »... du hast das eine Ende eines Seiles um meine Taille gelegt und einen Knoten hineingemacht. Dann hast du das Seil über meinen Brustkorb geführt und um jede Brust eine Schlaufe gelegt. Du hast das Seil fest gezogen, bis meine Brüste spitz abstehen wie Kugeln. Du hast das Seil zwischen den Lippen meiner Muschi hindurchgezogen und hinter mir festgebunden. Ich bin ein Paket, ein Geschenk für Dich.«

Als I-Punkte hatte sie kleine Kreise gemalt. Und sie sagt nicht, was er mit diesem »Geschenk« tun sollte, obwohl sie ihm die Fesselung selbst so ausführlich beschrieben hat.
»Was ist mit Ihren Ehefrauen?« frage ich. »Haben Sie mit ihnen Bondage praktiziert?«
»O nein. Bondage habe ich erst nach der Scheidung kennengelernt. Glauben Sie, das hätte die Ehen retten können?«
Als wir gehen wollen, möchte er, daß ich die Rose mitnehme, weil er sich »albern« vorkäme, wenn er sie wieder mit nach Hause nähme. Ich muß ihn noch einmal treffen, und ich glaube, wenn ich diese mit Symbolismus befrachtete Rose annähme, würde das unser zukünftiges Gespräch belasten. Ich äußere Bedenken. Wir schließen einen Kompromiß und lassen sie für die Kellnerin zurück.

Die meisten Begegnungen hat Michael mit Frauen, die auf sanfte Fesseln stehen, vielleicht, so spekuliert er, um sich von ihren Schuldgefühlen zu befreien oder von ihrer Verantwortung, die sie sonst immer für den Sex tragen müssen. Wenn die Frau ihre Hände frei hat, kann man schließlich erwarten, daß sie für ihren eigenen Orgasmus sorgt, oder? Sie kann ihre Hand benutzen, um zu masturbieren oder seine Hand oder seinen Mund an die Stellen zu führen, an denen sie stimuliert werden möchte. Eine ungefesselte Frau ist eine gleichberechtigte Sexpartnerin. Wenn sie keinen Orgasmus bekommt, kann sie die Schuld nur bei sich suchen. Sind ihre Hände jedoch gefesselt, muß er ihr den Orgasmus »schenken«.
Im *Janus-Report* heißt es: »Manchen Menschen genügt das Fesseln bereits, um einen spontanen Orgasmus zu bekommen. Andere erleben eine Entlastung ihrer Schuldgefühle, die sie haben, wenn sie freiwillig Sex machen« (der, wie sie

als Kind gelernt haben, »schlecht« und »schmutzig« ist), selbst wenn sie es mit ihrem Ehepartner tun.
Ginni, eine von Michaels Liebhaberinnen, die Bondage braucht, um ihre sexuelle Verantwortung zu vergessen, willigte in ein Gespräch mit mir ein.

Aus Angst, in der Öffentlichkeit belauscht zu werden, kommt Ginni in meine Wohnung. Sie ist ein schlanker Rotschopf Ende Zwanzig, sieht größer aus als Michael, mit dem sie seit einem Jahr keine »sexuelle Begegnung« hatte, obwohl sie immer noch locker befreundet sind und gelegentlich zusammen essen gehen. Sie ist Lehrerin an einer Highschool.
»Michael hat mein innerstes Wesen befreit«, erklärt sie, und ich frage sie, wie es möglich ist, das Innerste eines Menschen durch Bondage zu befreien. Ist das nicht paradox? »Ich hatte meine Phantasien über Bondage niemals mit irgend jemandem geteilt. Eines Nachts, wir hatten uns gerade geliebt, bat er mich, ich solle ihm meine Phantasien erzählen, und ich weigerte mich, weil ich mich dafür schämte.
›Wenn ich rate, sagst du es mir dann?‹ beharrte er. Er riet das Richtige, und ich öffnete mich ihm. Es war eine große Erleichterung, denn ich hatte Zurückweisung erwartet. Einmal hat mir ein Mann gesagt, er könne bei mir keine Erektion bekommen, weil ich ohne Kleider für ihn enttäuschend aussehe. Er sagte, ich sei zu dünn« – sie legt ihre Hände auf ihre Brüste, als spüre sie immer noch den Stachel der Zurückweisung –, »ich hätte zu viele Leberflecken an meinem Körper, und mein Schamhaar müsse geschnitten werden. Ich werde nie vergessen, wie furchtbar ich mich fühlte. Als ich Michael von meinem Wunsch erzählte, gefesselt zu werden, erwartete ich, daß etwas Ähnliches passierte, aber er akzeptierte es einfach.

Als ich noch klein war, spielte ich mit einem anderen kleinen Mädchen immer ›Fesseln‹. Meistens banden wir uns gegenseitig an einen Stuhl. Eines Tages waren wir im Badezimmer. Sie sagte, ich solle mich ganz ausziehen; dann band sie mich mit Handtüchern an die Handtuchstange. Ich erinnere mich noch, wie aufgeregt ich war und wie laut mein Herz pochte. Meine Mutter klopfte an die Tür und fragte, was wir machten, und wir sollten da rauskommen. Ich habe mich immer gefragt, ob sie wohl wußte, was vor sich ging.

Meine Freundin band mich wieder los. Ich zog mich schnell an, aber mein Herz klopfte noch lange ganz wild, als wir schon wieder in meinem Zimmer mit den Puppen spielten.

Das habe ich Michael erzählt. Als wir uns das nächste Mal sahen, schlug er vor, wir sollten erst duschen, bevor wir ins Bett gingen. In der Dusche band er mich mit dem Gürtel seines Bademantels an den Haltegriff. Dann richtete er den Strahl der Dusche auf meine Vagina und ließ mich mehrere Minuten lang allein. Als er zurückkam, war ich so erregt, daß ich einen Orgasmus bekam, sobald er meinen Körper einseifte und mich streichelte.

Das war die liebevollste, befreiendste Erfahrung, die ich je gemacht habe. Ich weiß, es hört sich verrückt an, aber wenn ich gefesselt bin, fühle ich mich freier. Dann kann ich die sein, die ich wirklich bin.«

Am Anfang des Interviews sprach Ginni mit hoher, nervöser Stimme. Jetzt ist sie viel entspannter, ihre Stimme ist eine Oktave tiefer, und sie spricht in dem angenehmen Ton, den sie vielleicht auch in ihrem Beruf benutzt. Ich frage, ob sie auch mit einem anderen Mann Bondage praktiziert hat, seit Michael sie befreit hat.

»Nein, noch nicht. Aber ich werde es sicher tun. Wenn ich

gefesselt bin, sind meine Orgasmen irgendwie stärker. Michael hat mir gezeigt, daß es gut ist, über Phantasien zu reden und sie auszuprobieren. Wenn ich mich mit einem neuen Mann in meinem Leben gut verstehe, werde ich ihm sagen, was ich will.«
Was ist zwischen ihr und Michael geschehen?
»Er ist im Gegensatz zu mir noch nicht bereit für eine echte Partnerschaft. Das hat nichts mit Bondage zu tun. Michael kann einfach nicht die Vorstellung aufgeben, daß hinter der nächsten Ecke womöglich die wunderbarste, vollkommenste Frau der Welt auf ihn wartet. Er sucht ständig danach.
Michael ist ein romantischer Idealist.«
Mit einem Strick in der Hand.

Ginni schickt mir ein Buch mit dem Titel *Learning The Ropes: A Basic Guide To Safe And Fun S/M-Lovemaking* von Race Bannon. Ich öffne es, und ein Blatt mit Blumenmuster flattert zu Boden: »Jeder Anfänger sollte das hier lesen!« Ich schlage das Kapitel über Bondagetechniken auf, in dem Tips gegeben werden:
»Lassen Sie niemals jemanden unbeaufsichtigt, der in Fesseln liegt.
Niemals irgend etwas um den Hals schlingen.
Achten Sie darauf, daß Sie die Fesseln nicht zu fest ziehen, damit sich kein Blut staut. Seien Sie besonders vorsichtig an den Handgelenken und im Schritt.
Wenn Sie die Brust fesseln, bitten Sie die betreffende Person, vorher tief einzuatmen und die Luft anzuhalten, bis Sie die Fesseln ganz angelegt haben. So wissen Sie, daß sie genug Spielraum hat, während der Fesselung problemlos zu atmen.
Lassen Sie Mund und Nasenlöcher frei.«

Das erscheint mir alles ziemlich selbstverständlich. Mir gefällt das Kapitel darüber, wie gewöhnliche Haushaltsgegenstände in S/M-Werkzeuge verwandelt werden können. Diese Dinge lernt man nicht in der Schule. Bannon schlägt für Anfänger das Seil vor, vorzugsweise ein geflochtenes Nylonseil, sechs Millimeter dick, 50 bis 30 Zentimeter lang. Warum gerade diese Art Seil? Es ist leicht zu bekommen, liegt angenehm auf der Haut und kann durchgeschnitten werden.

Ich lege das Buch zur Seite und erinnere mich plötzlich an eine Szene aus meiner Vergangenheit. Ich war mit einem Kollegen etwas trinken gegangen; er griff in seinen Aktenkoffer und zog ein Buch heraus, das ich mir durchlesen sollte. Auf dem Boden des Koffers lag zusammengerollt ein Seil aus Nylon, weich und glänzend. Damals fragte ich mich, was er mit einem Seil wollte, aber aus irgendeinem unerklärlichen Grund fragte ich nicht danach, obwohl ich mich sonst nicht geniere, persönliche Fragen zu stellen.

Jetzt glaube ich zu wissen, was er mit dem Seil gemacht hat. Vielleicht weiß ich jetzt auch, warum ich ihn nicht fragte.

DRITTES KAPITEL

Hinternversohlen

ST. LOUIS UND UMGEBUNG

Meredith hält eine Ausgabe von *Stand Corrected* in der Hand, einer Zeitschrift, die »dem Zauber der Disziplin gewidmet« ist. In diesem Land sind erstaunlich viele Zeitschriften, Newsletter und Bücher erhältlich, die sich mit erotischem Schlagen beschäftigen. Gelegentlich unterstreicht Meredith ihre Aussagen, indem sie mit dem zusammengerollten Heft auf den Tisch schlägt oder auf ihren eigenen Arm, ihr Handgelenk oder die andere Hand. »64 Seiten. Alles über Schläge.« Inhalt unter anderem: Schläge der lesbischen Superheldin, EuroSpank (Schlagspiele in Europa), Exklusivfotos aus Großbritannien, Hunderte von Kleinanzeigen, eine neue Folge von ›Shadow Lane‹, »vermutlich die geschmackvollste Geschichte über Klistiere, die je geschrieben wurde« – und mehr. Die Blondine auf dem Cover, die ihren Hintern hinhält, ist ganz offensichtlich soeben geschlagen worden. Sie blickt über ihre Schulter und lächelt herunter auf ihre sich rötenden Backen. Diese Art von Magazin gibt es wohl kaum am Zeitungsstand um die Ecke zu kaufen.

»Er hat seine neue Frau durch die Kleinanzeigen kennengelernt«, erzählt Meredith. »›Unterwürfige weiße Frau sucht geschiedenen oder alleinstehenden weißen Mann, erfahren im Austeilen von Schlägen, vorzugsweise mit der Hand. Falls ein Bedürfnis nach strengeren Maßnahmen

entsteht, kennt er sich mit Gürtel, Paddel oder Bürste aus. Keine Peitschen. Ich bin ein vierzigjähriges Mädchen und absolut ungezogen. Daddy, o Daddy, wo bist du?‹
Das kenne ich auswendig. Er hat mir die Anzeige gezeigt und gesagt, er werde darauf antworten. Wir waren zusammen auf einen Drink bei TGI-Friday's und besprachen unsere Scheidungsvereinbarung.
So ist Steve nun einmal. Er redet.« Sie schlägt fest auf das Tischchen zwischen uns und bringt ihr halbvolles Weinglas zum Vibrieren. Zum Glück halte ich mein eigenes Glas fest. »Oh, wie er redet. Er ist ein sensibler Mann. Fragen Sie ihn nur.«

In Zeiten, in denen weniger auf »political correctness« gegeben wurde als heute, wurde das Austeilen von Schlägen auf den Hintern im allgemeinen als Form des unbeschwerten Liebesspiels zwischen zwei Partnern betrachtet – normalerweise zwischen einem dominanten Mann und einer Frau, die gelegentlich zur Unterwerfung gezwungen werden mußte. Kinohelden gaben ihren Liebsten manchmal ein oder zwei Klapse. Tracy schlug die Hepburn auf den Hintern. Cary Grant legte mehr als eine Frau übers Knie. In »I Love Lucy« legte Ricky (Dezi Arnaz) einmal Lucy übers Knie und versohlte ihr zur Freude des Publikums ordentlich den Hintern. Das *Kamasutra* bietet eine ausführliche Anleitung, wie vier Arten von Schlägen anzuwenden sind, um acht Arten von Geräuschen hervorzurufen.
Heute wäre das Versohlen weiblicher Hintern in einer romantischen Komödie – zum Beispiel mit Julia Roberts und einem Mann in den mittleren Jahren – ein Verstoß gegen die »political correctness«. Dennoch wird Männern immer noch, genau wie Frauen, im Namen der Liebe der Hintern versohlt.

Viele Jahre bevor Meredith Steve kennenlernte, bekam sie ihren ersten Klaps beim Geschlechtsverkehr. Sie war überwältigt von dem Geräusch und dem Gefühl. Ein scharfes, schnelles Klatschen, das ihre Ohren summen ließ. Ihr Puls raste, und sie war verwirrt, fühlte sich sowohl durch ihre Erregung als auch durch die Freiheit, die er sich bei ihr herausnahm, beschämt und geschändet. Wie kam er darauf, so etwas tun zu dürfen? Warum hatte ihr Körper sie verraten? Sie war nicht in der Lage, den Ansturm der Gefühle zu bewältigen, den dieser eine Schlag bei ihr hervorrief, und so sah sie den Mann nie wieder.

Ein Jahr später versohlte ihr ein anderer Mann während des Geschlechtsverkehrs den Hintern. Sie saß oben, und die rhythmischen Schläge brachten sie zu einem pulsierenden Orgasmus. Die Ironie des Ganzen entging ihr nicht.

»Ich wurde in der überlegenen Position diszipliniert«, erzählt sie. »Vielleicht glaubte er, das tun zu müssen, weil ich oben saß.«

Hinterher weinte sie. Der Mann war besorgt. Er wisse nicht, warum er sie geschlagen habe. Es sei einfach passiert. Dann habe er gemerkt, daß sie heißer und feuchter wurde, also hatte er weitergemacht. Sie weinte immer mehr. Schließlich schlief sie in seinen Armen ein, war sich dabei der Hitze in ihren Backen bewußt und schämte sich für dieses Gefühl. Diese Episode wurde in ihrer kurzen Beziehung nicht wiederholt, die mehr oder weniger in gegenseitigem Einvernehmen endete, als sie sich einfach nicht mehr anriefen. Sie konnte niemals zugeben, daß sie es *genossen* hatte.

»Aber ich habe manchmal daran gedacht, wenn wir uns liebten oder wenn ich masturbierte. Der Gedanke an die Schläge erregte mich; und ich spielte die Szene immer wieder im Geiste durch. Nach meinem Orgasmus wurde ich von Schuld- und Schamgefühlen überwältigt. Was stimmte nicht mit mir? Woher kam das? Ich erinnere mich nicht, als Kind geschlagen worden zu sein. Mein Vater hat meine Mutter nicht geschlagen. Sie haben sich nicht laut gestritten. Warum reagierte ich so auf Schläge? Meine sexuelle Reaktion widerstrebte mir. Ich wollte sie ganz tief in mir begraben, damit kein anderer Mann je davon erfuhr. Und ich dachte, ich hätte es geschafft, bis ich zwei Jahre später Steve kennenlernte.«

Meredith war 33, als sie Steve, damals 40, in der Unitarierkirche kennenlernte, der sie beide vor kurzem beigetreten waren. Er war nach einer beinahe zehnjährigen Ehe vor sechs Monaten geschieden worden und bereit, »wieder am Leben draußen teilzunehmen«, wie er ihr erklärte. Sie war von Chicago nach St. Louis gezogen, um dort einen Job mit besseren Aufstiegschancen anzunehmen. Die Lebenshaltungskosten lagen in St. Louis viel niedriger, so daß sie komfortabler wohnte als je zuvor, seit sie das Haus ihrer Eltern verlassen hatte. Die Kirche, so dachte sie, sei ein guter Ort, um Leute kennenzulernen, dabei dachte sie nicht unbedingt an Männer, mit denen sie ausgehen konnte. Sie wollte ihr neues Leben genießen, ihre Privatsphäre öffnen und sich mit guten Menschen umgeben.

»Ich war entzückt, als ich Steve gleich am ersten Sonntag kennenlernte. Er war die Art von Mann, den die Mütter meinen, wenn sie sagen: ›Du solltest in die Kirche gehen; vielleicht lernst du dort einen netten Mann kennen.‹ Wir unterhielten uns noch eine Stunde auf dem Parkplatz vor der Kirche, nachdem alle anderen weggefahren waren.«

Sie paßten in vielerlei Hinsicht zusammen. Beruflich war sie ihm ebenbürtig. Beide wollten die Ehe und Kinder. Ihr Aussehen war vergleichbar: Er war zwar fast kahl, doch hatte er große, ausdrucksstarke grüne Augen und einen durchtrainierten, athletischen Körper, so daß er größer wirkte als 1,75 Meter; sie war 1,60 Meter groß, brünett, hatte blaue Augen und einen kurvenreichen Körper, der ihre durchschnittlichen Gesichtszüge und Farben aufwertete. Beide interessierten sich für Tennis, klassische Musik, Theater, italienisches Essen und ausländische Filme.

Das erste Mal rief er an einem Dienstag an und bat um ein Rendezvous für den kommenden Freitag. Er lud sie zu Anthony's ein, einem Vier-Sterne-Restaurant in der Innenstadt von St. Louis. Zum Sex fühlte sie sich überhaupt nicht gedrängt. Am nächsten Tag schickte er ihr einen Blumenstrauß und bedankte sich für den wunderbaren Abend. Schon bald trafen sie sich regelmäßig; und als sie sich fast einen Monat kannten – zu diesem Jubiläum schickte er ihr 31 Rosen ins Büro –, trafen sie sich beinahe jeden Abend.

»Unser erstes gemeinsames sexuelles Erlebnis verlief wie aus dem Bilderbuch. Dritte Verabredung, bei mir zu Hause. Er bereitete mir den ersten Orgasmus mit Cunnilingus. Ich lutschte kurz bei ihm, um ihm den Gefallen zu erwidern. Dann hatten wir Geschlechtsverkehr, zuerst in der Missionarsstellung, dann saß ich oben. Ich fand den Sex sehr gut. Er war ein begabter Liebhaber, besonders, was den oralen Teil anging. Rückblickend kann ich sagen, daß er ein wenig zu kontrolliert erschien und sich erst beim Orgasmus richtig gehenlassen konnte. Doch viele Männer halten sich selbst zurück, um das Erlebnis zu verlängern.

Einmal, irgendwann im ersten Monat, wurde er ganz wütend, als ich ihn im Bett kitzelte. Er packte meine Hände und schrie: ›Laß das!‹ Es war, als habe er mich geohrfeigt, doch der Moment ging schnell vorüber, und wir liebten uns wieder.

Als wir drei Monate zusammen waren – und ich seinen Heiratsantrag angenommen hatte –, versohlte er mir zum ersten Mal den Hintern. Steve drang in mich ein, obwohl ich nicht feucht war. Es tat weh. Aber ich hielt ihn nicht auf. Es fühlte sich an wie eine Vergewaltigung. Vielleicht wollte ich mit diesem Gefühl spielen; und irgendwie wußte er das. Eines Nachts rollte er sich einfach auf mich und begann zu vögeln, und ich sagte ›Aua!‹

Er sagte nichts und zog sich auch nicht zurück. Er begann, mit der Hand auf eine Seite meines Hinterns zu schlagen. Ich hob meine Hüften an. Er schob seine Hand unter meinen Hintern und schlug mich weiter. Das machte ein komisches Geräusch, so als würde jemand an mir saugen. Ich wurde feucht, sehr feucht, und ich begann zu stöhnen. Er machte weiter, bis ich kam. Wir sprachen nicht darüber. Danach, als er mich im Arm hielt, streichelte er die Stellen, an denen er mich geschlagen hatte, und wir sprachen über ganz normale Dinge, über die wir immer nach dem Sex redeten, was wir am Wochenende machen wollten oder welcher Joghurt noch im Kühlschrank stand.

Am nächsten Morgen war mir übel, als ich daran dachte, was passiert war. Ich meldete mich krank. Als er gegangen war, lief ich ins Badezimmer und betrachtete meinen Hintern im Wandspiegel. Er war ein wenig rot, aber ich hatte keine Verletzungen. An jenem Tag rief er mich ein halbes Dutzend Mal an, um zu sehen, wie es mir ging. Abends brachte er mir Leckereien und Blumen und eine Schachtel Süßigkeiten mit, für die er fünfzehn Minuten Umweg hatte fahren müssen.

Ich wollte mit ihm über diese Art von Sex reden, aber ich brachte kein Wort heraus und sprach nie darüber. Erst einige Wochen später versohlte er mir wieder den Hintern. Wir hatten uns ein wenig über einen Film gestritten, den wir auf Video gesehen hatten. Er legte mich übers Knie, zog mir die Hose herunter und schlug mich leicht. Ich wollte

schreien, tat es aber nicht. Ich mußte mich sehr beherrschen, um nicht die Kontrolle zu verlieren. Kleine Grunzlaute waren alles, was ich hervorbrachte. Tränen liefen mir über das Gesicht, und ich keuchte, als er fertig war.
Er nestelte an seinem Reißverschluß, holte seinen Penis hervor und setzte mich darauf. Wir kamen beide beinahe sofort. Er hielt mich noch einige Minuten im Arm, dann sagte er: ›Laß mich aufstehen, Baby, ich hole ein wenig Eis für deinen Hintern.‹
Was danach passierte, war so merkwürdig wie das Schlagen selbst. Er legte mich über seine Knie und fuhr mit den Eiswürfeln über meinen Hintern, während wir den Film zu Ende ansahen. Es fühlte sich wunderbar an, wie das Eis auf meiner heißen Haut schmolz. Ein kleines Rinnsal floß durch meine Ritze in meine Muschi. Ich fühlte mich wie ein Kind, ein Haustier, ein böses Mädchen, ein gutes Mädchen. Ich habe mich in meinem ganzen Leben nie intensiver als Frau gefühlt.«

Einer von den 27 Menschen, die ich interviewt habe, sagte, er fühle sich »mehr wie ein richtiger Mann«, wenn er seiner Frau von Zeit zu Zeit den Hintern versohlte. Auch die anderen Befragten sahen keine Verbindung zwischen ihren Spielen und S/M – obwohl das Kinsey-Institut Schläge auf den Hintern als »Paraphilie, abweichende sexuelle Verhaltensweise, genannt Sadismus« bezeichnet. Das Institut erfaßt unter Leitung von June Reinisch landesweit Information über alles, was mit Sex zu tun hat.
Im *The Kinsey Institute's New Report On Sex* (1990) reagierte Reinisch auf den Brief eines Mannes, der geschrieben hatte, er glaube, »die meisten Frauen *wollen* in ihrem tiefsten Unterbewußten geschlagen werden«, mit der Antwort, »die große Mehrheit der Frauen will *nicht* geschlagen

werden und verbindet Schläge *nicht* mit sexuellem Vergnügen«.

Frauen, die es dennoch tun, sind laut Definition des Instituts »Masochistinnen«.

»Ich mag keine Schmerzen«, sagte eine Frau zu mir, die sich gerne den Hintern versohlen läßt. »Ich bin keine Masochistin. Ich mag die intensiven Gefühle, die mit dem Hinternversohlen einhergehen, das Gefühl der Machtlosigkeit, das Gefühl, von einer Respektsperson kontrolliert zu werden. Wenn die Schläge jedoch vorbei sind, möchte ich den Status quo wiederherstellen. Fans von Schlägen bezeichnen diese nicht als ›Lebensstil‹, wie es viele in der S/M-Szene tun.«

Viele Leute, die Spaß am Hinternversohlen haben, distanzieren sich von den S/M-Anhängern. In ihrem Buch *Different Loving* stellen Gloria und William Brame fest, daß »viele, die Spaß am Hinternversohlen haben, ob Geber oder Nehmer, darauf bestehen, mit Sadomasochisten nichts gemeinsam zu haben«. Die Brames weisen darauf hin, daß diese Leute sogar Bondage für ein wenig abartig halten.

Einige der Anhänger, die ich befragt habe, fanden es verwunderlich, daß es Leute gibt, die es erregt, wenn sie während des Geschlechtsverkehrs am Bett festgebunden werden. Im allgemeinen sind Anhänger des Hinternversohlens oder »Puristen« glücklich mit den Möglichkeiten innerhalb ihrer selbstauferlegten sexuellen Grenzen. Jeder hat seine eigenen Vorlieben bezüglich der Stellung, ob übers Knie gelegt oder über einen Stuhl, Tisch oder eine Bank, und es gibt Regeln über die Anzahl der Schläge, wie fest die Schläge sein dürfen und mit welchem Instrument – außer der Hand – sie verabreicht werden dürfen. Solange diese Grenzen beachtet werden, sehen sie ihre erotischen Triebe als Teil der normalen sexuellen Spiele an.

Dennoch fühlen sich manche, wie Meredith, unbehaglich bei dem Gedanken daran, welche erotischen Gefühle das Schlagen bei ihnen auslöst.

Warum hat sich Meredith von diesem Mann nicht genauso zurückgezogen wie von den beiden anderen, die ihr den Hintern versohlt haben?
»Nun, ich wußte, daß es an mir liegt. Die Männer reagierten auf irgend etwas in meiner Persönlichkeit. Hätte ich Steve sagen sollen, ich mag das nicht, wo ihm mein Körper doch ganz deutlich zeigte, daß das nicht stimmte? Er war immer so logisch und rational. Ich wußte, wir würden am Ende eine intelligente Diskussion über erotisierte Gewalt führen. So eine Diskussion wollte ich nicht führen.
Vielleicht wollte ich auch nicht hören, was Steve mir noch alles hätte sagen können. Ich hatte den Verdacht, seine geheimsten Phantasien würden mir gar nicht gefallen.«
Die Hochzeit, die genau ein Jahr nach ihrem ersten Rendezvous stattfand, entzückte ihre Eltern, die Steve beinahe so schnell als Sohn akzeptiert hatten, wie Meredith mit ihm ins Bett gegangen war. Ihre zweiwöchigen Flitterwochen in Griechenland waren eine Odyssee sexueller und emotionaler Intimität. Wohl die letzte gute Zeit, zumindest sieht sie es rückblickend so. Kein Hinternversohlen.
»Ich dachte, die Ehe würde die Dinge zwischen uns, die mir nicht gefielen, verändern. Und beinahe sechs Monate lang versohlte er mir nicht den Hintern. Doch der Sex war auch nicht sehr befriedigend. Viele Dinge passierten – meine Beförderung, seine Probleme im Job, als er nicht wie erwartet befördert wurde. Er machte eine Krise durch. Dann schien sich der Nebel zu lichten.
Wir verbrachten ein Wochenende in den Ozarks in der Tan-Tar-A-Ferienanlage. Guter Sex, Sonne, Wasser. Er

sprach offen mit mir über seine Probleme im Job. Anscheinend hatte sein Chef ihm deutlich klargemacht, daß er am Ende seiner Karriere angekommen war. Er hatte seine oberste Stufe der Karriereleiter erreicht. Ich fühlte mich ihm sehr nahe und war berührt, daß er mir seine verletzliche Seite offenbarte.

Einen Tag nach unserer Rückkehr brachte er mir ein wunderbar verpacktes Geschenk mit. Einen Teddybär. Er sagte, er habe beschlossen, es sei Zeit, eine Familie zu gründen. Ich ging an die Decke. *Er* hatte beschlossen. Und was war mit mir? Damals stand eine Schwangerschaft für mich überhaupt noch nicht zur Debatte. Er sagte, ich mache mir etwas vor, dächte nicht daran, wie alt ich sei, vergäße, daß meine Chancen für eine Empfängnis immer schlechter würden. Wir sprachen zwei Tage nicht miteinander.

Dann versohlte er mir wieder den Hintern, ziemlich fest. Ich gönnte ihm nicht die Befriedigung, zu weinen. Als wir Sex hatten, rangen wir regelrecht miteinander, wie kopulierende Tiere. Er sagte, das sei der beste Sex gewesen, den er je erlebt habe. Ich konnte nicht mit ihm darüber streiten.«

Der Teddybär saß auf dem Schrank in ihrem Schlafzimmer, und ihr Sex konzentrierte sich immer mehr auf das Hinternversohlen. Sie liebten sich einmal die Woche oder auch seltener, aber immer ging dem Sex eine Form des Schlagens voraus, manchmal waren es auch nur ein oder zwei leichte Klapse. Das ging sechs Monate so. Meredith gesteht ein, daß es vielleicht immer so hätte weitergehen können, hätte sie bei der Weihnachtsfeier seiner Firma nicht unabsichtlich ein Gespräch belauscht.

»Glaubst du, er nimmt sie heute abend mit nach Hause und

versohlt ihr den Hintern?« fragte Steves Sekretärin seine Freundin und Mitarbeiterin Alice laut genug, daß Meredith es hören konnte.

»Ich drehte mich um und sah sie an. Ich wußte, daß ich rot wurde, und als sie sahen, wie ich sie anstarrte, starrten sie zurück. Eigentlich war es gar kein Schock. Ich wußte, wie gerne Steve Einzelheiten aus dem Leben anderer Menschen beredete. Steve klatscht und spricht über persönliche Dinge, wie es sonst nur Frauen tun. Er wußte, wie Alice es gerne mit ihrem Mann trieb. Wie hatte ich denken können, er sei diskreter, wenn es um unsere sexuellen Gewohnheiten ging?

Dennoch traf es mich sehr, daß diese Frauen wußten, daß Steve mir den Hintern versohlt hatte. Das war zuviel.«

Dieser Abend endete in einem heftigen Streit, begleitet von zerschlagenem Geschirr und gepackten Koffern, nicht von Hinternversohlen und Liebe machen. Steve entschuldigte sich, daß er Einzelheiten aus ihrem Liebesleben herumerzählt hatte und gab zu, er hätte es besser wissen müssen – weil er wisse, wie »merkwürdig« sie über ihre »leicht abartigen Tendenzen« denke. Selbst seine Entschuldigung klang in ihren Ohren wie eine Herabsetzung.

»An diesem Abend brach für mich alles zusammen«, sagt sie. »Ich sah unsere Ehe so, wie sie war. Steve hatte mich auf seine pseudotherapeutische Art immer herabgesetzt. Er hat so eine Art, sich zurückzuziehen, zu beobachten und ein Urteil zu fällen. Er gab sich überlegen, und ich ließ ihn gewähren. Das Hinternversohlen gehörte einfach dazu, paßte zu meinem Bedürfnis, mich zu unterwerfen, und zu seinem Bedürfnis, zu erniedrigen.«

Steve trinkt ein Bier aus einem gefrosteten Glas. Auf dem Tisch liegen Fotos von Steve und seiner neuen, dritten Frau

Donna. Sie sieht seiner zweiten Frau, Meredith, sehr ähnlich – durchschnittliche Gesichtszüge, »kurvenreiche« Figur, blaue Augen. Ihr Haar ist blondiert und toupiert.
Es gibt außerdem einige Fotos von seinen Töchtern Jessica und Samantha, fünf und sieben Jahre alt. Auf einem typischen Porträt aus einem Fotostudio steht er hinter Donna, die auf einem Samtsofa sitzt, die beiden Mädchen stehen zu beiden Seiten. Er beugt sich nach vorn über seine Familie; seine Hand liegt auf der Schulter seiner Frau. Alle lächeln. Und es gibt Fotos von Donna, die eine weiße, mit Rüschen verzierte Corsage mit Strumpfbändern trägt und weiße Strümpfe, sonst nichts; sie steht mit dem Rücken zur Kamera, lächelt über ihre Schulter auf ihre geröteten Hinterbacken hinab – eine kleinere Ausgabe der gezüchtigten Jungfrau auf dem Cover von *Stand Corrected*, mit dem Meredith ihre Wut herausgeschlagen hatte.
»Meredith ist sehr wütend«, sagt Steve. »Sie tut mir leid. Sie braucht Hilfe. Ich glaube, sie ist vielleicht eine Soziopathin.«
Eine Soziopathin?
»Jemand, der überhaupt nicht merkt, wie er andere Menschen zu eigenen Zwecken benutzt. Meredith hat mich für ihre sexuellen Zwecke benutzt, und als ich ihr gab, was sie brauchte, stempelte sie mich zum Bösewicht.«
»Ich dachte, es sei eine einvernehmliche Scheidung gewesen«, wende ich ein. Auf meinem Weinglas bildet sich Kondenswasser. Ich bitte die Kellnerin um Eis. »Meredith sagte, es sei eine einvernehmliche Scheidung gewesen.«
»Natürlich.« Er wedelt mit der Hand in der Luft herum. Sein Ehering hat drei dicke Diamanten; auch seine Finger wirken dick. »Einvernehmlich. Ich wollte auch nichts anderes sagen. Ich wollte Ihnen nur klarmachen, was zwischen Meredith und mir passiert ist.«

Er lehnt sich in seinem Stuhl zurück, lächelt breit und willigt ein, mir die Geschichte seines Lebens zu erzählen.

Steves Mutter war 41, als sie ihn in Chicago zur Welt brachte, zwei Monate nachdem sein Vater, ein Polizeibeamter, in Erfüllung seiner Pflicht getötet worden war. Die Hypothek auf das Haus war bezahlt, es gab Geld von der Versicherung, eine Pension und später ein kleines Erbe von der Mutter. Sie waren nicht reich, aber sicher auch nicht arm. Steves Mutter brauchte nicht zu arbeiten, also tat sie es auch nicht.

»Sie erdrückte mich. Sie glauben vielleicht, ich meine das bildlich, aber ich meine es ganz wörtlich. Ich glaube wirklich, meine Mutter wollte mich umbringen, als ich noch klein war, denn sie haßte mich, weil ich noch lebte, mein Vater aber tot war. Sie hatte riesige Brüste, und sie stillte mich, bis ich drei Jahre alt war. In einer Therapie konnte ich bis zu jenem Moment zurückgehen, als sie mich einmal zwischen ihren Brüsten ersticken wollte. Schließlich hörte sie auf, mich zu stillen, weil ich nicht genug Nahrung bekam. Ich war ein magerer kleiner Bursche.«

Nach dem Stillen kam das Masturbieren.

»Ich weiß nicht mehr, wann ich mit masturbieren angefangen habe, aber ich war noch nicht in der Schule. Ich dachte, ich hätte es erfunden.« Er lacht. Seine Augen funkeln. »Im Geiste war ich auf der Bühne, nicht im Bett. Die ganze Welt sah zu und applaudierte mir. Wenn ich kam – und lassen Sie sich von niemandem erzählen, daß kleine Jungen nicht kommen! –, konnte ich richtig das Klatschen der Hände hören.«

Aber der Hintern wurde ihm nicht versohlt.

»Niemals. Ich wurde nicht geschlagen. Ich sah nicht, wie jemand geschlagen wurde. Meine erste Frau wollte geschla-

gen werden. Das habe ich lange nicht verstanden. Sie provozierte mich immer, in der Öffentlichkeit zuviel zu trinken, oder sie neckte mich vor unseren Freunden, weil mir die Haare ausgingen, oder sie quälte mich, indem sie mit anderen Männern flirtete oder mir erzählte, wie sehr sie sich zu jemandem in ihrem Büro hingezogen fühle. Dann sagte sie immer: ›Ich weiß, daß du sehr böse auf mich bist. Willst du nicht einfach deinen Gürtel nehmen und mich verprügeln?‹
Ob Sie es glauben oder nicht, ich begriff es erst, als sie eine Affäre hatte. Ich war am Boden zerstört. Ich weinte und bettelte, sie möge mir sagen, warum. Sie hob ihren Rock und zeigte mir ihren Hintern und sagte: ›Er hat das hier mit mir gemacht.‹ Ich sagte: ›Ist es das, was du willst?‹ Sie begann zu weinen, und ich nahm meinen Gürtel ab. Ich habe es ihr richtig besorgt. Sie war begeistert. Danach sagte sie, sie werde mich nie wieder betrügen. Wir hängten den Gürtel an den Bettpfosten und nannten ihn ›ihren‹ Gürtel. Ich habe ihn nie wieder getragen, aber ich habe ihn oft benutzt. Sie sagte, sie bekäme schon feuchte Höschen, wenn ich ihn nur vom Pfosten nähme. Eines Tages erwischte ich sie, wie sie daran roch. Sie sagte, er rieche nach Schweiß und Sex.«
Warum hielt die Ehe nicht?
»Sie hat mich für einen anderen verlassen; vielleicht hat er es ihr härter gegeben als ich.« Er trinkt sein Bier aus und bestellt ein neues. »Wir sind Freunde geblieben, echte Freunde, wie Meredith und ich es nie sein können. Nach der ersten Affäre fielen die Barrieren zwischen uns. Sie erzählte mir von ihren Phantasien, daß sie niemals kommen konnte, ohne ans Hinternversohlen oder Auspeitschen zu denken. In ihrer Phantasie gehörten diese Dinge einfach dazu. Ohne sie konnte sie keinen Orgasmus errei-

chen. Sie kam auch zu meiner zweiten Hochzeit. Hat Meredith Ihnen das erzählt?

Und ich sprach über meine Phantasien, auch über einige, die ich anderen Frauen noch nie erzählt hatte. Ich habe immer wieder die Vorstellung, daß ich eine Jungfrau liebe. Sie hat seit ihrer Geburt in einem wunderbaren Schloß mitten in der Wüste auf mich gewartet. Sie ist aufgeregt und ängstlich gleichzeitig, als ich zu ihr komme. Ich führe sie in die Freuden der Liebe ein. Es ist eine wunderschöne, sanfte Phantasievorstellung, ohne Hinternversohlen oder irgendwelche Grobheiten.«

Er macht eine Pause und gibt mir die Gelegenheit, seine Phantasie zu kommentieren. Ich sage nichts. Wir sehen uns einen Augenblick lang an. Plötzlich erinnere ich mich an eine Geschichte, die mir ein anderer Mann erzählt hat, der ebenfalls Hintern versohlt. Er wurde zum ersten Mal vom Hinternversohlen erregt, als er noch in die Grundschule ging und mitbekam, wie ein Mädchen von einem Lehrer geschlagen wurde. (»Ich war froh, daß ich nicht an ihrer Stelle war. Gleichzeitig bekam ich eine Erektion. Er schlug sie wirklich heftig. Sie werden sicher sagen, daß ich meine jugendliche Sexualität niemals überwunden habe.«)

»Wie viele Männer können behaupten, daß ihre Exfrauen zu ihrer zweiten Hochzeit gekommen sind?« fragt Steve stolz und bricht damit das Schweigen.

»Okay«, sage ich. »Habe ich das richtig verstanden? Sie haben versucht, Ihre erste Ehe zu retten, indem Sie die Phantasien Ihrer Frau erfüllt haben und ihren sexuellen Bedürfnissen nachkamen. Dieselben Bedürfnisse haben Sie bei Meredith gesehen. Suchten Sie nach einer Frau, die geschlagen werden wollte?«

»Nein. Zumindest nicht bewußt.«

»Aber doch sicher, als sie Nummer drei trafen.«

»Sie hat es ihnen erzählt«, sagt er. Ganz kurz flackert in seinen Augen Wut auf. »Meredith hat Ihnen von der Anzeige erzählt. Okay. Ja, bei Nummer drei suchte ich das, womit ich umgehen konnte. Ist daran irgend etwas falsch?«

Donna wollte mich nicht alleine treffen. Sie machte zur Bedingung, daß ihr Ehemann dabei war. Er trinkt sein drittes Bier, als sie zu uns stößt, ich habe mein zweites Glas vor mir stehen. Ihr Haar ist sogar noch stärker toupiert als auf den Fotos. Ich kann mir nicht vorstellen, wie dieses Haar beim Sex oder beim Hinternversohlen zerwühlt wird.

»Wir machen das mit dem Hinternversohlen nicht jedesmal, wenn wir Sex haben, und wir haben nicht jedesmal Sex, wenn er mir den Hintern versohlt«, sagt sie. »Ich weiß, worüber Sie reden wollen; sicher nicht darüber, wie oft wir es in der Missionarsstellung machen.
Für mich gehören das Hinternversohlen und der Geschlechtsverkehr nicht unbedingt zusammen. Ich möchte beinahe jeden Tag den Hintern versohlt bekommen, aber meistens nur leicht. Ich fühle mich den ganzen Tag sexy, wenn David mich morgens vor der Arbeit leicht schlägt. Wir tun so, als sei ich eine schlechte Ehefrau, wenn er mir diese sanften Klapse gibt. Samstags morgens machen wir danach beinahe immer Sex.« Sie schweigt und trinkt einen großen Schluck ihrer geeisten Margarita mit dem Strohhalm, auf dem Spuren von ihrem Lippenstift zurückbleiben. »Wenn wir mehr Zeit haben, schlägt er mich langsam und sinnlich. Ich tue so, als sei ich eine Schlampe, die keinem Mann treu sein kann außer dem, der den Mut hat, mich zu dominieren. Die Schläge werden immer härter. Er hört zwischendurch immer mal auf, um meine Backen zu massieren oder an meinen Genitalien herumzufummeln. Ich werde ganz

heiß. Er nennt mich Schlampe, weil ich so feucht werde. Es gefällt mir, wenn das Ganze im Sex mündet, aber manchmal läßt er mich warten, weil er keine Zeit hat oder nicht in Stimmung ist.

Manchmal tun wir auch so, als sei ich ein böses Kind gewesen und müsse von Daddy bestraft werden.

Diese Bestrafungen sind am härtesten. Das kommt ein- oder zweimal im Monat vor, mit einer Haarbürste, einem Lederpaddel oder einem ganz dünnen Rohrstock.«

Mir fällt ein Bericht aus der Reihe *Real Sex* ein, den ich kürzlich im Fernsehen gesehen habe und in dem über ein Paar und seine Bondageausrüstung, Peitschen und Rohrstöcke berichtet wurde. Der ganz dünne Rohrstock verursache den intensivsten Schmerz und müsse vorsichtig angewendet werden, meinten beide.

»Normalerweise liege ich immer über seinem Knie, aber wenn er mich bestraft, legt er mich über die Sofalehne oder auf den Küchentisch und bindet meine Handgelenke und Knöchel an den Beinen fest. Zuerst benutzt er seine Hand, um mich aufzuwärmen. Wir haben irgendwo gelesen, daß es nur minimale Striemen gibt, wenn man mit leichten Klapsen anfängt und das Blut dadurch an die Oberfläche dringt. Nach einer harten Sitzung macht es mir nichts aus, wenn man einige Tage lang die Striemen sieht, aber länger darf es nicht dauern, also sind wir vorsichtig.

Er läßt mich die Schläge zählen. Schläge, die nicht fest genug sind, darf ich nicht mitzählen. Wenn ich schummele und sie trotzdem zähle, schlägt er um so fester zu. David kann sehr streng sein, wenn er weiß, daß ich es brauche. Manchmal macht er es mir während der Bestrafungen ein klein weniger heftiger, als ich glaube, ertragen zu können. Täte er das nicht, dann hätte ich die Gewalt über meine eigene Bestrafung, und das will ich nicht.

Einmal haben wir etwas ausprobiert, das wir in einem Buch gelesen haben und das mich so antörnte, daß ich immer daran denken mußte. Ein Mann ließ seine Partnerin auf dem Bett knien, Hintern in die Luft, und gab ihr hundert Schläge mit einem dünnen Rohrstock an der Stelle des Hinterns, wo die Hüften beginnen – sie mußte es bewegungslos über sich ergehen lassen. Wir wußten, das konnte ich nicht aushalten, also veränderten wir die Sache ein wenig.
David sollte mir 25 Schläge auf den ganzen Hintern geben, nicht nur auf eine Stelle – und er sollte wieder von vorne anfangen, wenn ich mich bewegte. Nach dem achten Schlag dachte ich, ich könnte es nicht mehr aushalten. Ich zuckte zur Seite.
Er sprach ganz ruhig und geduldig. Er sagte, er würde noch einmal, wie versprochen, von vorne anfangen, und wenn ich mich wieder bewegte, würde er noch fester zuschlagen. Meine Beine zitterten, und ich konnte mich kaum ruhig halten.«
David greift über dem Tisch nach ihrer Hand und führt sie an seine Lippen. Seine Augen sind verhangen vor lauter Liebe oder Lust. Ihre eigenen braunen Augen füllen sich mit Tränen.
»Du hast mich geprüft, nicht wahr?« fragt er sie sanft. »Sag ihr, warum.«
»Ich mußte wissen, daß er nicht nachlassen würde. Wenn wir ›Daddy bestraft das böse Mädchen‹ spielen, muß ich wissen, daß er ein starker Daddy ist. Wenn ich ihn durch Wimmern dazu bekomme, aufzuhören, fühle ich mich betrogen.« Sie nimmt einen weiteren Schluck von ihrem Drink. »Das war die härteste Strafe, die er mir je auferlegt hat. Ich bewegte mich nicht, wenn man von meinen zitternden Knien absieht. Und ich zählte jeden Schlag, wieder von eins bis 25. Bei 12 oder 13 konnte ich tatsächlich etwas wie

ein Klick in meinem Kopf bemerken, und der Schmerz verwandelte sich zum Teil in Vergnügen.
Danach ließ er mich noch ungefähr eine halbe Stunde angebunden liegen, während er die Nachrichten sah. Ich preßte meine Genitalien gegen das Holz und durchlebte noch einmal die Schläge. Als er wieder ins Zimmer kam, fragte er mich, was ich machte. Ich schämte mich, es ihm zu sagen. Damals wollte ich ihn nicht bitten, mich kommen zu lassen, weil ich es falsch fand.«
David führt wieder ihre Hand an seine Lippen.

Donna wurde als Kind von ihrer Mutter geschlagen, die in der Familie für die Aufrechterhaltung der Disziplin zuständig war und Donna und ihre beiden Brüder oft bestrafte, sowohl körperlich als auch verbal.
»Mein Vater war der klassische, emotional abwesende Vater. Mutter hat sich um alles gekümmert, außer ums Geldverdienen oder Decke streichen oder die Regenrinne saubermachen; das waren seine Jobs. Ich weiß noch, daß sie mich oft versohlt hat, aber niemals mit einem Riemen, den sie bei meinen Brüdern dazunahm.
Am deutlichsten erinnere ich mich an das letzte Mal. Ich war dreizehn. Sie legte mich übers Knie. Ich weiß nicht mehr, was ich getan hatte, aber sie war sehr wütend. Ich hatte schon gelernt, die Schläge tapfer hinzunehmen, aber an jenem Tag war sie erbarmungslos. Schließlich schrie ich ›aufhören!‹ und strampelte mich frei. Sie zog mich wieder übers Knie und machte weiter. Als sie endlich fertig war, rannte ich hinauf in mein Zimmer und warf mich auf mein Bett. Mein Hintern brannte wie Feuer. Ich keuchte und weinte. Als ich mich ausgeweint hatte, japste ich immer noch nach Luft. Damals verstand ich nicht genau, was da mit mir geschah, aber jetzt weiß ich es.

Ich war sexuell erregt, *sehr* erregt. Ich frage mich, ob Mutter das wußte, ob sie deshalb aufgehört hat, mich weiter zu schlagen. Oder vielleicht sagte sie die Wahrheit, als sie behauptete, ihre Hand habe so weh getan, daß sie wußte, es sei Zeit, die Kinder nicht mehr zu schlagen.«

In der Highschool spielte Donna mit einem anderen Mädchen Hinternversohlen.

»Damit wir uns dabei auch wohl fühlten, hatten wir uns ein ausgeklügeltes Szenario ausgedacht. Wir taten so, als wollten wir Schauspielerinnen werden. Sie spielte gerne Katharine Hepburn, die von Spencer Tracy versohlt wird, die feurige Frau, die liebevoll von ihrem aufgebrachten Ehemann übers Knie gelegt wird. Ich spielte Spencer.

Wenn sie an der Reihe war, mir den Hintern zu versohlen, war ich Kate in *Der Widerspenstigen Zähmung*. Ich sagte immer, sie schlage nicht fest genug, weil ich es härter haben wollte.

Meine Freunde in der Highschool und im College haben mir nicht den Hintern versohlt. Ich wußte nicht, wie ich es zur Sprache bringen sollte. Mein Mann hat mich auch nicht geschlagen. Wir hatten ein langweiliges, unbefriedigendes Sexleben. Nach meiner Scheidung antwortete ich auf eine Anzeige in *The Riverfront Times*, die ein ›strenger, anspruchsvoller Mann‹ aufgegeben hatte, der ›eine willige junge Novizin‹ suchte. Für mich stand er zu sehr auf schwere körperliche Bestrafung, aber ich entdeckte durch ihn Publikationen über Schlagen. Bevor ich ihn kennenlernte, hatte ich keine Ahnung, daß man tatsächlich über eine Anzeige Menschen finden konnte, die das boten, was man selbst suchte.«

Eine Woche nach unserem Interview ruft mich Steve »ganz zwanglos« noch einmal an. Er möchte sicherstellen, daß ich genau verstehe, daß ein Paar sich eigene Regeln schaffen muß, bevor die Hand oder eine Fliegenklatsche Fleisch berührt. Wie hart? Wie lange? Mit Hand oder Hilfsmittel, einer Bürste, einem Paddel, einem Löffel aus der Küche? Soll das Hinternversohlen ein Vorspiel sein? Oder eine erotische Handlung außerhalb des Geschlechtsverkehrs? Weiß ich auch, daß manche Menschen es als Verletzung des Inzesttabus betrachten, wenn sie nach festem Hinternversohlen in der Rolle der »Mommy« oder des »Daddy« miteinander Geschlechtsverkehr haben?

Er klingt wie ein Therapeut, als er mir versichert, das Hinternversohlen »braucht nicht die Dynamik innerhalb der Beziehung zu verändern. Das sollten Ihre Leser wissen.«

Ich bedanke mich für seine Umsicht. Ich erzähle ihm nicht, daß die Therapeuten, mit denen ich über dieses Thema oder andere Formen des S/M gesprochen habe, bezweifeln, daß diese Dinge separat in einer Beziehung existieren können. Kann ein Partner immer den dominanten und der andere immer den unterwürfigen Part übernehmen ohne Auswirkung auf die Machtbeziehungen? Das ist nicht sehr wahrscheinlich.

Wenn ein Partner manchmal Mommy oder Daddy spielt, mit denen Sex verboten ist, kann das Paar dann außerhalb des Schlafzimmers eine gleichberechtigte Partnerschaft führen? Das ist sogar noch unwahrscheinlicher.

»Einen schönen Tag noch«, sagt Steve. Dieser Allerweltsgruß paßt zu ihm.

ZWEITER TEIL

STURM AUF DIE GRENZEN

VIERTES KAPITEL

S/M als Vorspiel

SÜDKALIFORNIEN

»Ich persönlich glaube«, sagt Anthony, »daß alles, was gleichgesinnte Erwachsene miteinander tun, ohne sich bleibende Verletzungen zuzufügen, in Ordnung ist.«

Wir sitzen auf einem der zahlreichen Balkone in einem seiner zahlreichen Häuser und beobachten, wie die Sonne langsam in den Pazifik sinkt. Der große, rote Ball scheint eine Weile auf dem Schoß des Meeres zu hocken, bevor er sich seinen Weg hindurchbrennt und verschwindet. Wir schweigen, bis von der Sonne nicht mehr übrig ist als ein pink- und purpurfarbener Schimmer auf dem Wasser. Ein paar Meter unter uns schlagen Wellen rhythmisch an die Felsen. Der Sonnenuntergang ist in Südkalifornien ein Ereignis, das sich, wie alle anderen auch, zur Musik der Wellen abspielt.

»Ich drücke niemandem meine Wertvorstellungen auf, und ich erwarte, daß andere Menschen das auch nicht bei mir tun«, sagt Anthony und füllt unsere feinen Sektflöten nach, in die Lilien eingraviert sind. »Dabei muß ich sagen, daß ich gar nicht auf harten S/M stehe. Ich halte nichts von Blut. Für mich ist S/M ein Spiel, um Langeweile zu vermeiden.

Als erstes braucht man eine Beziehung. Man kann nicht mit S/M anfangen. Und am Anfang braucht man S/M auch nicht, wenn beide noch ganz heiß sind. Doch später wird man leidenschaftsloser. Wenn man älter wird, besonders wenn man länger mit einer Person zusammen ist, merkt man, daß man träge wird. Es erfordert stärkere Reize, um erregt zu werden und das sexuelle Interesse aufrechtzuerhalten. Das ist der Punkt, wo S/M ins Spiel kommt.

Ich glaube außerdem, daß man sich damit eher beschäftigt, wenn man Geld hat. Ich habe lange in Europa und dann in Manhattan und Los Angeles gelebt. Die Menschen, die aus meinem Bekanntenkreis mit S/M spielen, haben Geld. Das ist kein Spiel für arme Leute.«

Anthony ist Unternehmer, der Firmen aufkauft und sie verkauft, wenn sie wieder auf Erfolgskurs laufen. Er ist Hobbyfotograf, Weltreisender und Gourmetkoch, 49 Jahre alt, fit und durchtrainiert, elegant und gutaussehend – die Art von Mann, den sich alleinstehende Frauen jeden Alters erträumen. Und er weiß das.

»Ich kann mir die Frauen aussuchen«, erzählt er selbstzufrieden. »Über die Gründe mache ich mir nichts vor. Geld. Frauen finden Geld sehr sexy.«

Er verteilt einen winzigen Klecks fettarmen Ziegenkäse auf einen dünnen Cracker und hält ihn mir hin. Ich öffne meinen Mund, nehme den halben Cracker und beiße ab. Meine Zunge berührt seine Finger, bevor er die Hand zurückzieht. Ein sinnlicher Augenblick. Ich argwöhne, daß solche Augenblicke mit Anthony selten sind.

»Ich weiß, was Frauen von mir wollen«, fährt er fort, und seine Augen funkeln kühl und beherrscht. Ich erkenne darin dieselbe Kälte, die ich in den Augen anderer S/M-Anhänger gesehen habe. »Ich weiß, was ich von ihnen will. Jung und schön reicht mir nicht mehr. Wenn ich sie ein- oder zweimal gevögelt habe, willigt sie besser ein, leichte

Spiele mit Gürteln, Brustwarzenklammern und so weiter mitzumachen, wenn sie will, daß ich sie noch mal vögele.«
Anthony ist die Leiter des sexuellen Vorspiels Stufe für Stufe hinaufgeklettert. Als er mit sechzehn sexuell aktiv wurde, galt für die Frauen schlicht: Wenn du mich liebst, dann darf ich dich vögeln. Später bestand die sexuelle Herausforderung vielleicht darin: Wenn du mich liebst, dann darf ich in deinem Mund kommen oder deinen Hintern ficken.
Heute heißt es für Anthony: Wenn du mich willst, mußt du meine sexuelle Erregung durch ein wenig S/M aufrechterhalten.

Die Mehrheit der S/M-Anhänger besteht aus Amateuren dieses erotischen »Spiels«. Diejenigen, die S/M als Lebensstil empfinden, haben selten Sex, so wie wir anderen Sex sehen (also gegenseitige Stimulation zum Orgasmus durch orale und manuelle genitale Manipulation und/oder Geschlechtsverkehr). Diese Menschen gehören zur »Szene«. Anthony und seine Gesinnungsgenossen führen S/M-»Szenarien« auf, die in Geschlechtsverkehr gipfeln und beiden Partnern den Orgasmus bringen.
S/M als Vorspiel führt zwar zu weniger Schmerzen als heftiges Hinternversohlen, doch rangiert er auf der Skala der Abartigkeiten höher als Analverkehr oder spielerisches Bondage oder Hinternversohlen. Die Grenzen des Akzeptablen überschreiten inzwischen eine einzige Praktik; die Bereiche des Körpers, der diese Spiele mitmacht, haben sich auf Handgelenke, Knöchel und Hintern ausgedehnt. Die erniedrigende Komponente, sei es verbal oder körperlich, wird deutlicher geäußert. Die Frage der Kontrolle, die bei Spielen wie Hinternversohlen, Bondage oder Analsex vielleicht unterdrückt wird, ist hier ganz wichtig.
Das Ziel ist, den Sex zu intensivieren, nicht aber durch etwas

anderes zu ersetzen. Kontrolle ist die Kraft, die den Sex intensiviert. S/M-Aktivitäten umfassen einvernehmlichen Machtaustausch auf sexuellem Gebiet. Für den Außenseiter ist oft schwer festzustellen, wer tatsächlich die Macht ausübt – derjenige, der die Schmerzen austeilt oder derjenige, dessen Grenzen bestimmen, wie weit der andere gehen kann. Und häufig ist es schwierig zu erkennen, wer die sexuelle Verantwortung in einer Szene hat, wenn sie albern, aber nicht erotisch wirkt.

Bei einer Party im Mittleren Westen, die in einem Privathaus abgehalten wurde, konnte ich eine Frau beobachten, die einen Mann disziplinierte. Ihre Kleidung, eine lederne Kreation, die wie ein Teddy aussah, betonte die zwanzig Pfund Übergewicht, die sich um ihre Taille angesetzt hatten. Sie stakste auf zehn Zentimeter hohen Pumps der Größe 42 daher. Das Haar auf den unrasierten Beinen des Mannes wirkte verfilzt und ließ sein Fleisch fleckig aussehen. Sein eigener roter Teddy zeigte unter den Achseln runde Schweißflecken. Sie führte ihn an einer Leine durch das Zimmer und bat hin und wieder andere Gäste, ihn mit einem großen Holzpaddel zu schlagen oder mit einer Peitsche über seine Brustwarzen zu knallen.

Als beide durch diese Spiele genügend erregt waren, verschwanden sie im Badezimmer, um Sex zu machen. Ein Mann, der die Szene ebenfalls beobachtet hatte, sagte dazu: »Sie hätten noch viel mehr Spaß gehabt, wenn sie damit gewartet hätten, bis sie zu Hause waren. Wissen Sie, sie machen das jetzt nur, damit wir denken, sie könnten es nicht erwarten.«

»Kennen Sie die Definition von S/M?« fragt mich Anthony. Er grillt Shrimps, die Conchita, die spanische Frau, die sich um sein Haus kümmert, für ihn gewaschen, gehäutet,

aufgespießt und mariniert hat. Der Himmel ist purpur und blau, durchbrochen von blaßrosa Bändern. Die Wellen und der Champagner haben zusätzlich eine betäubende Wirkung.
»Machtspiele«, fährt er fort und schnipst gegen die Spieße der Shrimps. Conchita erscheint mit zwei Schüsseln Sauce und Reis und stellt sie auf den Tisch, der für zwei Personen gedeckt ist. »Sonst nichts. Sexuelle Machtspiele. Dieser Marquis-de-Sade-Kram ist vorbei. Nur ein Perverser möchte eine Frau so lange auspeitschen, bis sie blutet.«
»Oder *er*«, werfe ich dazwischen. »Bis *er* blutet.«
»Oh, natürlich. Sie oder *er*. Da müssen wir schon korrekt sein, nicht wahr?«

Es gibt unter beiden Geschlechtern mehr Unterwürfige als Dominante, mehr Männer, die gerne diszipliniert werden wollen als solche, die unbedingt die Peitsche schwingen möchten – eine Tatsache, die Männer wie Anthony entweder nicht glauben oder aber nicht wahrhaben wollen, weil sie ihnen zu sehr nach Schlappschwanz riecht. Warum ist das so? Männer haben eher S/M-Wünsche; Frauen machen häufig nur dabei mit, um ihren Männern einen Gefallen zu tun.
Abweichende sexuelle Verhaltensweisen finden sich beinahe ausschließlich bei Männern, wie Fred Berlin, Mitarbeiter an der Johns Hopkins University, herausgefunden hat. Er hat sich in der psychiatrischen Abteilung mit der Behandlung von Paraphilien, also abweichendem Sexualverhalten, beschäftigt. »Es gibt beinahe überhaupt keine weiblichen zwanghaften Voyeure, Exhibitionisten, Sadisten. Masochismus bildet eine Ausnahme. Dennoch gibt es auch mehr männliche als weibliche Masochisten.«
V. K. McCarty, langjähriger Herausgeber von *Penthouse Va-*

riations, einer Zeitschrift, die sich mit ungewöhnlichen Sexpraktiken beschäftigt, vermutet, daß »Männer genauso wie Frauen Schuldgefühle beim Sex haben, die gemildert werden, wenn sie für ihren Sex ›bestraft‹ werden. Außerdem tragen noch immer mehr Männer Verantwortung in Jobs, in denen sie unter starkem Druck stehen. Indem sie sich fesseln und disziplinieren lassen, finden sie Erleichterung von ihren Spannungen.«

Aus welchen Gründen auch immer, es gibt ungefähr zehnmal so viele Unterwürfige wie Dominante. Vielleicht »switchen« deshalb so viele Menschen, das heißt, sie spielen mal den dominanten, mal den unterwürfigen Part bei S/M-Spielen.

Wenn beide gerne diszipliniert werden wollen, müssen beide fair spielen und sich abwechseln, oder?

»Eine Frau, die ich auf den Geschmack an S/M brachte, sagte zu mir, es mache ihr Spaß, weil sie sich dann so fühle, als säße sie in einer riesigen Achterbahn«, erzählt Anthony. Einige Reiskörner fallen von seiner Gabel, die er gerade zum Munde führt. Sie landen auf seinen weißen Baumwollshorts. Gereizt wischt er sie fort. »Sie sagte, es mache ihr Spaß, wenn jemand für sie eine Fahrt in der Achterbahn inszeniere«, fährt er fort. »Eine Fahrt, die ihr ein wenig Angst mache, obwohl sie wisse, daß sie absolut sicher sei.«

»Wie konnte sie wissen, daß es sicher war?«

»Weil ich der Fahrer war. Ich war für ihre Fahrt verantwortlich. Sie wußte, daß ich die Situation beherrschte, und sie vertraute mir. Da ich die Kontrolle hatte, konnte sie sich gehenlassen. Sie brauchte sich keine Sorgen zu machen. Das mögen Frauen an S/M. Sie lehnen sich einfach zurück und genießen die Fahrt. Am Schluß holen sie tief Luft und sind begeistert. Sie wollen es wieder tun, vielleicht nicht in derselben Nacht, dafür sind sie vielleicht zu wund, aber schon bald.«

»Beschreiben Sie mir ein Szenario.«

Er legt seine Gabel zur Seite, schiebt seinen Teller ein paar Zentimeter weg, und wie von Geisterhand geführt erscheint Conchita. Er steht auf, entschuldigt sich, er müsse seine »schmutzige« Kleidung wechseln und geht hinein. Conchita räumt den Tisch ab und kommt mit Kaffee und einer Schüssel Beeren zurück. Einige Minuten später erscheint er wieder auf dem Balkon, dieses Mal mit weichen, weißen Hosen und einem türkisfarbenen, kurzärmeligen Hemd.

»Mein Lieblingsszenario«, fährt er fort, nachdem er am Kaffee genippt hat, der mit Schokomint veredelt ist, »sieht so aus: Ich mag Frauen mit langen Armen und Beinen, die können besser das Ponymädchen mit mir spielen. Ich lege ihr Brustwarzenklemmen an, ein Lederhalsband, Handgelenkfesseln und hüfthohe, hochhackige Stiefel mit acht bis zehn Zentimeter hohen Hacken. Sonst nichts. Ich befestige an ihrem Halsband eine Leine und lasse sie für mich wie ein Pony durch den Raum laufen, bis sie schweißgebadet ist.

Wenn sie ihre Knie nicht hoch genug hebt, lasse ich eine Reitgerte über ihren Hintern sausen. Wenn ich merke, daß sie erregt genug ist, um noch stärkere Schmerzen zu ertragen, peitsche ich auch über ihre abgeklemmten Brustwarzen. Da springen die Frauen wirklich wie ein wildes Vollblut.

Es erregt mich sehr, wenn ich eine schwitzende, keuchende Frau sehe, die sich wie ein preisgekröntes Pferd bei einem Wettbewerb gebärdet.

Wenn mein Schwanz sich anfühlt, als wolle er gleich bersten, lege ich sie über ein Möbelstück und vögele sie. Oder ich lasse sie sich vorbeugen und vögele sie durch den ganzen Raum, wenn sie die richtige Größe dafür hat. Glauben Sie mir, es ist mir noch nie schwergefallen, nach diesem Spiel in eine Muschi einzudringen. Die Frauen sind immer feucht und bereit für mich.

Sie sagen, es sei für sie genauso aufregend wie für mich. Wenn ich sie wie Tiere behandle, befreie ich das sexuelle Tier in ihnen.«

Er greift wieder zur Kaffeetasse. Seine Hände sind klein und wirken eigenartig weiblich für einen breitschultrigen Mann von beinahe 1,80 Meter, aber ich bewundere seine gepflegten Finger.

»Kommen Sie herein und sehen Sie sich das Spielzimmer an«, fordert er mich auf und erhebt sich abrupt. »Sie können nicht über dieses Thema schreiben, wenn sie den Ort der Handlung nicht gesehen haben, oder?«

Das Haus ist mehr als 1300 Quadratmeter groß, ist lichtdurchflutet und steht voller Pflanzen; hier und da ein riesiges Möbelstück oder eine Plastik, viel leerer Raum. An den Wänden der Treppenaufgänge und Flure hängen Fotos von Familienmitgliedern und Freunden. Viele Fotos von seiner Mutter.

Anthony liebt seine Mutter. Sucht man nach einem Haken, an dem man ihn festmachen könnte, so ist es nicht die böse Mutter. Er liebt seine Mutter, aber nicht auf sklavisch unterwürfige Weise. Sie hat ihn nicht gelehrt, daß Sex schlecht sei. Sie hat ihn nicht mit einem Gürtel verdroschen oder mit seinem kleinen Penis gespielt, als er noch klein war – und wenn sie es getan hat, kann er sich nicht mehr daran erinnern, und ehrlich gesagt erscheint mir diese Möglichkeit nicht sehr wahrscheinlich. Sein Vater war ein netter Mann, der am Abend vor seinem vierzigsten Geburtstag einem Herzanfall erlag.

»Sie waren Republikaner«, sagt Anthony und grinst mich böse an.
»Glauben Sie, das erklärt alles?«
»Ich habe einige Bücher«, er zeigt auf eine kleine Sammlung von Erotika in Taschenbuchausgabe, die ordentlich in einer Ecke seines Bücherregals aufgestapelt liegen, wobei ihre Rükken durch einen hölzernen Bären vor zufälligen Blicken verborgen bleiben. Ich sehe eine Ausgabe des Buches *Exit to Eden* von Anne Rice. »Keine Ratgeber. Ich habe noch nie ein Sexhandbuch benötigt, und ich glaube auch nicht, daß ich in diesem Bereich eines brauche. Es ist gesunder Menschenverstand. Ich habe Pferde gehabt. Ich weiß, was eine Peitsche bewirken kann, wenn man ordentlich durchzieht.
Es gibt eine Grenze, die man von jeder normalen Frau bei einem Sexspiel erwarten kann.«
S/M-Amateure sprechen selten von »Grenzen«, von der Schmerztoleranz des unterwürfigen Partners; und Anthony benutzt diesen Ausdruck nicht in diesem Sinne. Das Motto »ungefährlich, gesund und einvernehmlich«, nach dem die Mitglieder der Szene zu leben geloben, braucht von jemandem wie Anthony kaum ausgesprochen zu werden.
»Gesunder Menschenverstand«, sagt er. »Sex findet überhaupt nur im Kopf statt.«
Er öffnet einen großen Schrank aus echtem Teakholz, in dem sich ein Fernseher mit 27-Zoll-Bildschirm befindet, ein Videorecorder, eine Sammlung Bänder und eine Auswahl an Reitgerten, Peitschen, hochhackigen schwarzen Stiefeln in verschiedenen Größen und genügend Lederhalsbänder, Handfesseln und Leinen, um aus sämtlichen Frauen der Nachbarschaft eine Herde von zwanzig Pferden zu machen.
»Fühlen Sie mal die Qualität des Leders«, fordert er mich auf und gibt mir ein Halsband, »weich wie Butter. Ich kaufe diese Sachen von einem Typen in Los Angeles, der nach

Maß anfertigt. Die Sachen, die man in Läden kaufen kann, sind Schrott. Ich würde keine meiner Frauen in ein billiges Lederkleid stecken. Warum sollte ich ihr ein Kleid aus dem Erotikbasar anziehen? In dem Schrank gibt es ein ganzes Sortiment von Kleidern, von der Uniform eines französischen Zimmermädchens bis zu einigen eleganten, rückenfreien Kleidern.«

Ich lege das Halsband zurück und studiere einige Videotitel. *Geschichte der O., Paulas Bestrafung, Die Lederhure, Sklavenmädchen, Geschlagene Studentinnen.* Und so weiter.

»Würden Sie gerne etwas davon sehen?« Als ich ablehne, meint er: »Sicher haben Sie so etwas schon gesehen. Aber ich habe hier einiges, was Sie noch nicht kennen. Meine ganz eigene Kollektion.«

Er zeigt auf ein Regal, auf dem die Etiketten der Bänder nur Frauennamen tragen. *Christy, Lisa, Lyndie.* Mehr als zwei Dutzend Namen, einschließlich *Tiffany,* Nummer eins und zwei. »Zwei verschiedene Frauen mit Namen Tiffany«, erklärt er mir. »Was soll ich sagen? Das hier ist Kalifornien.«

Wir sehen jedes Band einige Minuten lang an. Neben dem Szenario »Ponymädchen« haben er und seine Partnerinnen unter anderem »böses Mädchen/strafender Vater«, »Vater und Tochter«, »verkommene, reiche Schlampe und Mann, der sie zähmt« gespielt. Beinahe jedesmal spielt eine Peitsche eine Rolle, die er umsichtig einsetzt, wobei er niemals mehr als einen leicht geröteten Striemen auf weißer Haut hinterläßt. Er ist sehr stolz auf diese Fertigkeit.

»Lassen Sie mich Ihnen die Einzelaufnahmen zeigen.« Er holt vom oberen Brett des Regals ein großes, schweres, ledergebundenes Sammelalbum herunter. »Ich bin ein guter Hobbyfotograf. Einige dieser Bilder sehen richtig professionell aus, meinen Sie nicht?«

Er hat recht. Besonders gegen Ende des Albums wurden die Bilder von einem Stativ aus aufgenommen und zeigen ihn und eine hübsche, geschmeidige Blondine beim Geschlechtsverkehr nach Hundeart. Echter Schweiß und echte Lust glänzen auf beider Haut; so hätten die Bilder in Madonnas Buch *Sex* auch besser aussehen sollen.

Anthonys Interesse an Fotografie hat ihn zum S/M gebracht.

»Als ich in den Zwanzigern war, wollte ich mich einfach verführen lassen. Als ich dreißig wurde, hatte ich mehr Geld und weniger Probleme, verführt zu werden. Ich machte gerne Fotos von meinen Geliebten, zuerst in geschmackvollen Dessous. Als mich das zu langweilen begann, suchte ich in Pornos nach ungewöhnlichen Anregungen für Stellungen. Nach wenigen Jahren begab ich mich in die S/M-Szene, aber ich habe die Spiele nie wirklich mitgespielt. Ich stecke die Frauen einfach nur in die Kleider und lasse sie die entsprechenden Posen einnehmen. Das genügt, um mich in höchstem Maße zu erregen. Ich genieße es, Frauen zu kontrollieren, ihre Körper und ihre Emotionen. Es war unvermeidlich, daß ich einmal ein Szenario ausleben wollte, aber ich war nicht derjenige, der beim ersten Mal die Initiative ergriff. Das war eine Frau.

Als ich sie in der klassischen unterwürfigen Pose hatte, mit gefesselten Knöcheln, die Handgelenke hinter ihrem Rükken, Hintern in der Luft, flehte sie mich an, ich solle sie mit der Gerte schlagen.

›Ich habe schon immer nach einem Kerl gesucht, der Manns genug ist, das zu tun‹, sagte sie. Meine erste Auspeitschung war eine Offenbarung, über mich selbst und über die Frauen. Ich wollte es, sie wollten es auch.« Eilig fügt Anthony hinzu, daß nicht alle Frauen »es gemacht haben wollen«.

»Vielleicht die Hälfte, vielleicht zwei Drittel« der Frauen, mit denen er eine Begegnung hatte, hätten schließlich akzeptiert, daß ihre Bekanntschaft nach einigen normalen sexuellen Kontakten nicht weiterging. Sie fühlten sich durch seine nachlassende Erektion nicht genügend animiert, ein Halsband anzulegen und vor ihm wie ein Pferd herumzutänzeln.
»Es gibt so viele Frauen da draußen«, er zuckt die Achseln, »wie sollte ich denjenigen nachtrauern, die nicht mitspielen wollen? Irgendwo habe ich gelesen, daß jeder heterosexuelle Mann in New York City aus 20 Frauen wählen kann. Wenn ich hier keine Gespielinnen mehr finde? New York wäre eine Alternative.«
Er verspricht, mich mit einigen Frauen aus seiner Sammlung zusammenzubringen. Stolz prahlt er, »einige von ihnen sind andere S/M-Beziehungen eingegangen, in denen sie die Dominante sind. Ich habe ihnen geholfen, ihr wahres Ich zu erkennen.«

Vickie, die durch Anthony S/M kennengelernt hat, lebt seit fünf Jahren in einer monogamen Beziehung mit Ted. Sie sieht aus wie Anfang Vierzig, allerdings weigert sie sich, ihr Alter zu nennen; er ist einige Jahre jünger als sie. Sie hat rote Haare und eine helle Haut (die an einigen Stellen leicht gefältelt ist), grüne Augen und einen etwas herunterhängenden Busen, ist ansonsten jedoch sehr straff und kann als attraktiv bezeichnet werden. Er sieht geradezu umwerfend aus: ein blauäugiger, nordischer Gott mit genau dem muskulösen Körper, von dem Frauen träumen. Die beiden bilden ein Paar, das zu der unvermeidlichen Frage führt: Was findet er an ihr – nicht, daß mit ihr irgend etwas nicht stimmt, aber warum sie, wenn er jede haben könnte? Diese Frage stellt man sich,

bevor man erfährt, daß er manchmal ganz gerne ihren Sklaven spielt.
»Er tut aber nur so«, erzählt sie. »Menschen in Pornogeschichten mögen S/M. Echte Menschen tun das nicht. Es ist kein 24-Stunden-pro-Tag-Zustand. Ich hätte keinen Respekt für Ted, wenn er ständig mein Sklave wäre. Das ist er nicht. Gelegentlich gefällt es ihm, wenn ich ihn dominiere. Das hat noch keine Frau vor mir mit ihm gemacht. Das ist meine geheime Macht über ihn. Ich habe seine unterwürfige Seite entdeckt; und er sagte zu mir, es sei für ihn, als habe ein anderer Mensch ihn endlich richtig erkannt und vollständig akzeptiert. Er war im siebten Himmel.«
Die Episode, die sie schildert, erinnert mich merkwürdig an eine Szene aus *Guest of a Sinner*, einem Roman von James Wilcox, den ich erst kürzlich gelesen habe. Wilcox, einer meiner Lieblingsautoren, fügt in die Beziehung zwischen seinen Hauptpersonen, Wanda und Eric, die sich aus finanziellen Gründen eine Wohnung teilen, ein S/M-Element ein. Wanda, die farblosere von beiden, leidet mehr als zwei Drittel des Buches an ihrer unerwiderten Liebe zu Eric, als sie ihn schließlich aufgebracht aus dem Bad zerrt und mit einer Bürste auf den Hintern schlägt.

»Er stützte seine Ellbogen auf dem Waschbecken ab und gab sich den Schlägen hin. Anfangs schienen die Schläge symbolisch. Doch später, als sie sich der Macht, die in ihr wach wurde, und all der Wut und Frustrationen immer bewußter wurde, hinterließ ihre Hand rote Striemen auf seinen Backen, als er sich auf dem schmalen Bett in ihrem eigenen stillen Refugium über ihren Schoß legte.«

Wenige Seiten später heiratet Eric, der zuvor unerreichbare Mann, Wanda. Die Bürste wird durch einen Tischtennisschläger ersetzt; und ihr Onkel, der Flagellant, der das Haus niemals ohne seine Peitsche verläßt, kommt zu Besuch. Ich habe Wilcox' letzte fünf Romane über leicht schrullige und neurotische Menschen gelesen. Bislang schrieb er nicht über S/M. Hat Wilcox den nationalen Pulsschlag gefühlt und erkannt, daß er nicht vom Herzen, sondern von einer tiefergelegenen Stelle herrührt, irgendwo in der Nähe der geröteten Hinterbacken?

»Das erste Mal passierte es rein zufällig«, berichtet Vicki und holt mich in die Gegenwart zurück. »Ted lag oben und vögelte mich, und ich fühlte mich nicht gut. Ich war außerdem gereizt, daß er mich auf diese träge Art und Weise vögelte. Ich versuchte, ihn zur Seite zu schieben, aber er merkte nichts. Ohne darüber nachzudenken – nach Anthony hatte ich nicht mehr an S/M gedacht – schlug ich ihn fest auf eine Seite seines Hinterteils. Seine Erektion wurde sofort härter. Ich hatte seine Aufmerksamkeit gewonnen. Ich schlug ihn erneut. Er bewegte sich mit mir, hob sein Gewicht von mir und drang härter in mich ein. Ich schlug ihn immer weiter; und er vögelte mich wie nie zuvor. Wir sprachen nicht darüber, bis es immer öfter passierte. Ich hatte Angst, die Situation zu analysieren, und fürchtete, Worte könnten diese neue Leidenschaft zerstören. Er war verlegen. Eines Morgens, als wir uns vor dem Badezimmerspiegel um den besten Platz balgten, fragte ich ihn, ob ich mal eine Bürste oder etwas anderes benutzten sollte, und er sagte, das würde ihm gefallen. Das hat die Türen geöffnet.«

Diese Türen führten zu ihrem eigenen erotischen Hinterzimmer, in dem ein Plastikspatel den Sex auf eine Weise verbessern kann, die keine Reizwäsche von Victoria's Secret Confection zustande bringen könnte. Vicki, die in Anthonys feudalem kleinen Theater die Unterwürfige spielte, ist immer die dominante Partnerin, obwohl sie und Ted niemals

die Worte *dominant* und *unterwürfig* benutzen. Sie leben wenige Blocks vom Strand entfernt in einem winzigen rosaweißen Cottage, umgeben von Bougainvilleen, Palmen und Hibiskus und vielen anderen Pflanzen und Blumen.
»Wir haben einen weißen Lattenzaun«, lacht sie fröhlich. »Der amerikanische Traum. Vielleicht würde vielen Frauen ihr Traum erfüllt, wenn sie verstehen würden, daß manche Männer überwältigt werden wollen.«

Für Ted ist es schwieriger, über sein Sexleben zu sprechen, aber er tut es dennoch, denn »Vicki hat mich darum gebeten, es für sie zu tun«. Seine Bemerkung erinnert mich an einen ähnlichen Ausspruch eines unterwürfigen Mannes in Maryland, der ebenfalls mit mir sprach, um seiner dominanten Partnerin einen Gefallen zu tun. In ihrem Fall beschrieben beide ihre Beziehung mit völlig unterschiedlichen Begriffen, wobei seine Disziplinierung für sie »ein spiritueller Machtaustausch war«, der beiden »Energie gab«, während er sagte, »ich komme einfach nur, wenn ich geschlagen werde«.
Zu Anfang unseres Gespräches zündet sich Ted eine Zigarette an. Wir sitzen auf grünen Eisenstühlen auf der Veranda aus Rotholz, die er hinter dem Cottage gebaut hat. Die Veranda und der kleine begrünte Hof darunter werden von einem hohen Zaun, ebenfalls aus Rotholz, geschützt.
»Ich weiß nicht, was mir unangenehmer ist, dies hier«, er wedelt mit der Zigarette, »oder mit Ihnen darüber zu reden, wie ich mich fühle, wenn Vicki mich mißhandelt. Ich versuche, damit aufzuhören. In Kalifornien gibt es beinahe nichts, das weniger ›politically correct‹ wäre als Rauchen. Ich kann eigentlich auch am Anfang beginnen. Als Kind glaubte ich schwul zu sein, weil ich gerne die Liebesromane meiner Schwester las. Mein Vater hat uns kurz nach meiner

Geburt verlassen, meine Mutter zog mich und meine beiden Schwestern alleine groß. Meine Schwestern kümmerten sich sehr um mich, wenn Mutter arbeitete, und Liebesromane gehörten einfach zu unserem Frauenhaushalt dazu.

Wenn die Heldin vom Helden übers Knie gelegt wurde, bekam ich eine Erektion. Ich identifizierte mich mit ihr. Meine erste Freundin biß mich immer richtig fest in die Brustwarzen, und das erregte mich mehr als alles andere. Manchmal waren sie nach dem Wochenende mehrere Tage lang wund. Sie waren mein ganz privates Abzeichen der Männlichkeit, Beweis für meine Virilität, wovon nur ich allein wußte.

Die Mädchen waren immer hinter mir her. In der Highschool und im College hätte ich alle haben können. Warum sollte ich bescheiden sein, wenn es um mein Aussehen geht – oder damit angeben. Das sind die Gene. Ich bin so auf die Welt gekommen. In unserer Gesellschaft wird Schönheit viel zu sehr bejubelt. Die Menschen sollten sie bewundern können, ohne sich von ihr einwickeln zu lassen, aber das können sie nicht. Die Frauen, mit denen ich länger zusammen war, nahmen meine körperlichen Vorzüge nicht so ernst. Keine von ihnen, außer Vicki, hat meine geheimen Phantasien entdeckt.

Sie weiß, wie sie mich behandeln muß. Liebesbisse. Klapse. Hintern versohlen. Wir besitzen keine S/M-Utensilien. Diese Spielzeuge aus Sexshops törnen mich ab. Wir benutzen Sachen, die man sowieso im Haus hat.«

Er weigert sich zu sagen, um welche normalen Haushaltsgegenstände es sich handelt, oder wie sie zu benutzen sind, aber er gibt zu, daß der Spatel »ein Lieblingsgerät ist – und Sie können sich bestimmt denken, wie man ihn benutzt.« Ich nehme an, um den Hintern zu versohlen, aber ich kann mir auch vorstellen, wie sie seine Beine auseinanderdrückt und seine inneren Oberschenkel damit schlägt. Ich will mir nicht vorstellen, was Vicki dem schönen Ted sonst noch antut. Ich habe von einigen »kreativen« Foltermethoden gehört, die ich mir einfach nicht vorstellen will.

Eine Frau erzählte mir zum Beispiel, sie habe ihren Sklaven/Ehemann während einer Party nackt mitten im Zimmer stehen lassen und zwei Girlanden mit winzigen Christbaumlämpchen mittels langer, dünner Nadeln an ihm befestigt. Die blutige Prozedur dauerte beinahe eine Stunde. Dann habe sie das Licht aus- und die Christbaumlämpchen eingeschaltet.

Vicki bringt uns eine Kanne Kräutertee, drei Tassen und einen Teller mit Muffins, die sie selbst gebacken hat. Sie sind mit getrockneten Früchten gemacht und schmecken köstlich.

»Ted will mir keine Einzelheiten erzählen«, stelle ich fest.

»Oh, erzähle ihr doch eine kleine Geschichte, nur eine«, schmeichelt sie, umfaßt sein Kinn mit einer Hand und füttert ihn mit einem Stückchen Muffin.

Folgende Geschichte gibt er schließlich zum besten: Ted tut so, als sei er ein Tänzer, der nicht weiß, daß seine Geliebte Vicki im Zuschauerraum sitzt. Sie hat ihn aufgefordert, den Job aufzugeben oder er werde sie verlieren. Nach seinem Auftritt wartet sie hinter der Bühne auf ihn. Sie faßt ihm in den Schritt und züchtigt ihn, weil er eine Erektion hat. Während die anderen Tänzer zusehen, nimmt sie ihren Gürtel ab und prügelt auf ihn ein. Als er nur noch ein wimmerndes, zuckendes Etwas zu ihren Füßen ist, spreizt sie ihre Beine und befiehlt ihm, sie zu lecken, ebenfalls vor den Augen der anderen, und natürlich trägt sie kein Höschen.

»In Wirklichkeit«, so fährt er fort, »prügelt sie mich natürlich nicht. Aber ich muß für sie tanzen. Sie bestraft mich. Ich lecke sie. Ich muß mir gleichzeitig einen runterholen. Wir erzählen uns diese Geschichte, während wir sie durchspielen.«

Einige Tage später ruft mich Anthony an, um zu fragen, was ich von Vicki und Ted halte.

»Sie ist großartig, nicht wahr?« Ohne eine Antwort abzuwarten, fügt er hinzu: »Er ist ein echtes Würstchen. Hin und wieder kommt sie her, um mit mir zu spielen. Sie sagt, gelegentlich braucht sie einen richtigen Mann, einen, der weiß, wie er es ihr besorgen muß. Ansonsten ist sie glücklich mit ihm.«

Ich frage mich, ob Ted davon weiß. Und wenn er es weiß, erhöht dieses Wissen seine Erniedrigung dann noch und damit auch seine Freude, mit Vicki zusammen zu sein? Und betrachtet Vicki Anthony als »richtigen Mann«?

FÜNFTES KAPITEL

Bondage für Fortgeschrittene

SAN FRANCISCO

»Sie rufen mich morgen nachmittag um zwei Uhr an. Ich werde Ihnen Anweisungen geben, und Sie kommen zu einem Interview hierher, das bis vier Uhr dauern wird. Sie werden mich um neun Uhr morgens anrufen, um diese Abmachung zu bestätigen«, sagte Cleo Dubois am Telefon. Sie ist Domina, eine von vielen auf meiner Liste für San Francisco. Ich habe ihren Namen aus dem *Black Book*, einem nationalen Führer für Produkte, Veröffentlichungen und Dienstleistungen für Kunden, die mit den Gelben Seiten nicht weiterkommen. In der S/M-Gemeinde San Franciscos geht das Gerücht um, daß ein Sproß einer der angesehensten Familien der Stadt seine Domina durch dieses Buch gefunden hat.

Cleos Eintrag lautet: »Echter S/M und fachkundiges Bondage in privatem Kerker – Schwerpunkt auf einfühlsamen Sadismus – S/M-Techniken für Fortgeschrittene für erfahrene Masochisten und Konsultation für Novizinnen. Beide Geschlechter und alle sexuellen Richtungen willkommen.«

Sowohl Anhänger als auch Ausübende dieser Kunst geben zu, daß Bondage in Kalifornien besser ausgeführt wird als an der Ostküste. Hier im Golden State gereicht die Symmetrie der Fesseln zur Perfektion. So werden zum Beispiel die Fesseln an Hand- und Fußgelenken so ausgerichtet, daß sie identisch erscheinen, alle gleich weit entfernt von den Fingerspitzen oder Schienbeinknochen, oder welche Maße Sie auch immer bevorzugen.

»In Kalifornien ist Bondage viel ästhetischer«, sagt ein Mann, der dieses Jahr ungefähr 25 000 Dollar dafür ausgegeben hat, sich fesseln zu lassen, Hotel- und Flugkosten nicht mitgerechnet.

Während ich Cleos Bedingungen in mein Notizbuch kritzle, wiederholt sie sie, als spreche sie mit einem Kind. Männer bezahlen dafür, so behandelt zu werden – um Instruktionen von überheblichen, gebieterischen Frauen zu bekommen, die am Telefon offensichtlich nur herablassend sprechen können. Ich stopfe das Buch in meine Tasche, neben ein Video von einer S/M-Hochzeit, bei der der Bräutigam die Klitoris seiner Braut/Sklavin auf einem Behelfsaltar pierct, an dem sie ihre Schwüre austauschen. Die Hochzeit fand in Sonoma Valley statt, in einem Haus mit einer atemberaubenden Sicht auf Weinberge, mit vierzig Gästen, alle Mitglieder der »S/M-Familie«.

Im Taxi, das mich zum Kerker im Castro-Viertel bringt, frage ich mich: Welche Entschuldigung hatten Braut und Bräutigam für ihre biologischen Familien, weil sie sie von der Hochzeit ausschlossen?

Ich erzähle dem Fahrer, daß ich ein Buch über abartigen Sex schreibe. Er gibt mir seine Karte mit der Nummer seines Taxis. »Rufen Sie mich an. Ich kann Sie zu einer Bar bringen, wo Lesben Sex machen, manchmal mit schwulen Jungs, ohne Scherz. Ist das nicht ein Durcheinander?«

Ich klingele, wie mir angewiesen wurde, dreimal bei Kaye Buckley. (»Ich weiß, es ist eine Freundin, wenn es dreimal klingelt.«) Sie führt mich in ein viktorianisches Haus, das weder von Besitzern entweiht wurde, die Decken absenken

und die Wände mit künstlichem Holz verkleiden, noch so liebevoll restauriert worden ist, wie nur großzügig fließende Gelder es ermöglichen. Dieses Haus ist wie eine alte Dame mit guten Genen anmutig gealtert und trägt seine Falten mit Würde. Die Treppen werden von Licht durchflutet, das durch riesige Fenster hereinströmt. Eine 1,60 Meter hohe, gesunde Schefflera wächst in einem Topf auf dem zweiten Treppenabsatz. Ich folge der Stimme und steige die Treppe hinauf. Die Lichter gehen aus, als Kaye mir die Tür öffnet. Sie ist eine Domina, eine Herrin, die von ihren Kunden, hauptsächlich von verheirateten Kunden der Oberschicht, bezahlt wird, damit sie sie fesselt und manchmal sexuell quält. Heute ist sie nicht für die Arbeit angezogen. Kaye, eine kleine Frau Mitte Vierzig, trägt ihr Haar in zwei Farbtönen koloriert, sehr schwarz, vorne mit einer blonden Strähne. Sie trägt eine Brille, kein Make-up, enge, knöchellange schwarze Hosen, schwarze Ballerinas und eine lockere schwarze Tunika. In meinem schwarzen Leinenanzug, den hochhackigen Slingpumps und mit meiner riesigen Tasche, dem unentbehrlichen Accessoire für Frauen, die mehr oder weniger regelmäßig arbeiten, fühle ich mich overdressed.
Wir schütteln uns die Hände, und sie führt mich durch einen Flur, der mit schwarzweißen S/M-Fotos geschmückt ist. Einige zeigen sie selbst in Arbeitskleidung. Sie sieht darauf erstaunlich anders und gut aus, ihr Körper, schlank und fest, *aggressiv*, ist die Art von durchtrainiertem Körper, den andere Frauen an Frauen bewundern. Sie sieht ein wenig sexy aus. Wir beginnen ganz hinten, im letzten ihrer drei Zimmer, dem Lederkerker. In diesem dunklen Zimmer, wo die Decke und Wände schwarz gestrichen sind, findet hartes Bondage statt. Die Fenster sind vollständig mit schwarzem Samt verhangen. Hier könnte ein Vampir leben.

Und tatsächlich ist das einzige Möbelstück, außer dem Stuhl mit der hohen, geraden Lehne, auf dem ich Platz nehme, eine lange Kiste mit einem gepolsterten Lederdeckel, die wie ein Sarg aussieht. Von den schwarzen Aufhängeplatten an zwei Wänden hängen Folterwerkzeuge. An einer anderen Wand hängt ein Ding, das aussieht wie ein Rahmen mit ineinandergreifenden Sprungfedern. Man braucht nicht viel Phantasie, um sich vorzustellen, wie die Kunden in – oder auf – dieses Stück gefesselt werden.

»Möchten Sie gerne eine Tasse Tee, bevor wir anfangen?« fragt sie. »Ich habe Kamille, Pfefferminz und Apfel.«

Ich untersuche das Zimmer, während sie den Tee zubereitet. Das träge, disharmonische Näseln östlicher Musik ergießt sich aus einem tragbaren Recorder. Unter den Kunstgegenständen befinden sich eine Statue des Pan und das Foto eines nackten, knienden Mannes, dessen Kopf in einer Lederkapuze steckt und dessen Arme auf seinem Rücken von ledernen Fesseln zusammengehalten werden. Nur die Umrisse des Beines einer Domina sind zu sehen, die einen hochhackigen Stiefel trägt. Ihr Fuß ruht auf seinem Kopf.

»Gefällt Ihnen das Foto?« fragt mich Kaye von der Tür her.

Ich gebe zu, daß diese Pose ein gewisses Maß an Humor verrät, der dieses Foto von den üblichen S/M-Pornos abhebt. Der Mann im mittleren Alter, dessen durchschnittlicher, wabbeliger Hintern in die Höhe gereckt ist; die Frau, mächtig, deren Identität ein Geheimnis bleibt. Bondage, bei dem der Anus oder Genitalien gezeigt werden, gilt als erniedrigend oder peinlich. Die Position ihres Fußes unterstreicht auf amüsante Weise das Offensichtliche. Ich würde es als Symbol roher weiblicher Macht betrachten, wenn ich nicht wüßte, daß der Mann zu ihren Füßen für diese Position bezahlt hat.

»Meine besondere Spezialität ist Bondage, sowohl mit Sei-

len als auch Leder«, erzählt Kaye und reicht mir eine Tasse Tee.
Viele Dominas haben sich spezialisiert. Auch wenn sie eine Vielzahl von Bedürfnissen erfüllen, betrachten sie sich doch meistens auf einem Gebiet als besonders erfahren, zum Beispiel in Bondage oder Fetischismus oder Peitschen mit Rohr oder Gerte. Ich habe eine Frau aus Houston kennengelernt, die so virtuos mit dem Stock umging, daß sie oft erster Klasse in andere Städte flog, wo manche Kunden von anderen Dominas bereit waren, alle Kosten plus 250 Dollar pro Stunde zu zahlen, um die allerbeste Rohrstockbehandlung zu bekommen. Zweimal im Jahr fliegt sie nach England, um neue Stöcke zu kaufen.
»Deswegen bin ich hier«, erwidere ich. »Ich weiß, daß manche Männer für Sitzungen zahlen, in denen es nur um harte Bondagepraktiken geht. Ich verstehe nicht, warum.«

Der Sinn des »Tie-and-Tease«-Bondage ist es, den Orgasmus des gefesselten Partners zu erhöhen, indem die Erregungsphase verlängert wird, oder eine gewisse Macht über seinen Höhepunkt zu bekommen. Sie reizen ihn bis nahe an die Ejakulation mit Mund oder Händen oder Muschi, oder vielleicht auch mit allen dreien, und ziehen sich kurz vor dem Orgasmus zurück. Wenn Sie sich auf ihn setzen, nachdem Sie sich zwei- oder dreimal zurückgezogen haben, können Sie den Mann zu einem orkanartigen Orgasmus bringen – und selbst ähnliche Höhen erleben. Doch vermutlich wollen Sie, daß er vor dem Höhepunkt seine Hände frei bekommt, damit er Ihre Hüften streicheln, Ihre Brüste liebkosen und Sie gegen Ende zu sich heranziehen kann. Sie möchten vielleicht, daß er die Hände frei hat, weil Sie sich nach seiner Berührung sehnen und Sie in seinen Armen liegen möchten. Die Fesseln, die leicht abgestreift

werden können, sind eher symbolisch als echt, für den Fall, daß er wirklich nicht warten kann.
Bei harten Bondagepraktiken befindet sich der oder die Gefesselte in einer Situation, aus der er oder sie nicht ohne fremde Hilfe entkommen kann. Dieses Gefühl der echten Machtlosigkeit ist es, wonach sich die Anhänger verzehren. Der Mann wird etwa an ein Holzgestell gefesselt, das an einen kolonialen Pranger erinnert, oder in Lederwäsche gekleidet, die eng geschnürt werden kann und den Körper stark einengt, oder mit Seilen in ein ausgeklügeltes Netz eingesponnen. Wie auch immer er gebunden wird, er ist völlig davon abhängig, daß die Domina ihn sicher durch diese Erfahrung geleitet. Er kann nichts mehr tun. Männer, und es sind meistens Männer, die sich derart fesseln lassen, sagen häufig, sie fühlten sich nur dann wirklich frei, wenn sie ganz fest eingeschnürt sind.
Zu einem Bondageszenario gehört typischerweise die Unterdrückung sinnlicher Wahrnehmung. Der Unterwürfige trägt Knebel, Ohrstopfen, Augenbinde oder Kapuze. Manche Dominas bevorzugen aufblasbare Kapuzen mit Atemröhren, die den Kopf unbeweglich machen. Sein Körper wird in eine unnatürliche Lage gebracht oder sogar aufgehängt. Während einer Sitzung mit Suspensionsbondage wird der Unterwürfige mit einer Winde vom Boden hochgehoben. Die besten Kerker sind mit Sicherheitsvorrichtungen ausgerüstet, damit das gefesselte Opfer schnell in die Arme der Domina fallen kann, falls es ohnmächtig wird. Die Domina ist oft in Herzlungenmassage ausgebildet.
Worin liegt der Reiz, in einem Netz aus Seilen gefangen zu werden, das zu spinnen die Domina Stunden braucht? Was hat ein Mann von dieser Erfahrung, wenn die Frau seine Genitalien nicht berührt, es sei denn, sie peitscht sie leicht mit einer Wildlederpeitsche? Warum sollte er dafür zahlen,

damit er fester als eine Fliege im Netz der Spinne gefesselt und vielleicht mit dem Kopf nach unten aufgehängt wird, nur damit er später befreit wird, ohne sich sexuell erleichtern zu dürfen?

Anhänger der harten Bondagepraktiken, für die Bondage die Hauptquelle erotischen Vergnügens bildet, sagen, die Fesseln nähmen ihnen sämtliche Verantwortung. Diese Männer sind es müde, die Kontrolle über ihr Leben und das Leben anderer zu haben, über Frauen, Kinder, Angestellte, Kunden oder Patienten, deren Zukunft sie oft in der Hand halten. In der Position des Gefangenen versinken die Gefesselten ganz tief in sich selbst, erreichen einen Zustand, den sie selbst als völlig neu beschreiben, an dem all ihre Sinne erhöht aufnahmefähig sind – und man verlangt nichts von ihnen, keine sexuelle Reaktion. Der Gefesselte braucht keine Erektion zu bekommen oder einer Frau einen Orgasmus zu verschaffen. Es steht ihm frei, nichts zu tun. Einige Männer haben mir erzählt, sie hätten diese Freiheit sonst nirgendwo kennengelernt.

»Lehnen Sie sich dagegen und erleben Sie, wie es sich anfühlt«, sagt Kaye. Sie hat bemerkt, wie ich das Gerät mit den Sprungfedern betrachtet habe, als ich zum Stuhl zurückging.

Ich lehne mich dagegen und erhebe um des Effektes willen meine Arme über den Kopf. Das Gestell gibt unter meinem Gewicht nach. Das Gefühl ist weder angenehm noch unangenehm, aber leicht sexuell. Vielleicht bewirkt das Erheben meiner Arme und das Öffnen meines Körpers dieses kurze erotische Prickeln. Oder vielleicht auch das Gefühl, daß ich meinen Körper dort hingelegt habe, wo nackte Männer gelegen und sich einer Frau unterworfen haben.

»Ich habe in Japan gelebt und sowohl als Unterwürfige als

auch als Domina in Sexclubs gearbeitet, und ich war mit einem japanischen Mann verheiratet«, erzählt Kaye, die auf dem sargähnlichen Ding sitzt und an ihrem Tee nippt. »Bondage mit Seilen ist Teil der japanischen Tradition. Dort habe ich es gelernt.«

»Worauf sitzen Sie da?«

»Gefällt es Ihnen?« Sie lächelt sanft, und es scheint sie zu freuen, daß ich danach gefragt habe. »Ich habe es selbst gemacht. Den ganzen Kerker habe ich selbst entworfen. Ich bin keine gute Schreinerin, aber ich habe alles selbst gebaut, meine Freunde haben mir ein wenig geholfen. Ich nenne das hier meinen Bondagetischsarg.«

»Ich wollte gerade sagen, daß er wie ein Sarg aussieht.«

»In jedem Kerker gibt es einen Bondagetisch, etwas, worauf der Unterwürfige liegen kann. Sehen Sie die Haken an den Kanten? Hier werden die Schnüre befestigt.« Sie steht auf und öffnet den Deckel. »Das Innere benutze ich für die Unterdrückung sinnlicher Wahrnehmungen.«

»Sie meinen, Sie stecken da Leute rein?«

»Manchmal.« Sie geht zur hinteren Wand und öffnet die Türen eines großen, dreiteiligen Schrankes, der beinahe den gesamten hinteren Raum einnimmt. »Einige meiner Kunden wollen zusätzlich Schmerzen spüren. Möchten Sie es gerne sehen?«

Sie reißt die Tür auf, und zum Vorschein kommen Peitschen, Paddel, Gürtel, Halsbänder und Handschellen. In dieser Ausrüstung müssen Tausende von Dollars stecken. Ich stelle meine Teetasse ab, gehe hinüber zu der Sammlung und berühre etwas, das aussieht wie ein Staubwedel aus Federn.

»Sie sind sofort zu den Federn gegangen«, sagt sie und nickt, als habe sie das erwartet, und ich, wie eine gute Schülerin, habe ihre Erwartungen erfüllt. »Das würde ich zum Beispiel bei sinnlichen Spielen benutzen. Jemand, der es lieber sadistisch hat, würde verrückt damit.« Sie nimmt eine Wildlederpeitsche und reicht sie mir. »Oder so etwas, das ist sinnlich.« Ich fahre mit meinen Fingern durch die Stoffstreifen. In meinen Händen fühlen sie sich ganz unschuldig an. »Die würde ich für sinnliche Spiele benutzen.«

»Würden Sie das bei jemandem verwenden, der nur wegen der Erfahrung des Bondage zu Ihnen kommt?«

»Vielleicht. Vermutlich nicht. Für diese Person wäre Bondage allein schon genug an Erfahrung.«

Wir setzen uns wieder hin und nehmen unsere Teetassen.

»Wer sind Ihre Kunden?« frage ich. »Ich meine keine Namen oder verräterische Beschreibungen«, füge ich hastig hinzu.

Sie nickt, aber zuerst erzählt sie mir von sich.

Kaye hatte ihren ersten Orgasmus mit 29 Jahren, und kurz danach ließ sie sich sexuell mit einem Paar ein, während sie mit einem japanischen Mann verheiratet war und in seinem Land lebte. Die drei bildeten eine »Triade« und hatten eine »verbindliche Beziehung«. Der Mann war dominant; Kaye und seine Partnerin gaben sich unterwürfig; es war ihre erste Erfahrung mit S/M, die Begegnung mit der »Schmerzdynamik«, die ihr Leben veränderte. Seilbondage auf japanische Art gehörte dazu; und unter seiner Anleitung wurde sie zur Fachfrau in dieser Methode, den Körper in Seile einzupacken und die dazugehörigen Knoten zu knüpfen, die die verschiedenen Körperteile an der richtigen Stelle hielten.

»Manche Menschen haben ein Bedürfnis, sich zu unterwerfen«, erzählt sie, »die Macht durch Unterwerfung abzugeben. Ich glaube, daß zur Unterwerfung Macht gehört. Es ist ein Loslassen, und dazu gehört Macht. Einige erfahren diese Macht nur durch Bondage.«

Sie schafft es, ganz unbeweglich zu sitzen, ohne mit der Teetasse herumzuspielen oder an ihrem Finger zu zupfen oder die Utensilien um sich herum zu berühren. Sie sitzt auf dem Sarg, die Hände in ihrem Schoß, und spricht so leise, daß ihre Stimme nicht aus ihrem Körper zu kommen scheint. Noch nicht einmal ihre Augen fliegen unruhig durch das Zimmer. Ich bewundere diese Fähigkeit, so regungslos zu sein.

»Es fällt mir sehr schwer, über meine Kindheit zu sprechen oder die Zeit, als ich unterwürfig war. Ich habe in den Sexclubs von Tokio auch als Unterwürfige gearbeitet und später als Domina. Aus diesen Jahren habe ich Wunden davongetragen.« Ich zucke zusammen, aber sie wischt mein Unbehagen mit einer Handbewegung fort. »Manche von uns sind stolz auf ihre Wunden.«

»Als Kind wurde ich von Menschen unterdrückt, die nicht wußten, was sie taten; ich hatte keinerlei Unterstützung. Meinen Vater sah ich viermal in meinem ganzen Leben. Meine Mutter hatte einen Nervenzusammenbruch, als ich sechs Monate alt war, und sie verbrachte das nächste halbe Jahr in einer Nervenheilanstalt. Die Leute, die sich um mich kümmerten, wußten nicht, was sie taten. Meine beiden Ehen verliefen sowohl traditionell als auch restriktiv. Erst als ich S/M kennenlernte, wurde ich von Menschen unterdrückt, die genau wußten, was sie taten.

Diese Form der Erotik sprach mich sofort an. Ich konnte keine Beziehung mit jemandem unterhalten, der nicht eine Art von erotischem Machtspiel spielte und mich verstand.«

Heute lebt sie in einer Beziehung mit einem Mann, der »seine feminine Seite erkundet«. Ihre Kunden sind zumeist heterosexuelle Männer und normalerweise verheiratet, doch manchmal kommen auch Paare zu ihr und sehr häufig auch Frauen. Die Männer sind leitende Angestellte, Unternehmer, Anwälte, Ärzte, Broker und Banker. Sie spricht mit ihnen über ihre Phantasien, aber sie läßt sich nicht diktieren, wie ein »Szenario«, eine spezielle erotische Episode, abzulaufen hat. Wie viele Leute in der Szene glaubt sie, daß die Angst vor Aids das Interesse an »kreativen« Formen des Sex belebt hat. Glaubt sie wirklich, ihre Kunden würden lieber normalen Sex machen, wenn sie keine Angst vor Aids hätten?

»Wenn jemand zu mir kommt und sagt: ›Ich möchte an einer Leine durch den Flur geführt und gezwungen werden, an Unterhöschen zu riechen‹, dann sage ich zu ihm: ›Da müssen Sie zu jemand anderem gehen.‹ Ich will nicht von unten kontrolliert werden, das heißt, ich lasse es nicht zu, daß mein Unterwürfiger das Szenario kontrolliert. Er muß mir vertrauen. Ich biete eine professionelle Dienstleistung an und verkaufe kein kommerzielles Produkt.«

Einige Leute, so berichtet sie, »ziehen sich gerne lederne Fesseln an und machen in Leder gekleidet Sex. Es ist nichts falsch daran, lederne Handgelenkfesseln zu tragen und dann Sex zu machen. Das macht Spaß, aber so etwas mache ich nicht mit meinen Kunden.

Ich sehe mich selbst als S/M-Lehrerin. Und ich kann keinen Kunden übernehmen, wenn ich ethisch nicht vertreten kann, was wir tun. Besonders bei Bondage gibt es ein starkes spirituelles Element.«

Bei Bondage könne man seine sinnlichen Empfindungen durch »ursprünglichste Hilflosigkeit« verstärken.

»Als erste lege ich dem Unterwürfigen ein Halsband an. Das legt die Rollenverteilung fest: Einer trägt die Verantwortung, und der andere unterwirft sich.«

Die S/M-Gemeinde von San Francisco spricht viel über Spiritualität, wenn es um ihr Selbstverständnis geht. Kaye Buckley verspottet die Szene in New York City als »kommerziell«, während sie sich selbst als »Profi« sieht. Eine andere Domina, die sich als »Therapeutin« bezeichnet, sagte mir, »wenn man es richtig macht, wirkt S/M spirituell erhöhend. An der Ostküste prügeln sie sich einfach nur. Wenn *ich* eine Peitsche auf Fleisch niedersausen lasse, dann bringe ich die Seele näher zur Ekstase.«

Als ich mit Kaye im japanischen Zimmer, ihrem zweiten Kerker, stehe, fühle ich mich völlig in die spirituelle Atmosphäre des S/M eingehüllt, als sei ich in dem stickigen Quartier eines Mönches, der sich täglich selbst geißelt. Dieses Zimmer dient gleichzeitig als Schlafzimmer, und über dem Bett, einer von Holz eingefaßten Matratze, hängt die Vorrichtung zum Hochziehen. Ich kann mir nicht vorstellen, wie es ist, jede Nacht unter einem solchen Ding zu schlafen. Wandern die Bilder von aufgehängten Männern wie Schafe durch ihren Schlaf? In diesem Zimmer ertönt Kodomusik, die hauptsächlich aus monotonen Trommelschlägen besteht. (Kodotrommler sind magere Burschen im Lendenschurz, die aussehen wie Sumoringer nach mehreren Jahren Fastenkur.) Auf einem Regal steht ein Gong. Auch hier steht auf einem kleinen, schwarzen Lackschränkchen eine Panfigur, ferner eine Göttin undefinierbarer Herkunft, einige Räucherstäbchen und eine Federmaske. Das Zimmer wirkt spartanisch. Besitzt Kaye Schnappschüsse von Nichten oder Neffen, Liebes- oder Kriminalromane, Schokoriegel und Spitzen-BHs? Wenn ja, dann sind sie nicht zu sehen.

»Es fällt Ihnen auf, daß ein Lederkerker ein anderes Flair hat als dieses Zimmer«, stellt sie fest. »Theater ist ein sehr wichtiger Aspekt bei S/M.«

»Hängen Sie Ihre Kunden an dem Ding auf?« Ich betrachte die Hebevorrichtung.
»Manchmal. Diese Erfahrung wollen nicht allzu viele Kunden machen. Es unterscheidet sich doch sehr vom Lederbondage, das ich auf dem Tisch mache. Einer war diese Woche hier. Er kommt einmal pro Monat und will es haben.« Sie reicht mir ein Fotoalbum. »Das sind die Sachen, die ich machen kann.«
Ich blättere in dem Album. Ein paar Männer, vorwiegend Frauen, alle Asiatinnen, vermutlich Japanerinnen, Menschen, die Reihe um Reihe mit Seilen gefesselt sind. Auf einem Foto zähle ich fünfzehn Reihen von Seilen um die Handgelenke einer kleinen Frau. Ihre Brüste stechen wie kleine spitze Hörner zwischen den Seilen hervor.
»Hmm«, mache ich und gebe ihr das Buch zurück.
»Ja. Es ist eindrucksvoll. Diese Woche brauchte ich beinahe vier Stunden, um meinen Kunden zu binden und aufzuhängen.« Wir betrachten die leere Vorrichtung. »Es ist immer eine ungewöhnlich lange und komplizierte Sitzung. Zwei Stunden sind da normal.«
»Wie lange ist er dort oben geblieben?« frage ich.
»Nur einige Minuten.« Sie wartet auf eine Antwort, aber ich habe keine. »Es ist eine spirituelle Angelegenheit.«
»Ob er wohl darüber sprechen würde?« will ich wissen.
»Das bezweifle ich.«
Im Taxi, das ich von Kayes Wohnung zurück nach Hause nehme, sagt der Fahrer, sein Leben laufe völlig aus dem Ruder. Er gibt sich selbst die Schuld daran.
»Ich habe mein Leben nicht geplant«, sagt er. »Ich habe einfach so vor mich hin gelebt. Ich habe mein eigenes Ziel nie in die Hand genommen.«
Kurz erwäge ich, ihm zu sagen, er könne über eines ganz froh sein: Er brauche keine Domina zu bezahlen, die ihm

die Verantwortung abnimmt. Statt dessen sage ich, daß ich Recherchen für ein Buch über Sex anstelle.
»Da sind Sie in der richtigen Stadt«, stellt er fest. »Hier gab es immer viel Sex.«

Don habe ich durch das Netz von Verbindungen gefunden, die in jedem Beruf existieren und ebenso in jeder Subkultur: Jeder Journalist ist nur sechs Telefongespräche von der richtigen Quelle entfernt. Don, ein prominenter Mann, sitzt in einem Kunstausschuß, und die Oberkellner der besten Restaurants auf beiden Seiten der Bucht kennen ihn; außerdem hat er eine wunderschöne Yacht in Sausalito. Er ist um die Fünfzig, verheiratet, und hat zwei Kinder. Warum will er mit mir über seine Erfahrungen mit Bondage sprechen? Er sagt, daß er mir vertraut. Ich habe den Verdacht, daß er zwar einerseits sein Outing fürchtet, sich andererseits aber danach sehnt, endlich die Tür aufzustoßen und sein Doppelleben zu beenden. Er geht nur ein kleines Risiko ein, das eventuell, aber nicht sehr wahrscheinlich, zur Entdeckung führen könnte.
»Ich habe keine Beziehung zu nur einer Domina«, erzählt er, »aber ich habe zumindest einmal jene Frau getroffen, die auf diesem Gebiet in unserem Land oder in Europa als Topfrau gilt. In meinem Job muß ich viel reisen. Meine finanziellen Mittel gestatten es mir, anspruchsvoll zu sein. Wenn ich geschäftlich in Brüssel bin, kann ich mir einen Abstecher nach Hamburg zu Karen Hensall leisten. Vielleicht habe ich auch Angst, wenn ich regelmäßig zu ein und derselben Frau gehe.«
»Angst wovor?«
Wir sitzen auf der Terrasse eines Restaurants ins Sausalito. Wir können seine Yacht sehen. Jenseits der Bucht beginnen die Lichter San Franciscos in der Abenddämmerung zu

leuchten. Hinter uns erheben sich die üppigen Hügel von Marin County in den Himmel. Er hat ein Haus auf diesen Hügeln und eine Wohnung in San Francisco. Wovor könnte er wohl Angst haben?

»Von einer Frau zu sehr abhängig zu werden«, antwortet er. »Wenn ich zu einer Domina eine Beziehung aufbaue, kann sie mehr Macht über mich ausüben als in einer einzelnen Sitzung. In den letzten Jahren habe ich Kaye Buckley zweimal aufgesucht. Sie ist in ihrem Fach sehr gut, eine der besten. Wenn ich sie jedoch einmal pro Woche oder einmal pro Monat sehen würde, könnte sie mehr Einfluß über mich gewinnen. Sie versteht mich wirklich.«

Er schiebt eine Locke seines weichen, blonden Haares zurück, die die Meeresbrise in seine Stirn geweht hat. Er hat starke Hände. Ich kann mir vorstellen, wie sie meine Brüste liebkosen und meine Schenkel teilen. Wenn Kaye Buckley solche Hände hinter einem breiten Rücken zusammenbindet, stellt sie sich dann wohl vor, wie es wäre, sie auf ihrem Körper zu spüren?

Don trägt Strähnchen im Haar, aber es sieht gut aus. Ich kann ihn vor mir sehen, wie er unter einer kleinen Kappe in einem exklusiven Friseursalon sitzt und die Farbe einziehen läßt. Seine Finger sind manikürt. Die braune Leinenhose zeigt auch am Ende eines langen Tages noch eine Bügelfalte. Er bemerkt die Aufmerksamkeit, die ich seiner äußeren Erscheinung widme, und lächelt mich an. Seine Augen sind zu blau, um echt zu sein. Kontaktlinsen.

»Ich versuche, mich in Form zu halten«, sagt er, »und zwar aus vielen Gründen. Einer davon ist der, daß ich nicht wie ein lächerlicher, schwabbeliger Fiesling aussehen will, wenn ich gefesselt aufgehängt werde.« Wir lachen beide. Ich kann ihn aufgehängt vor mir sehen, und sein Bauch macht ihm alle Ehre. »Eitel«, gibt er zu. »Es heißt, Männer seien eitler als Frauen. Ich bin der Beweis, daß es stimmt.« Er hält inne. »Ich frage mich, ob die Frauen insgeheim über die absurde Situation ihrer Gefangenen lachen. Ich habe gehört, daß Cleo Dubois lacht, wenn sie einen Mann aufhängt. Ich kann mir nichts Erniedrigenderes vorstellen, als ausgelacht zu werden.«

»Wo haben Sie das gehört?« frage ich ihn, aber ich weiß ebenfalls, und zwar von ihr selbst, daß höhnisches Lachen zu ihrem Service gehört. Haben diese Männer ein unermeßliches Sehnen nach Erniedrigung?

»Von einer Domina in New York City.« Er legt seine Hände um den doppelten Cappuccino, als wolle er sich in der kühlen Nacht aufwärmen. »Ich betrachte mich selbst als unterwürfig. Dieses Geheimnis kann ich mit meiner Frau nicht teilen.«

Stellen Sie sich vor, Sie können Ihre tiefsten sexuellen Wünsche nicht mit Ihrem Partner teilen, weil sie sich nicht trauen, Ihre Bedürfnisse in Worte zu fassen. Stellen Sie sich weiter vor, Ihr Wunsch ist zu beschämend, zu schmutzig für die Ohren Ihres geliebten Partners; dann wissen Sie, wie Dons Leben aussieht. Er hält sich für »krank«. Dominas haben ihm zwar gesagt, daß das nicht stimmt, aber er glaubt ihnen nicht. (»Warum sollte ich etwas auf deren Meinung geben? Sie verdienen ihren Lebensunterhalt mit solch kranken Bastarden wie mir.«)

Über eine Therapie hat er noch nie ernsthaft nachgedacht, vielleicht, weil er nicht an eine Veränderung glaubt, vielleicht, weil er auf das, was ihm letztlich Vergnügen bereitet, nicht verzichten möchte. Seine Bedürfnisse werden befriedigt. In einer Therapie könnte man von ihm erwarten, daß er die Erfüllung dieser Bedürfnisse opfert und einen anderen Weg zum Vergnügen findet. Dies ist der Weg, den er sich ausgesucht hat, ganz gleich, wie qualvoll und indirekt er Außenstehenden erscheinen mag.

»Ich glaube nicht an Therapien«, sagt er mit leiser, vertraulicher Stimme. »Meine Frau und ich haben vor einigen Jahren, als wir uns in einer Krise befanden, an einer Eheberatung teilgenommen. Ich bin ihr zuliebe mitgegangen, damit sie verstand, daß ich sie wirklich glücklich machen wollte. Ich sagte, was der Berater hören wollte; und schließlich wurden wir für geheilt erklärt und nach Hause geschickt. Therapie ist doch Bockmist. Man lernt einen bestimmten Jargon und spricht ihn mit ihnen, und dann sind sie zufrieden.

Unsere damaligen Probleme hatten nichts mit Sex zu tun«, versichert er mir und legt die Hände flach auf den Tisch. Ich frage mich, ob er hier ein Beispiel für starke Körpersprache gibt, die Art Gestik, die er bei einer Vorstandssitzung benutzt. »Sie fand, ich kümmere mich zuviel um meine Arbeit und nicht genug um unsere Ehe und die Kinder. Über Sex hat sie sich nicht beschwert. Wir machen es zweimal pro Woche in verschiedenen Positionen. Ich mache auch Cunnilingus mit ihr.« Er lächelt. »Sie ist befriedigt. Ich kann mein sexuelles Verhalten deshalb besser ertragen, weil meine Phantasien über Bondage mich während des Sexes sehr erregen.«

Ich möchte meine Hand gerne auf seine legen und sie streicheln. Ich kenne Dons Geheimnis und finde ihn attraktiv. Löst seine Unterwürfigkeit bei mir eine Reaktion aus?

»Haben Sie schon einmal einen Mann gefesselt?« fragt er mich.

»Nein«, erwidere ich, weil ich glaube, Don würde meine Spiele mit Seidenschärpen nicht als »fesseln« bezeichnen.

Don erinnert sich, wie er sich als Neuling auf der Highschool alte Zeitschriften mit Fotos der Bondagekultkönigin Betty Page angesehen hat. Diese Fotos erregten ihn; sie war mal mehr, mal weniger bekleidet abgebildet, jedoch selten nackt, und meistens mit Seilen gefesselt. Während Betty als Model für Kalender und Zeitschriften oft von vielen verschiedenen Fotografen fotografiert wurde, waren alle Bondagefotos von Irving Klaw geschossen worden, der von sexuellem Bondage besessen gewesen sein muß. Betty wurde sehr schnell zu seinem Lieblingsmodel; und ihrer Zusammenarbeit wird oft das Verdienst zugeschrieben, in diesem Land Bondage als Form der Erotik etabliert zu haben.

Don identifizierte sich mit Betty. Er sah sich selbst in ihrer Position, hilflos und gefügig, in einem Zustand schwebender sexueller Erregung. Anders als andere Männer übernahm er nicht die Rolle desjenigen, der dominiert, des Unsichtbaren, der Frauen mit Seilen fesselt. Er fand daran überhaupt nichts merkwürdig, bis er in die Laienspielgruppe der letzten Klasse ging.

»Ich kann mich nicht an das Stück erinnern, aber ich hatte eine ziemlich unwichtige Rolle. Die meiste Zeit saß ich auf der Bühne, gefesselt an einen Stuhl. Ich hatte ungefähr ein halbes Dutzend Zeilen zu sprechen. Ich kann nicht mehr sagen, ob ich das Opfer oder ein gefangener Krimineller war.

Ich erinnere mich nur, daß ich jedesmal eine tolle Erektion bekam, wenn ich dort auf dem Stuhl saß. Ich betete darum, niemand möge es bemerken, aber natürlich merkten sie es trotzdem. Einige Burschen zogen mich erbarmungslos damit auf. Sie dachten, ich sei heiß auf den Star des Stückes, eine kleine Blondine, die vor mir auf und ab tänzelte. Ihre spitzen Brüste zeichneten sich durch ihren Pullover ab. Ich habe sie zum Abschlußball eingeladen, weil ich sicher sein wollte, daß die Jungs weiter daran glaubten, daß sie an der Erektion schuld gewesen war. Später bin ich nie zu einem Klassentreffen gegangen. Meine alten Klassenkameraden glauben vermutlich, mir sei der Erfolg zu Kopf gestiegen, aber ich will einfach nicht an die Theateraufführung erinnert werden.«

Dieser Zwischenfall zwang Don, seine sexuellen Reaktionen zu überprüfen, die er als »abnormal« betrachtete. Was er im Spiegel seiner Seele sah, gefiel ihm nicht. Um sein negatives Selbstbild zu bekämpfen, wurde er zu einem außerordentlich fähigen Partner und befriedigte seine Frauen besonders gerne durch oralen Sex.

»Woher kommt so etwas?« fragt er. »Ich kann nicht glauben, daß ich diese Fixierung wegen der alten Fotos von Betty entwickelt habe. Wie viele Männer und Jungen haben über Betty-Page-Bildern masturbiert, ohne zu Bondagefanatikern zu werden?

Ich kann mich kaum an meine Kindheit erinnern oder daran, daß meine Eltern mich irgendwie schlecht behandelten. In unserer Familie wurde nicht über Sex gesprochen. Meine Eltern stammen von Calvinisten ab, strenge und aufrechte Menschen, die mit Vergnügen nicht viel am Hut haben. Ich kann mich nicht erinnern, zwischen meinen Eltern jemals Zuneigung oder offene Sexualität erlebt zu haben. Sie haben sich oder mich auch nicht in irgendeiner Form mißbraucht. Ich habe von Menschen gelesen, die ihre Erinnerungen an den Mißbrauch in ihrer Kindheit vollkommen unterdrücken, aber ich glaube nicht, daß das bei mir der Fall ist.«

Bestürzt und verlegen über sein Bedürfnis hat er niemandem erzählt, daß er nur dann eine Erektion oder einen Samenerguß bekommen kann, wenn er sich eine intensive

Bondagesituation vorstellt. Sobald er versucht, sich andere Dinge vorzustellen oder sich auf seine Partnerin zu konzentrieren, schwindet die Erektion. Dagegen hilft dann nur eine Phantasie, in der Bondage vorkommt.

»Solange ich diese Dinge phantasieren kann, geht es mir gut.« Er lacht verlegen. »Sollte meine Frau jemals in der Lage sein, meine Gedanken zu lesen, bekomme ich Schwierigkeiten. Bei den wenigen Malen, wo ich beim Sex nicht an Bondage gedacht habe, konnte ich nicht.«

Don gibt seinen Phantasien dadurch Nahrung, daß er einmal pro Monat oder seltener eine Domina aufsucht. Er zahlt nur für eine intensive Bondagebehandlung, ohne Auspeitschen, elektrische Reize der Genitalien oder »spielerisches Piercing« (das Anlegen von Ringen an Brustwarzen oder Hoden, die nach der Sitzung wieder entfernt werden), also ohne Praktiken, die er als »völlig abgehoben« bezeichnet. Wenn er eine Domina aufsuchen kann, die sich auf japanische Seilbondage spezialisiert hat, zieht er sie vor, weil dies »viel befriedigender ist«, als nur mit Lederschnüren an einen Tisch gefesselt zu werden. Eine solche Sitzung kann zwischen einer und dreieinhalb Stunden dauern und zwischen 200 und 1000 Dollar kosten.

Außerdem praktiziert er mindestens einmal pro Monat Selbstbondage, manchmal auch öfter, aber nur, wenn er auf Reisen ist.

»Eine Domina in Amsterdam hat mir beigebracht, wie ich mich selbst an ein Bett fesseln kann, und zwar mit einem System aus Seilen, die mit einem Kombinationsschloß verbunden sind. Bevor ich anfange, verbinde ich die Nachttischlampe mit einer automatischen Zeituhr. Nachdem ich mich selbst gefesselt habe, bleiben mir ungefähr zehn Minuten. Dann schaltet die Uhr das Licht wieder aus. Ich kann das Kombinationsschloß erst wieder sehen, wenn das Licht sich erneut einschaltet, normalerweise drei Stunden später.

Diese Erfahrung erlebe ich sehr intensiv. Bevor die Lichter ausgehen, denke ich an all die Dinge, die schiefgehen könnten, solange ich das Schloß nicht sehen und mich nicht selbst befreien kann. Was mache ich, wenn es brennt? Oder ein anderer Notfall eintritt? Was, wenn meine Frau mich mitten in der Nacht anruft? Wenn ich mit Kollegen reise, was mache ich, wenn sie mich anrufen oder an die Tür kommen? In meinen schlimmsten Vorstellungen bekommen sie Panik, wenn sie mich nicht aufwecken können, und rufen den Sicherheitsdienst des Hotels, der sie ins Zimmer läßt. Da liege ich dann an das Bett gefesselt, nackt wie Gott mich geschaffen hat, und mein Schwanz steht stramm. Das wäre mein Ende, oder?«

Wenn das Licht wieder angeht, befreit Don sich selbst. Er rollt die Seile zusammen und versteckt sie mit Schloß und Zeitschaltuhr in dem doppelten Boden seines Koffers. Aber er masturbiert nicht.

»Ich masturbiere niemals nach einer Bondagesitzung. Irgendwie würde das die Dynamik verändern. So mache ich es einfach nicht.«

Einige Wochen nach meinem Treffen mit Don sehe ich in *The Spectator*, der einzigen wöchentlichen Sexzeitung Kaliforniens, einige Fotos, bei deren Anblick ich an Don denken muß. Die Fotos zeigen eine gefesselte Frau, eine Brünette, die, obwohl sie Don überhaupt nicht ähnlich sieht, so verletzlich wirkt, daß sie mich an ihn erinnert. Später zeige ich die Fotos einer Frau, die sich selbst gerne unterwirft. Ich frage, warum sie das erregt. Sie spricht von Liebe, von der Liebe, die ihrer Meinung nach von der unbekannten professionellen Domina durch die Fesseln ausgedrückt wird. Ihre blumigen Worte beantworten mir meine Fragen nicht, erklären dem Uneingeweihten nicht das Bedürfnis, den Wunsch, sich fest binden zu lassen. Es hat mit »Liebe« zu tun, beharrt sie. Was hat das mit Liebe zu tun?

SECHSTES KAPITEL

Beziehungen zwischen Herr/Sklavin und Herrin/Sklave

PHILADELPHIA

»Die Menschen begreifen nicht, daß Freisein bedeutet, seinem eigenen Wesen gemäß zu leben. Für manche Menschen bedeutet das, als Sklave eines anderen Menschen leben zu müssen. Das ist ihre Freiheit. Diese Vorstellung ist für den kleinen Verstand eines Durchschnittsmenschen kaum zu begreifen. Sie verstehen, was ich meine?«

Nachdem er sich, nur wenige Blocks von der Freiheitsglocke entfernt, so dogmatisch über sexuelle Sklaverei ausgelassen hat, lehnt sich Alan in dem unbequemen Stuhl zurück, der auf dem unebenen Boden des »Copabanana« in der South Street ein wenig hin und her wackelt. Er greift nach Alicias Hand. Alan ist ein großer, schlanker schwarzer Mann Ende Dreißig mit geschorenem Kopf, auf dem sich die Beleuchtung des Lokals spiegelt. Sie ist seine sehr weiße, blonde Frau, ebenfalls Ende Dreißig. Auf den ersten Blick wirken sie sehr sexy. Seine glänzende Schwärze und ihre damit kontrastierende Blässe erinnern mich an alle Klischees über Liebe zwischen Schwarz und Weiß. Man sieht die beiden an und denkt wegen ihrer unterschiedlichen Hautfarbe an ›*heißen, verbotenen Sex*‹. Sie sehen aus wie eine Werbeanzeige für Calvin Klein. Man stellt sie sich ineinander verschlungen auf frischen weißen Laken vor.

Er ist im mittleren Management einer Firma beschäftigt, die ihren Sitz irgendwo im Nordosten hat. Wir haben Philadelphia als Treffpunkt gewählt, weil sie nicht hier leben. Alicia, die seine Sklavin ist, drückt ihm die Hand und schaut ihm liebevoll in die Augen.

Dieser Augenblick ruft Unbehagen in mir hervor. Ich werde an einen ähnlich liebevollen Blick zwischen einer Sklavin und ihrer Herrin Ava Taurel erinnert, einer bekannten schwedischen Domina, die heute in New York City praktiziert. Die Sklavin stand still im Raum und erwartete Befehle, während ich ihre Herrin interviewte, die vergessen hatte, sie zu entlassen. Als Ava ihre Gegenwart bemerkte und sie fortschickte, schmollte die Sklavin. Ava beklagte sich bei mir, »sie will dauernd, daß ich sie erniedrige. Das ist so langweilig.«

Wie schrecklich, den angebeteten Herrn oder die Herrin zu langweilen. Aber wie kann jemand, der sich immer unterwirft, nicht langweilig werden? In der Phantasie möchte man vielleicht einen Menschen haben, der einem immer jeden Gefallen tut, aber doch nicht im richtigen Leben.

»Wir machen eine S/M-Hochzeit«, erzählte Alicia am Telefon, bevor wir uns trafen. »Weil wir beide beruflich sehr im Rampenlicht stehen und von unterschiedlicher Hautfarbe sind, müssen wir sehr vorsichtig sein, wem wir davon erzählen. Wir haben einige Freunde in der S/M-Szene, doch gehören wir nicht richtig dazu. Wir nehmen nicht an Selbsthilfe- oder sonstigen Gruppen teil. Beruflich könnte mir das mehr schaden als Alan.«

Alicia, aus einer vornehmen, konservativen Familie, deren Frauen Mitglieder der Daughters of the Revolution sind – einer Gruppe von Frauen, die von jenen Männern abstammen, die für die amerikanische Unabhängigkeit von Großbritannien gekämpft haben –, praktiziert als Ehe- und

Sexualtherapeutin. Würden Sie Ihrer Therapeutin voll und ganz vertrauen können, wenn Sie wüßten, daß sie manchmal nackt auf allen vieren eine Stunde oder länger vor ihrem Ehemann kniet, während er sein Weinglas oder seinen Aschenbecher auf ihrem Rücken abstellt und die Tageszeitung liest oder die Fernsehnachrichten schaut?

»Wenn ich mit ihm zusammen bin, kann ich nicht zwischen Schmerz und Vergnügen unterscheiden. Ich bin nur noch Körper, sonst nichts.«

Das sagte eine andere Frau/Sklavin, als sie mir ihre Beziehung zu ihrem Ehemann/Herrn schilderte. Der Satz »Ich bin nur noch Körper, sonst nichts« beschwört Visionen von heißem, wildem, genitalienverschlingendem Sex auf klebrigfeuchten Laken herauf – animalische Lust, animalischer Sex. Im weiteren Verlauf des Interviews erzählte sie, »über penetrativen Sex« seien sie hinaus.

Wie kann man »Körper, sonst nichts« sein, jedoch auf die ursprünglichste Befriedigung des »penetrativen Sex«, den Geschlechtsverkehr, verzichten?

Menschen, die S/M nicht nur als Vorspiel praktizieren, scheinen Vergnügen entsexualisiert und Schmerzen sexualisiert zu haben. Sie haben den »Sex« neu definiert, indem sie genitalen Kontakt eliminiert oder auf ein Minimum reduziert haben. Für die meisten Heterosexuellen ist der Geschlechtsverkehr die ultimative – wenn auch nicht einzige – sexuelle Ausdrucksmöglichkeit, weil der Akt sowohl emotionale als auch physische Bedürfnisse nach Verbindung erfüllt. Ich möchte genauso gerne penetriert werden, wie mein Mann in mich eindringen möchte. Paare, die sich ausgiebig mit S/M beschäftigen, scheinen diese Bedürfnisse durch Peitschenhiebe oder Schläge oder Klammern im Fleisch zu befriedigen. Auf gewisse Weise wird das Hilfsmittel der Qual zu einer psychologischen Verlängerung dessen, der sie austeilt. Mehr als eine Unterwürfige haben die Peitsche mit phallischen Ausdrücken beschrieben.

Ein 35jähriger unterwürfiger Mann, Zahnarzt an der Ostküste, beschrieb seine Initiation in den S/M mit seiner Geliebten als »allmählichen Prozeß, bei dem man lernt, den Schmerz genauso zu brauchen wie das Vergnügen. Sie begann damit, mich jeden Tag ein wenig zu peitschen. Ich lernte, es zu ertragen. Dann merkte ich, daß ich gelernt hatte, es zu brauchen. Schmerz und Vergnügen sind für mich untrennbar miteinander verbunden. Das eine kann ohne das andere nicht existieren.« Im weiteren Verlauf des Interviews fügte er hinzu: »Der Gebrauch der Peitsche ist maskulin, mein Sehnen danach feminin.«

Eine S/M-Beziehung besteht aus zwei Menschen plus ihren Utensilien. Das »Zubehör« Schmerz ist für sie wichtiger als die Sexspielzeuge, Videos oder Lieblingsdessous für normale Paare. Oft spricht der unterwürfige Partner liebevoll über ihre oder seine besondere Peitsche, einen Gürtel, ein Paddel oder eine Bürste. Alicia sagt wie die meisten Unterwürfigen, mit denen ich gesprochen habe, diese Beziehungen seien »intensiver« als andere.

»S/M betrifft unser ganzes Leben. Ohne würden wir nicht mehr existieren.«

Das typische Paar, das S/M als Vorspiel praktiziert, würde seine Beziehung nicht als »S/M-Beziehung« bezeichnen. Diese Amateure bestehen darauf, daß die Rollen wieder normal verteilt sind, wenn das Spiel vorbei ist. Sie oder er können sich sexuell unterwerfen, ohne den egalitären Charakter ihrer Beziehung zu berühren. Ob sie sich zwischen diesen beiden Rollenklischees frei hin und her bewegen können, hängt vielleicht davon ab, wie oft und wie hart sie spielen – und ob sie die Rollen vertauschen oder nicht.

Wenn es um Herrn und Sklavin oder Herrin und Sklave geht, werden die Rollen zur wichtigsten Realität. Herr oder Herrin behaupten vielleicht, den Sklaven als »ebenbürtig« zu respektieren, doch handelt es sich dabei nicht um Gleichheit, wie wir anderen sie verstehen.

Ein schwuler Mann, der für einen anderen den Sklaven abgibt, erzählte mir: »Ihm gehört mein Besitz und mein Geld. Er sagt mir, was ich tun darf und was nicht. Wir sind uns gegenseitig völlig verpflichtet. Wir spielen kein Rollenspiel. Er besitzt mich, und er trägt damit eine sehr hohe Verantwortung.«

»Ich glaube nicht, daß Alicia Sklavin ist, weil sie eine Frau ist«, sagt Alan. Er wischt mit einer Serviette Fett von den Fingern und betrachtet seine Pommes frites. »Die hätte ich nicht bestellen sollen«, murmelt er. »Mein bester Freund, Roger, ist genausoweit entwickelt wie ich. Er ist ein guter Mensch. Ich glaube, eines Tages wird Roger zugeben, daß er wirklich unterwürfig ist.

Vielleicht geschieht das erst, wenn er die richtige Frau kennenlernt, die im wahrsten Sinne des Wortes seine Herrin sein kann.« Er lächelt selbstgefällig. »Ich wette, es überrascht Sie, daß ich das sage, nicht wahr? Ich wette, Sie haben gedacht, ich sei der Meinung, nur Frauen könnten Sklavinnen sein.«

Sexsklaven. Dieser Ausdruck läßt uns an Frauen in historischen Liebesromanen denken: Brüste schwellen in perlenverzierten Büstenhaltern, gebieterische Männer befriedigen diese stolzen Schönheiten auf unvorstellbare Weise – und gegen ihren Willen. In unserer Phantasie unterwirft eine Sklavin sich mit dem Körper, nicht mit dem Geist. Ihre Unterwerfung zwingt den Herrn schließlich auf die Knie.

In Wirklichkeit leben mehr Männer als Frauen freiwillig als Sklave. Dennoch bleibt männliche Unterwürfigkeit ein Geheimnis unserer Kultur. Vor beinahe zwanzig Jahren deckte Nancy Friday auf, daß zwei Drittel aller Männer, die sie für ihr Buch *Men in Love* interviewt hatte, Phantasien hegten, in denen sie von Frauen dominiert wurden. Zahlreiche weitere Untersuchungen haben gezeigt, daß Männer, zumindest gelegentlich, gerne die sexuelle Macht abgeben möchten. Wir klammern uns an das Bild des dominanten Mannes – und nehmen an, daß S/M immer nach dem Muster der *Geschichte der O* abläuft, oder der Geschichte von Alicia, einer modernen, berufstätigen Frau, die sich insgeheim ihrem Mann unterordnet.

S/M-Freizeitclubs und Kontaktvermittlungen bieten Frauen kostenlose Teilnahme, während Männer zahlen müssen, weil ungefähr zehn Männer auf eine Frau kommen, manchmal noch mehr. Neun dieser zehn Männer sind unterwürfig. Jede Frau, die bereit ist, sie zu züchtigen, kann vielleicht Hunderte von Männern haben, wie Nancy Ava Miller herausfand, Gründerin von People Exchanging Power (PEP), einer Organisation mit Niederlassungen im ganzen Land, unter anderem in Baltimore, Philadelphia, Atlanta, Phoenix, Dallas, Houston und Honolulu. Vor einigen Jahren schaltete sie die folgende Anzeige im *Albuquerque Journal:* »Attraktive, dominante, aufrichtige Frau sucht unterwürfigen, gehorsamen, smarten, gescheiten, zuverlässigen Mann.« Aus den 170 Zuschriften wählte sie schließlich ihren Ehemann und Sklaven Barry aus. Während ihrer Hochzeitszeremonie war sein Penis gepierct.

In einer Beziehung zwischen Herrin und Sklave (oder umgekehrt) spielt sich die Machtdynamik jenseits von Sex ab. Oft wird er sogar durch sie ersetzt. Cleo Dubois beschreibt sadomasochistische Aktivitäten als »erotische Machtspiele, nicht Sex.« Miller behauptet, sie und ihr Ehemann/Sklave hätten »selten« Geschlechtsverkehr. Dasselbe gilt für Alicia und Alan.

»Ich bin Heiler und Lehrer«, sagt Alan. »Ich bin sehr spirituell veranlagt. Ich sehe mich selbst als weit entwickelt, und ich bin da, um anderen dabei zu helfen, sich ebenfalls weiterzuentwickeln.«
Er nimmt ein Stück Pommes frites zwischen die Finger. Er, der Vegetarier, hat auf der Speisekarte nichts Besseres gefunden. Als ich die Spanischen Kartoffeln vorschlage, eine Mischung aus Zwiebeln, Jalapeñoschoten und Kartoffeln, runzelt er die Stirn. Alan ißt keine gewürzten Speisen. Er trinkt keinen Alkohol, außer gelegentlich ein Glas Wein. Alicia bestellt, nachdem sie sich mit ihm besprochen hat, einen Cheeseburger und eine Margarita. Sie ißt immer noch Fleisch, allerdings nicht zu Hause. Er ist in wohlwollender Stimmung.
»Du hast Urlaub«, sagt er zu Alicia. »Das wird dir nicht schaden.«
»Sehen Sie sich selbst als Alicias spirituellen Führer?« will ich wissen.
»So könnte man es ausdrücken. In Ihrer Vorstellung würde es vielleicht so genannt. Ich selbst sehe spirituelle Führung nicht als eine Form von autoritärer Macht, aber ich sehe, daß Sie es so auffassen. Sie verstehen, was ich meine?«
Diesen Satz benutzt er wiederholt während unseres ganzen Interviews. Mit »Sie verstehen, was ich meine?« unterstreicht er offensichtlich gerne seine Meinung. Ich kann mir vorstellen, wie er mindestens zweimal überprüft, ob alle Elektrogeräte ausgeschaltet sind, bevor er morgens ins Büro geht. Ich denke nicht, daß er mich für dümmer hält als

andere und deswegen diesen Satz immer wiederholt. Dennoch ärgere ich mich darüber. Alan klingt wie ein undichter Wasserhahn, den ich am liebsten abstellen würde.

Während er spricht, wandern meine Augen weiter. Ich starre auf Alicias gerötete Handgelenke, die aus ihrer langärmeligen weißen Bluse hervorlugen, wenn sie nach ihrem Burger greift. Sie hat erst vor kurzem Fesseln getragen. Er folgt meinen Blicken und sieht dann mich an. Sein Lächeln ist sardonisch.

»Sie glauben, es hat alles nur mit Sex zu tun, nicht wahr?«

Erotischer Sadomasochismus ist der einvernehmliche Tausch der Macht zwischen zwei Menschen, der in vielen Formen und unterschiedlich intensiv stattfinden kann. Der Sadist, benannt nach dem berühmten Marquis de Sade (bekannt dafür, grausam zu Frauen gewesen zu sein), fügt Schmerzen zu und erniedrigt. Der Masochist, benannt nach Leopold von Sacher-Masoch, empfängt den Schmerz und die Erniedrigung. Beide erlangen durch diesen Vorgang sexuelle Befriedigung.

Warum reagiert Alan so verächtlich auf die Annahme, daß das, was sie tun, mit Sex zu tun haben könnte?

Eine S/M-Beziehung beginnt vielleicht mit »Sex«: Zwei Menschen, die durch Szenarien aus Dominanz und Unterwerfung erregt und befriedigt werden. Oft spielen Kostüme oder Uniformen eine wichtige Rolle. Bondage, Hinternversohlen, verbale und körperliche Erniedrigungen, Unterdrückung sinnlicher Wahrnehmungen, Auspeitschen – das alles und noch viel mehr gehört vielleicht zu ihrem Liebesspiel. Bei einigen dieser Paare, wie zum Beispiel bei Nancy Miller und Barry oder Alan und Alicia, werden diese Bestrafungen oder der Tausch der Macht mit der Zeit immer ausgeklügelter. Die Spiele dauern länger und enden weniger häufig in sexueller Erleichterung. »Das Spiel« wird zum Selbstzweck.

Anhänger harter S/M-Praktiken glauben, das, was sie tun, sei interessanter, als »Sex machen«, womit sie Geschlechtsverkehr und Orgasmus meinen.

»Man kann so viele wunderbare Dinge mit Haushaltsgegenständen machen«, schwärmt Miller, »und alles ist soviel interessanter als Geschlechtsverkehr.«

Ihre Lieblingsgegenstände sind unter anderem: Kerzen, mit denen sie heißes Wachs auf seine Brustwarzen und Genitalien tropfen läßt, ein Staubwedel aus Federn, ein Rührlöffel zum Hinternversohlen, Plastikfolie zum Einwickeln, Wäscheklammern, mit denen sie seinen Penis »dekoriert«, ein Thermometer, das sie in seine Harnröhre schiebt. Die Liste ließe sich noch endlos fortsetzen.

Ein wachsende Zahl von Anhängern des harten S/M sind der Ansicht, daß die Zufügung von Schmerzen sie und ihren Partner auf eine höhere spirituelle Ebene bringe, als es der Rest von uns erlebt. Sie reden mit Ehrerbietung von S/M, beinahe als handele es sich um eine Religion. Diese Spiritualisten bilden eine von drei Gruppen unter den ernsthaft praktizierenden Sadomasochisten. Zu den beiden anderen gehören Bestrafer, jene, die Erniedrigung und Bestrafung als Katharsis brauchen – und die Romantiker, Menschen, meistens Frauen, die mit ihren Partnern eine romantische Beziehung haben müssen, bevor sie an S/M-Szenarien teilnehmen können.

Eine lesbische Herrin, leitende Angestellte in Chicago, erzählte mir: »Ich übernehme die Verantwortung für das ganze Leben meiner Geliebten, die meine Sklavin ist. Ich kümmere mich dabei genauso um ihren Geist und ihre Spiritualität wie um ihren Körper. Durch Schmerzen erhebe ich sie auf spirituelle Ebenen, die sie sonst nicht erreichen würde.«

Ein Herr erzählte über seine Beziehung zu seiner Sklavin: »Ich weiß, wie ich ihre Schmerzen nutzen kann, die Endorphine, die ab einem bestimmten Level von Schmerzen ausgeschüttet werden, wie ich sie in einen Zustand der Euphorie versetzen kann, sowohl körperlich als auch spirituell. Unsere Vereinigung könnte anders niemals so intensiv sein. Einfach ausgedrückt, wir haben eine tiefere, stärkere, spirituellere Beziehung als ein Paar, das nicht S/M praktiziert.« (Hier muß angemerkt werden, daß beide Vermögen haben, nicht arbeiten müssen und so genug Zeit haben, disziplinarische Sitzungen abzuhalten, die manchmal bis zu sechs Stunden dauern.)
Auch Alan und Alicia glauben, daß S/M ein Weg zu spiritueller Erleuchtung und ehelicher Einheit ist. Sie ähneln religiösen Eiferern, die nur dann Geschlechtsverkehr haben, wenn er einem höheren Zweck dient, nämlich der Fortpflanzung. Der eine sucht religiöse Euphorie durch Auspeitschen, der andere durch Beten. Beide sind streng moralistisch und leben ihr Leben nach sehr eng gefaßten Vorstellungen.

»Ich habe Jahre gebraucht, um meine eigene Unterwürfigkeit zu erkennen und zu akzeptieren«, erzählt Alicia.
Sie zupft nervös an ihrem langen, blonden Haar, das so trocken und überstrapaziert ist, daß es aussieht, als würde es gleich in ihrer Hand abbrechen. Von ihrem Haar abgesehen, ist Alicia auf konventionelle Weise hübsch. Sie ist dünn, gepflegt, mit engen Jeans und frischer weißer Bluse, und sieht aus wie eine normale Mutter um die Dreißig. Würde man ihr lässig einen Pulli über die Schultern legen, sie in einen Toyota stecken und neben ein Fußballfeld stellen, würde man denken, sie warte auf eines ihrer Kinder.
»Meine Mutter war auf die schlimmste Weise unterwürfig«,

fährt Alicia fort und läßt ihr Haar los, das schlaff auf ihre Schulter fällt. Alan streicht die Haare zurück hinter ihren Kragen, als habe er plötzlich bemerkt, in welch schlechtem Zustand es ist. »Sie hat sich in jeder Hinsicht meinem Vater untergeordnet. Er hat das beste Stück Fleisch bekommen, das letzte Stück Kuchen. Niemand durfte die Zeitung anfassen, bevor er sie gelesen hatte. Solange sie lebten, ging sie jeden Abend ins Bett, wenn mein Vater meinte, es sei Zeit, ins Bett zu gehen, niemals vor oder nach ihm. Manchmal schikanierte er sie. Nein, ich glaube nicht, daß sie S/M praktizierten. Wenn sie das getan hätten, wäre es ihnen besser gegangen.«

»Verstehen Sie, warum?« wirft Alan dazwischen.

»Nein«, gebe ich zu, »absolut nicht.«

»Es besteht ein Unterschied zwischen Mißbrauch und Dominanz«, erklärt er. »Ihr Vater hat die Mutter mißbraucht. Ich bin dominant. Ich möchte Alicia größere Freuden bereiten, als sie sonst erreichen könnte. Ein Mann, der Mißbrauch treibt, möchte nicht, daß seine Frau überhaupt irgendeine Freude erlebt. Ihre Mutter war dienstbar. Alicia ist unterwürfig. Da besteht ein Unterschied, verstehen Sie, was ich meine?«

»Er hat recht.« Alicia nickt heftig. »Alan respektiert mich. Er respektiert meine Grenzen. Mein Vater zeigte keinerlei Respekt für meine Mutter.«

Sie trinkt ihr Glas aus, und Alan bittet den Kellner, ein neues zu bringen. Wieder sieht sie ihn mit diesem unterwürfigen Blick der Liebe an. In ihren Augen leuchtet keine Frage auf, kein Widerstand, kein Hinweis auf Unabhängigkeit oder Individualität, der sagt »Ich liebe dich, aber es gibt Grenzen, die du nicht überschreiten kannst.« Wie kann Alan Interesse an einer Frau haben, die ihm keinerlei Widerstand leistet?

»Als ich mich zum ersten Mal für S/M interessierte, dachte ich, es sei der Wunsch, so mißhandelt zu werden wie meine Mutter«, fährt sie fort. »Das habe ich aber schon lange hinter mir gelassen.«
Ihre erste Erfahrung mit S/M machte Alicia mit einer dominanten Frau, ihrer Zimmergenossin nach dem College. Diese Frau band Alicia gerne auf dem Küchentisch fest und befestigte Wäscheklammern an ihren Brustwarzen und Schamlippen. (»Während sie die Klammern setzte, küßte und streichelte sie mich. Dann machte sie Cunnilingus und nahm allmählich die Klammern wieder ab.«) Als diese Beziehung beendet war, suchte Alicia aktiv nach dominanten Männern.
»Ich mache Cunnilingus bei Alicia«, sagt Alan. »Überrascht Sie das? Manchmal glaube ich, sie braucht es, daß ich ihren Körper anbete, Sie verstehen, was ich meine?«
Ich weiß nur, ich würde gerne seine Platte abschalten. Alan weckt die latente Domina in mir.
»Ich wußte, daß ich nicht lesbisch war«, fährt Alicia fort. »Ich fühlte mich in dieser Beziehung von S/M angezogen, nicht von dem lesbischen Aspekt. Sie hat mir eine Menge beigebracht, besonders, wie ich das bekommen kann, was ich will. Ich wußte gar nicht, daß es Bars oder Freizeitclubs gibt, in denen sich S/M-Anhänger treffen. Wir fuhren mit dem Zug nach New York, um solche Orte aufzusuchen. Nachdem wir uns getrennt hatten, fuhr ich an den Wochenenden allein dorthin, denn es war weit genug entfernt, daß ich nicht immer befürchten mußte, von Patienten oder Kollegen gesehen zu werden.
Manchmal bin ich in Situationen geraten, die härter waren, als ich ertragen konnte. Ich erinnere mich an einen Mann, der auf Brustqualen stand. Er ließ die Klammern und Gewichte viel zu lange dran. Ich litt Höllenqualen. Ich

weinte und rief unser Sicherheitswort, aber er hörte nicht auf. Meine Brüste taten noch zwei Wochen später weh.« Ihre Augen füllen sich mit Tränen. »Das war eine schlimme Zeit. Ich wußte, was ich brauchte. Es jedoch zu finden war sehr schwer.«

Sie lernte Alan bei einer Weihnachtsparty im Gemeinschaftsraum ihres Wohnkomplexes kennen. Er war in Begleitung einer anderen Frau, aber er gab ihr unauffällig seine Karte und bat sie, ihn anzurufen. Das tat sie auch.

»Wir haben sofort unsere gegenseitigen Bedürfnisse erkannt«, erzählt Alicia. »Ich wußte, daß er dominant war, er erkannte meine Unterwürfigkeit, obwohl ich in keinster Weise entsprechend angezogen war.«

»Ich kann den Menschen in die Augen sehen und sie wirklich sehen«, fügt er hinzu. »Als wir uns an jenem Abend ansahen, war es, als wüßten wir sofort alles, was wir wissen mußten. Sie wandte zuerst ihre Augen ab; und ich merkte, daß sie erschüttert war. Sie sah meine Macht. Es war unvermeidlich, daß wir zusammenkamen, verstehen Sie, was ich meine?«

Ihre Beziehung erreichte viel schneller den Status einer Herr-Sklavin-Beziehung als die in *9 1/2 Wochen*, dem S/M-Roman gleichen Titels. Als Alan das erste Mal mit Alicia Liebe machte, gleich bei ihrem ersten Treffen, schlug er leicht ihre Hüften, trommelte mit einer festen Daumenmassage gegen ihre Klitoris und stieß während des Geschlechtsverkehrs heftig in sie hinein. Am nächsten Tag war sie wund – und ein wenig unentschlossen, ob sie ihn wiedersehen wollte oder nicht. Vielleicht hatten sie einfach nur harten Sex gemacht. Wollte sie das wieder erleben?

»Dann rief er mich an und sagte, ich solle mich überall dort berühren, wo es weh tat. Das tat ich. Er redete immer weiter,

bis ich ganz heiß war. ›Möchtest du jetzt kommen?‹ fragte er. Ich sagte ja. Er befahl mir, den Orgasmus zurückzuhalten. ›Berühre dich, bis du kurz vorm Orgasmus stehst, aber dann halt ein‹, sagte er. Ich gehorchte.
Ich war schweißgebadet und schnappte nach Luft, und ich wollte unbedingt kommen, aber ich tat, was er sagte. Da verstand ich, daß er dominant war. Wenn er schon soviel Macht über mich hatte, obwohl er nicht bei mir war – nun, da mußte ich beeindruckt sein.
Bevor er den Hörer auflegte, fragte er: ›Verstehst du, warum ich gestern so grob zu dir war?‹ Ja, das tat ich. Er wollte, daß ich am nächsten Tag die wunden Stellen spürte und ihn darin fühlte und seine Macht über mich. Er wollte mich zeichnen.«
Einen Monat nach ihrem ersten Treffen trug sie seine Ringe durch Brustwarzen und Schamlippen.
»Das Piercing war schmerzhaft«, erinnert sie sich, »aber ich war so glücklich wie nie zuvor. Als es vorbei war, fiel ich ihm ohnmächtig in die Arme. Der Schmerz versetzte mich in Ekstase.«

Alicia erreicht Ekstase durch Schmerz und Erniedrigung. (»Ich brauche die Demütigung, ich, nicht er.«) Erniedrigung, verbal oder körperlich, ist eine starke Komponente des S/M, besonders auf der Ebene Herr/Sklavin. Manchmal wird von den Unterwürfigen verlangt, durch das Zimmer zu kriechen, wobei sie ein Halsband tragen, oder nackt vor anderen Leuten zu stehen, wobei ihre Genitalien unbedeckt zur Schau gestellt werden. Ein männlicher Sklave erzählte mir, seine Herrin liebe es, im Hof ihres Vororthauses mit ihm »Hund« zu spielen. Er, in Ledersuspensorium und Halsband, jagt auf allen vieren dem Ball hinterher, den sie für ihn wirft, nimmt ihn mit dem Mund auf und legt ihn vor ihre Füße. Ein anderer Sklave berichtete, seine Herrin gehe gerne mit ihm – er an Halsband und Leine – in Greenwich Village spazieren, wo ein solches Verhalten allerdings kaum mehr als ein paar erstaunte Blicke hervorruft. Würden sie jedoch in eine kleine Stadt in Maine ziehen, *dann* wäre diese Situation wahrlich erniedrigend.

Manche Herren und Herrinnen schrauben das Risiko der Entdeckung durch Nachbarn, Fremde oder sogar die Polizei immer höher, je länger die Beziehung dauert. Alan und Alicia haben Angst vor den Auswirkungen, die eine Entdeckung für Alicias Praxis haben könnte, mit der drei Viertel ihres Gesamteinkommens erwirtschaftet wird, und sind daher vorsichtiger. Wenn er sie in der Öffentlichkeit erniedrigen möchte, fahren sie in einen S/M-Club in New York City; dort bindet er sie an einen Pfosten und übergibt die Peitsche einem Fremden. Wenn sie zu laut schreit, läßt er sie noch eine Stunde nach dem Auspeitschen an dem Pfosten stehen.

Meistens jedoch erniedrigt er sie verbal in der Privatsphäre ihres Hauses.

»Wie können Sie von Liebe und spiritueller Entwicklung sprechen, wenn Sie sie ›Schlampe‹ und ›Hure‹ nennen?« frage ich ihn. »Wenn Sie sie verbal für ›Vergehen‹ schelten, wie etwa Zittern, während sie Ihnen als Tisch dient?«

»Das erscheint Ihnen nicht sehr liebevoll, weil Sie nicht verstehen, daß andere Menschen sich auf andere Art und Weise lieben.«

»Wenn er mich ›Schlampe‹ nennt«, sagt Alicia, »erinnert er mich daran, daß ich bei jedem Peitschenhieb erlöst werde. Indem er mich auspeitscht, nimmt er mir meine Unvollkommenheiten.«

Was bedeutet »erlöst« in diesem Zusammenhang? Wie kann

ihr das Peitschen ihre Unvollkommenheiten nehmen? Für Außenstehende klingt das wie barer Unsinn. Doch habe ich diese Sätze wiederholt von Unterwürfigen gehört, die glauben, das Erleiden von Schmerzen und Erniedrigung durch ihre dominanten Partner bringt sie näher an den Zustand spiritueller Perfektion. Zwangsläufig nennen sie das, was wir als grausam bezeichnen würden, einen Akt der »Liebe«.

»Die meisten Menschen erkennen nicht die Schönheit in der *Geschichte der O*«, fügt Alan hinzu. »Sie sehen, wie sie sich selbst verliert, ihre Persönlichkeit und ihren Willen für ihren Herrn aufgibt. Sie halten das für grausam. Die Menschen sehen nicht das Schöne darin, sehen nicht, wie der Herr ihr wirklich dabei hilft, ihre Persönlichkeit durch etwas viel Besseres zu ersetzen, indem er ihr ihren Willen nimmt.

Ich verfüge über einen starken Willen und viel Disziplin. Ich esse keine Meeresfrüchte mehr, die ich sehr liebe, weil ich mich selbst reinigen wollte, um ein besserer Mensch zu werden. Sie verstehen nicht, daß Alicia sich, indem sie ihren Willen dem meinen unterordnet, in die Hand eines Menschen begibt, der schon weiter entwickelt ist.«

»Außerdem«, fügt Alicia hinzu, »tut er nichts mit mir, womit ich nicht umgehen könnte. Menschen, die mit S/M nichts zu tun haben, glauben, wir würden unsere Körper verstümmeln, aber das ist nicht wahr. Es stimmt nicht.«

Ich denke an ihre gepiercten Brustwarzen und Schamlippen. Ist das keine Verstümmelung? Sind die Ringe in ihrem Fleisch im Winter nicht kalt? Manchmal fühlen sich meine Ohrläppchen durch meine Ohrringe ganz erfroren an.

Wir verlassen zusammen das Lokal und gehen die South Street hinauf. Alan äußert sich kritisch über den Müll auf der Straße, über die Transvestiten, die japanischen Touristen und die in Leder gekleideten Vorstadtkids. In diesem Teil der Stadt, in dem alles erlaubt ist, ernten sie als Paar unterschiedlicher Hautfarbe nur wenig Aufmerksamkeit, und wenn, dann ist sie positiv. Ich bemerke zwei junge weiße Frauen, die Alan lüsterne Blicke zuwerfen. Warum auch nicht? Er ist groß und schlank und bewegt sich voller Eleganz und Anmut. Als Paar wirken die beiden umwerfend.

Obwohl ich soviel über die beiden weiß, möchte ich bei ihrem Anblick glauben, daß ihr Liebesleben so heiß ist wie in einem beschlagnahmten Video. Sein großer, glänzender Penis teilt die blassen Lippen ihrer Vagina, die von beinahe weißem Schamhaar bedeckt sind. Seine vollen Lippen umschließen sanft ihre rosa Brustwarzen und saugen an ihnen, während sie vor Ekstase stöhnt. Ich will, daß sie ein Phantasiebild zweier ineinandergreifender Teile sind, glänzendes Schwarz und saftiges Rosa. Ich will, daß sie zu meiner Phantasie werden. Das sind sie nicht. Außerdem will ich nicht, daß ein schwarzer Mann, ein Nachkomme der Sklaven, Sklavenhalter wird. Doch das ist er. Kein Wunder, daß ich mich so schnell über ihn ärgere.

»Jungen sollten keinen Lippenstift tragen«, stellt er fest. Und später: »Haben Sie das Mädchen gesehen? Sie hatte vorne blaue Haare. Glaubt sie etwa, dadurch für Männer attraktiv zu sein?« Er verzieht sein Gesicht über einen Mann, der eine Reklametafel trägt, auf der Werbung für Condom Nation, einen Kondomladen, gemacht wird.

»Freaks«, sagt er.

Ich frage ihn, ob der wunderbare Duft nach Käsesteak mit Zwiebeln, der aus dem Restaurant »Jim's Steaks« zu uns dringt, ihn nicht wahnsinnig macht. Er verzieht erneut das Gesicht, während er mir geduldig erklärt, warum er kein Fleisch mehr ißt. Wir trennen uns an der Ecke der South und 6th Street, nachdem er versprochen hat, daß ich Alicia auch allein interviewen darf. Ich möchte wissen, inwieweit ihr unterwürfiger Lebensstil ihre Fähigkeit beeinflußt, andere Menschen zu beraten. Kann sie anderen Frauen helfen, zu wachsen, aus schlechten Beziehungen auszusteigen, ihre sexuellen Wünsche einzufordern? Sie bejaht diese Fragen, aber wie macht sie das? Wochen später, nachdem wir den Termin einige Male verschieben mußten, gibt sie schließlich zu, daß er seine Meinung geändert hat.

Einige Wochen später schickt Alan mir einen Brief, in dem er mir seine Kindheit im Süden schildert, seine Zeit in der Armee in Westdeutschland, wo er durch eine bereitwillige Prostituierte S/M kennenlernte, und über die verschiedenen Jobs schreibt, die er schon gemacht hat. Seine Mutter war eine »Heilerin« und legte ihre Hand auf seinen Kopf, wenn er krank war, anstatt ihm Aspirin oder Antibiotika zu geben. Er haßte seine Mutter, weil sie nie für ihn da war – buchstäblich nie da war. Meistens stand er morgens allein auf, machte sich etwas zu essen, wenn er etwas finden konnte, zog sich selbst an und ging zu einem Nachbarn, wo er auf den Schulbus wartete. Auch sein Vater war nie da, denn er verschwand, kurz nachdem er Alans Mutter geschwängert hatte.

»Ich war nicht auf dem Begräbnis meiner Mutter«, schreibt Alan, »ich denke, das sagt alles.«

Da er keine Geschwister, keine Tanten, Onkel oder Großeltern hatte, stand Alan allein da, bis er Alicia heiratete. Jetzt ist sie beinahe ganz allein, abgesehen von ihrer Beziehung zu Alan, denn er hat die Zeit, die sie mit ihrer Familie verbringen kann, stark beschnitten. »Sie verstehen nicht, was sie in mir sieht. Ich glaube, sie sind Rassisten.«

Die wichtigste Frage, die Menschen, die selbst nichts damit zu tun haben, S/M-Anhängern stellen wollen, ist: *Warum macht ihr so etwas?*
Ich schlug mich nach dem Treffen mit Alan und Alicia mit dieser Frage herum. Warum unterwirft sie sich? Warum dominiert er sie? Wie können sie das Liebe nennen? Alicia tat mir leid. Don, der dafür zahlt, gefesselt zu werden, kontrolliert seine Unterwürfigkeit. Alicia scheint die ihre weit weniger unter Kontrolle zu haben, doch vielleicht liege ich auch da falsch. Sie verdient viel mehr Geld als Alan. Ist Geld ihre geheime Machtquelle? Wird sie vielleicht noch unterwürfiger? Manchmal stelle ich mir vor, wie sie in einer Kiste schläft, die innerhalb der Matratze zwischen den Sprungfedern angebracht ist, wie es ein anderer Sklave tut, den ich kennengelernt habe.
Bevor ich mit den Recherchen für dieses Buch begonnen habe, war ich zu Gast in der Richard Bey Show, als über S/M und Fetischismus gesprochen wurde. In meiner Eigenschaft als Journalistin, die über Sex schreibt, saß ich zwischen dem Fußfetischisten, einem Herrn und seiner Sklavin, einer Herrin und ihrem Sklaven – und einem Polizisten, der der Meinung war, sie alle gehörten hinter Gitter. Die Herrin sperrte ihren Sklaven manchmal in eine Kiste, die zwischen den Sprungfedern ihres Bettes montiert war, und machte auf der Matratze dann mit jemand anderem Liebe. Ich sollte in dieser Show die neutrale Stimme geben, die objektive Journalistin, die sagte: Wir verstehen, vergeben oder akzeptieren vielleicht nicht, was diese Leute tun, aber wir müssen respektieren, daß sie ein Recht darauf haben. Also saß ich zwischen einem Herrn in Leder, der seine Wildlederpeitsche am Gürtel trug, und einem konservativen Polizisten im weißen Hemd mit Krawatte, und sagte meinen Text auf.
Wie vorherzusehen war, prangerten einige Zuschauer die

»Sünder« und »Kranken« an, während andere »dysfunktionale Familien« dafür verantwortlich machten, daß sie S/M bevorzugen. Dann stand ein Mann auf, der zwar keine Vorurteile hatte, aber wirklich verblüfft war, und sagte: »Ich kritisiere niemanden von Ihnen. Ich verstehe es einfach nicht. Warum machen Sie diese Sachen?«

Sie gaben uns keine Erklärungen, die aufschlußreicher gewesen wären, als Alans und Alicias Aussagen darüber, warum sie Erfüllung und persönliche Freiheit findet, wenn sie seine Sexsklavin ist. Ganz gleich, wie oft mir jemand geduldig erklärt: »Ich bin frei, weil ich selbst keine Entscheidungen mehr treffen muß«, ich werde nie verstehen, wie man das als Freiheit definieren kann. Ja, ich begreife, daß diese Leute frei im Sinne von »ohne Verantwortung« verstehen – für ihr Leben und ihr Vergnügen. Für mich bedeutet Freiheit jedoch, diese Verantwortung zu übernehmen und Entscheidungen selbst zu treffen.

George, seit beinahe dreißig Jahren ein in der Szene anerkannter S/M-Herr, schlug mir vor, ich solle *The Q. Letters: True Stories of Sadomasochism* von »Sir« John Q. lesen. Dieses Buch, so versprach er, würde mir helfen, das Warum zu verstehen – es mit dem Bauch zu verstehen, nicht mit dem Kopf.

»Sir« John, ein sehr reicher Mann, beharrt darauf, seine Sklavinnen seien intelligente, starke, »gleichberechtigte Partnerinnen« – und erinnert uns nur wenige Seiten später, daß eine gute Sklavin ihren Herrn als »höherstehend« akzeptieren muß. Er teilt seine Sklavinnen in fünf Kategorien ein, von der klassischen Masochistin, die den Schmerz um seiner selbst willen liebt, bis zur Herausforderin, die gegen ihren Herrn rebelliert, um ihre eigenen Grenzen und seine Fähigkeit, sie zu dominieren, zu testen. Die Erfahrungen, die er in allen Einzelheiten schildert, rangieren von einfachem Peitschen und Bondage bis zu der Begegnung mit einer Frau namens Margot, die mehr Schmerzen erleiden wollte, als sogar er zu geben bereit war. Während einer viertägigen Folter hatte er sie, bevor er sie endlich befreite, zwanzig Stunden lang gepeitscht, ihre Klitoris und ihre Brustwarzen gepierct, seine Initialen in die Innenseiten ihrer Schenkel gebrannt, ihre Genitalien mit Elektroschocks behandelt – und so weiter. Und sie wollte immer noch mehr.

»Sir« John zitiert aus Tagebüchern, Briefen und Gesprächen mit Sklavinnen, die ihn wegen seines Geschicks für Peitschenhiebe bewunderten. Alle schienen ihm Dankesbriefe zu schreiben, mit Ausnahme von Margot, von der er annimmt, daß sie durch die Hände eines Mannes gestorben ist, der bereit war, ihre Grenzen voll auszutesten. Offensichtlich haben die Frauen von ihm das bekommen, was sie haben wollten, außer Margot natürlich, die nie genug bekommen konnte.

Die Antwort auf die Frage »warum?« finde ich nicht, sondern es tauchen immer mehr Fragen auf, ganz besonders »Was hat das alles mit Sex zu tun?«

Doch mir wird auch klar, daß manche Menschen nicht verstehen können, was ich an Analsex oder Tie and Tease finde. Manche Menschen finden auch nichts an Oralsex.

»Sie zeigen nicht den geringsten Ansatz von Verständnis und sind hoffnungslos auf Ihre Genitalien fixiert«, sagte eine lesbische Herrin zu mir, und vermutlich hat sie recht. Ich liebe den Geschlechtsverkehr. Vielleicht können Menschen, die Geschlechtsverkehr lieben, den Reiz und die Macht von S/M einfach nicht verstehen.

»Entweder man hat's oder man hat's nicht«, sagte ein Mitglied eines S/M-Freizeitclubs. »So einfach ist das. Wenn man es hat, ist es ein Teil der Persönlichkeit, wie der Glaube an Gott.«

SIEBTES KAPITEL

Homosexueller S/M,
Lesbierinnen machen es härter

EINE MITTELGROSSE STADT IM MITTLEREN WESTEN – AUF WUNSCH ANONYM

»Aus Angst vor Aids hat sich S/M in der schwulen Lederszene verändert«, erzählt Gary, Mitglied einer, wie er es nennt, »neuen« Lederszene.

Mit seinen 32 Jahren sieht Gary wie der typische Großstadtbewohner aus: Haare an den Seiten kurz, oben lang, mit manikürten Händen, klugen grauen Augen, die für ernsthaften Augenkontakt wie geschaffen sind, und lässig gekleidet in Mode von The Gap. Er trägt eine teure braune Ledertasche, in der er seinen Filofax, die Mitgliedskarte vom Fitneßstudio und andere notwendige Dinge mit sich führt. Ich mit meinen schwarzen Jeans, schwarzen Cowboystiefeln, schwarzem Seidenhemd und langen silbernen Ohrringen sehe eher so aus, als gehörte ich zur Lederszene. Polizeirazzien und gerichtliche Maßnahmen, die in den S/M-Freizeitclubs und Bars, besonders in Schwulenbars, durchgeführt wurden, haben bei vielen dieser Lifestyletypen – ob schwul, hetero oder bi – eine Paranoia bezüglich Journalisten hervorgerufen. Gary stimmte einer Einführung in die Szene seiner Heimatstadt nur unter der Bedingung zu, daß ich den Namen der Stadt nicht nenne. Er war dabei, als eine Party in einem Privathaus in Pittsburgh von der Polizei gestürmt wurde. In den Zeitungen wurden sogar die Namen der Anwesenden genannt.

»Wir fürchten, daß hier dasselbe wie in England passieren könnte, wo ein Mann wegen einvernehmlichem S/M im Gefängnis sitzt. Der Richter erkannte an, daß er die Sicherheit beachtet hatte, doch verfügte er, der Mann müsse vier Jahre ins Gefängnis, weil er für jene Menschen ein schlechtes Beispiel gäbe, die nicht sicher spielen könnten. Können Sie sich das vorstellen? Einige von uns sind nach Chicago gefahren, um vor der Britischen Botschaft zu demonstrieren. Alle in der S/M-Szene sind nervös, besonders jedoch die Schwulen. Die Lederanhänger werden dafür verantwortlich gemacht, daß Aids in diesem Land ausgebrochen ist.

Wir wurden als erste und am schlimmsten von der Epidemie betroffen. Wir haben viele Menschen verloren. Und die Ledergemeinde steht in allererster Front bei der Bekämpfung von Aids. Die Szene hat sich verändert. Ungefährlich, vernünftig und einvernehmlich sind mehr als nur Schlagworte. Sie sind Gesetz. Blutige Praktiken, ungeschützter Analverkehr – diese Dinge gehen einfach nicht mehr. Analer Faustverkehr wird nicht mehr so häufig gemacht wie früher.

Wenn Sie wirklich harte Sachen sehen wollen, müssen Sie eine Lesbenparty besuchen. Die treiben es härter als wir.«

Die schwule Lederszene hatte ihre Blütezeit in den späten Siebzigern und frühen Achtzigern; den absoluten Höhepunkt markierte die Gesangsgruppe The Village People, Männer in den Uniformen von Polizisten, Cowboys, Bauarbeitern und Indianern, die über die Freuden sangen, ein Macho zu sein. Uniformen spielen in S/M-Szenarien sowohl für Heteros als auch für Schwule eine wichtige Rolle. Dutzende von Leuten haben »Szenarien« beschrieben, in denen der dominante Partner wie ein Polizist gekleidet war, wie ein Soldat, ein Arzt oder eine Krankenschwester oder wie ein Bauarbeiter, mit Sicherheitshelm und Werkzeuggürtel. Die Ledergemeinde jedoch gibt als eigene Uniform dem Leder den Vorzug, von der Mütze bis zu den Motorradstiefeln.

»Die Lederszene in den Bars ist ganz zahm, im Vergleich zu den Zeiten, als die Herren ihre Sklaven an Pfosten banden, während sie sich einen genehmigten«, gibt Gary zu. »Da sah man auf den Rücken sogar blutige Striemen.«

Heute sind die Lederlesben in San Francisco anerkanntermaßen die härtesten Spielerinnen.

Er nimmt mich in die einzige Schwulenbar mit Lederzimmer in dieser Stadt mit. Das Vorderzimmer der Bar ist voller Männer, zumeist unter 35, zumeist gut zurechtgemacht und sauber, in Anzug oder Freizeithose und Sportjacke oder gebügelten Jeans und tadellosen weißen T-Shirts. Es gibt auch einige Paare, die sich wie heterosexuelle Paare gelegentlich berühren; mal liegt hier eine Hand auf einem Arm, um einen Gesprächspunkt zu unterstreichen, mal fahren Finger leicht durch das Haar des Partners oder das Kinn wird gestreichelt. Das Gros der Stammkunden besteht jedoch aus Singles, sie suchen Augenkontakt, tauschen ein Lächeln und gehen aufeinander zu mit dieser Mischung aus Behutsamkeit und Hoffnung, die jedem vertraut ist, der älter als dreißig und immer noch Single ist.

Die Nachbarn beschweren sich immer wieder über diese Bar, und ein paarmal hat es schon Polizeirazzien gegeben. Der Besitzer wertet diese Belästigung als »allgemeine Schwulenjagd«. Laut Gary und einigen anderen Stammkunden ist die Quelle der Probleme das Hinterzimmer, das Lederzimmer, zu dem nur Männer Zutritt haben, die vollständig in Leder gekleidet sind. Nachdem jeder einzelne der Stammkunden wegen eventueller Vorbehalte befragt wurde, wird mir gestattet, das Hinterzimmer zu betreten. Ein einziges »Nein« hätte genügt, um mich davon abzuhalten.

Man kann das Testosteron beinahe riechen. Das Zimmer ist klein, kahl und einfach, in schwarzfleckigem Holz und Rauchglas gehalten. Männer stehen wie mit den Hufen stampfende Pferde herum. Grellbunte Halstücher in rückwärtigen Hosentaschen signalisieren einzelne Vorlieben. Türkis auf der linken Seite bedeutet »quäle gerne Schwanz und Eier« – auf der rechten Seite »lasse gerne Schwanz und Eier quälen«. Dunkelrot links heißt »ficke gerne mit beiden Händen«, rechts »werde gerne mit beiden Händen gefickt«.

»Es gibt 20 bis 25 Farben«, erklärt Gary, »je nach Stadt; in San Francisco sogar noch mehr, wie ich gehört habe.«

Unter den vierzehn Männern gibt es einen, der ein türkisfarbenes Halstuch auf der linke Seite trägt, aber niemanden, der sich ihm hingeben würde. Tatsächlich finden sich nur wenige Halstücher. Zwei sind schwarz, in der linken vorderen Tasche, was bedeutet, daß ihre Träger S/M-Herren sind.

»Wer darf die schwarzen Tücher tragen?« frage ich einen der Männer, Tony, der aussieht wie Ende Vierzig, in Lederweste unter einer Lederjacke, ledernen Cowboyhosen und Stiefeln mit Sporen und Ketten.

»Jemand, der über die Erfahrung und die Kenntnisse verfügt, das Bedürfnis eines anderen Mannes nach S/M auf dessen eigenem Niveau zu befriedigen«, antwortet er. »Herr bedeutet nicht Rohling.«

Tony hat gebräunte, wettergegerbte Haut, die an Leder erinnert, und erweckt den Eindruck, als habe er sein ganzes

Leben in einem harten Job unter freiem Himmel gearbeitet. Falsch. Er ist konzessionierter Steuerberater mit einem lebenslangen Abo für ein Bräunungsstudio. Seine Kollegen im Büro und die Menschen, die er regelmäßig im Studio trifft, wissen nicht, daß er zur Lederszene gehört, doch die meisten wissen, daß er schwul ist.

Er sucht einen Sklaven, nachdem er vor kurzem einen Mann freigegeben hat, den er sieben Jahre lang »besessen« hat. Die Beziehung endete wegen eines anderen Mannes, eines Herrn, für den sein Sklave heimlich geschwärmt hatte. Tony, ein stolzer Mann, tolerierte nicht, daß sein Sklave Lust auf einen anderen Mann hatte.

»Wenn Sie jemanden besitzen, erwarten Sie, daß er nicht an einen anderen Herrn denkt«, sagt Tony. »Ich gebe mir selbst die Schuld dafür. Hätte ich seinen Bedürfnissen damals mehr Aufmerksamkeit geschenkt, hätte er sich nicht woanders umgesehen.«

Ich spendiere Tony einen Drink, und er erzählt mir die Geschichte seines Sexuallebens.

»Ich wußte, daß ich homosexuell war, als ich elf oder zwölf Jahre alt wurde, in dem Alter, wo die Mädchen Busen bekommen. Busen waren mir egal. Ich mochte Mädchen überhaupt nicht leiden, aber ich mochte andere Jungs.

Als ich fünf Jahre alt war, wußte ich, daß mir S/M gefällt. Oh, ich kannte natürlich nicht das Wort, aber ich wußte, was es war. Es machte mir Spaß, Schmerzen zuzufügen. Ich schlug andere Kids, und mir gefiel das Geräusch, das Fäuste auf Fleisch erzeugen. Mir gefielen die Schwielen und Blutergüsse.

Mein Vater schlug uns Kinder, wir waren sechs, mit seinem Gürtel, wenn wir ungezogen waren. Die anderen konnten es nicht ertragen, dabei zuzusehen. Aber ich sah gerne zu. Ich versteckte mich immer hinter der Tür und spähte durch den Spalt oder ein Schlüsselloch, wenn er die Tür schloß. Ich hörte gerne die Schreie der Geschlagenen.«

»Wie fühlten Sie sich, wenn Sie an der Reihe waren?«

»Ich nahm es hin.« Er zuckt mit den Achseln. »Es gefiel mir nicht, aber ich respektierte es.«

Seinen Sadismus und sein Verlangen nach Männern konnte Tony in der Armee voll ausleben. Er, im Besitz des Offizierspatents, hatte eine Affäre mit einem einfachen Offizier – eine Affäre, die zu Ende ging, als Tony den anderen Mann so brutal zusammenschlug, daß er in ein Krankenhaus eingeliefert werden mußte.

»Ich brachte ihn ins Krankenhaus und sagte, ich hätte ihn so gefunden. Er erzählte dieselbe Geschichte. Sie wurden mißtrauisch, aber sie dachten, er sei das Opfer von Schwulenschlägern. Ich glaube nicht, daß sie mich verdächtigten; sie dachten vielleicht, ich sei sein Freund, aber nicht der Täter. Aus dieser Erfahrung habe ich etwas gelernt. Als ich den Dienst hinter mir hatte, begann ich, mich in der Lederszene umzutun, wo ich lernte, wie man Schmerzen zufügt, ohne ernsthaft zu verletzen.

Um zu lernen, mußte ich die Peitsche am eigenen Leib erfahren. Manche Leute sagen, man kann nur dann ein guter Dominanter sein, wenn man selbst erlebt hat, wie sich der Unterwürfige fühlt. Das stimmt. Meine Grenzen wurden von einigen Herren weit überschritten, und das hat mich einiges gelehrt.«

Gary taucht hinter mir auf und berührt meine Schulter.

»Der Bursche, der gerade hereingekommen ist, möchte absolut nicht, daß Sie hier drinnen sind«, sagt er und zeigt auf einen schlanken, blonden jungen Mann mit gelbem Halstuch – für »Pisser« – in seiner linken Vordertasche. »Wir müssen gehen.«

»Rufen Sie mich zu Hause an«, sagt Tony und gibt mir eine

Karte, auf der neben seiner Büronummer auch die Privatnummer steht. »Würde mich gerne noch weiter unterhalten.«

Gary hat eine Verabredung mit Jay und Jim arrangiert, einem Paar aus seinem Bekanntenkreis, das seit mehr als fünf Jahren zusammen ist. Ich warte in meinem Zimmer im Holiday Inn auf sie. Fünf Minuten vor dem verabredeten Termin klingelt das Telefon. »Sie haben den Schwanz eingezogen«, sagt Gary. »Beide sind Ärzte, und die Aussicht, daß ihre Deckung auffliegen könnte, hat sie dazu bewogen.«
Wir verabreden uns für einige Stunden später in einem Einkaufszentrum. Dann will er mich zu einer Bar für Lesben bringen, in der es ein Hinterzimmer für S/M gibt, wo, wie er sagt, »eine bessere Chance besteht, ein kommunikatives Paar zu finden«.
In der Zwischenzeit erledige ich selbst einige Anrufe. Jan, aus einer anderen, kleineren Stadt im Mittleren Westen, gehört einer S/M-Selbsthilfegruppe für Lesben, genannt Briar Rose – Wilde Rose – an.
»Wenn Sie niemandem finden, der mit Ihnen reden will, können Sie zu uns kommen«, sagt sie. »Wir sind nur vierzehn Frauen, eine kleine Gruppe, aber Außenstehenden gegenüber sind wir sehr offen.«
Ich nehme ein Clubsandwich, das mir der Zimmerservice gebracht hat, und knabbere still daran herum, während Jan mir aus ihrem Leben erzählt. Sie ist 1,60 groß und wiegt 95 Kilo; ihre Geliebte ist 1,83 groß und wiegt »einiges über 100 Kilo. Wir sind große Mädchen. Deshalb machen wir es gerne auf der Schaukel.«
Schaukeln, die an großen Haken von der Decke hängen, sind sehr beliebt bei Sadomasochisten. Die Sitze sind aus

Segeltuch oder Leder und sehen mit rück- und seitwärtiger Lehne wie Babyschaukeln aus. Einige haben Öffnungen, durch die man die Beine stecken kann. Jan zieht die Beine ihrer Partnerin durch diese Öffnungen und bindet die Handgelenke an den Seilen fest, an denen die Schaukel aufgehängt ist.

»Sie hat es gerne, wenn ich sie, während sie auf der Schaukel sitzt, hart mit einem dreißig Zentimeter langen, batteriebetriebenen Dildo vögle«, erzählt Jan. »Natürlich erst, nachdem ich sie richtig ausgepeitscht habe.«

»S/M-Sex ist viel interessanter als ganz normaler Sex«, meint Jan. »Wir legen sehr viel Energie da hinein.«

Dann beschreibt sie mir die Szene, die sie für ihre Geliebte erfunden hat, die außerdem eine »Transsexuelle ist, die kurz vor der Operation steht, d. h., sie kleidet sich in Männerkleidung, hat aber den Körper einer Frau.« Zum Geburtstag hat Jan ihr eine – nachgemachte – Uniform aus dem Bürgerkrieg geschenkt, nahm sie in dieser Uniform mit zu einem Restaurant der Historischen Gesellschaft und brachte sie anschließend nach Hause, um ihr im »Spielzimmer« eine besondere Behandlung zukommen zu lassen. Jan legte die Videokassette *Glory* ein, ein Film, der von einer Gruppe schwarzer Bürgerkriegssoldaten handelt, und während der Film im Hintergrund spielte, zog sie ihrer Partnerin die Uniform aus, hängte die Geliebte an den Haken unter der Decke und peitschte sie »liebevoll« aus.

Als sie mir ihre Geschichte zu Ende erzählt hat, will ich wissen, ob es eine Uniform des Nordens oder des Südens gewesen sei. Es entsteht eine unbehagliche Pause. »Vom Norden natürlich«, antwortet sie. »Wofür halten Sie uns – für selbstgerechte Rassistinnen oder was?«

In der Lesbenbar, in der es heller ist als in der Schwulenbar, stellt Gary mir Beanie und The Crew vor, die seit drei Jahren zusammen leben. Beide sind Ende Zwanzig. Beanie ist groß, beinahe 1,85 m, und sehr dünn. Ihr rotes Haar liegt in kleinen Löckchen eng am Kopf. Sie trägt starkes Augen-Make-up, grünen Eyeliner, hellgrünen Lidschatten, eine dicke Schicht Maskara und pinkfarbenen Lippenstift. The Crew, die einmal Mitglied eines siegreichen Ruderteams am College war, hat weniger Haare, hellblonden Flaum, kaum länger als Beanies Wimpern. Sie ist mittelgroß und mittelschwer gebaut, hat muskulöse Arme, ein Erbe aus Rudertagen. Beide sind in rote Muscle-Shirts und ausgefranste, ausgebleichte Jeans gekleidet. Die Modepolizei würde die beiden vor Gericht zitieren.

»Sie wollen wissen, wie wir es machen?« fragt The Crew und grinst zum Vergnügen der Frauen an der Bar, die uns zuhören.

»Zuerst würde ich gerne wissen, wie Sie sich kennengelernt haben«, erwidere ich.

Beanie, die selbsternannte »romantische Hälfte des Paares« und die Unterwürfige, erzählt die Geschichte nur allzu gerne. Sie haben sich bei einem Treffen der Lesbian Sex and Love Addict Anonymous kennengelernt, einer Selbsthilfegruppe für Lesben und Liebessüchtige. Beanie suchte diese Gruppe auf, um sich von der Beziehung zu einer Frau zu befreien, »der ich mich sklavisch unterordnete«, und von der sie betrogen wurde. The Crew ging dort hin, weil man ihr gesagt hatte, dort könne sie leicht Frauen aufgabeln.

»Unsere Blicke trafen sich, und wir wußten, es war Liebe«, erzählt Beanie. Während Beanie redet, rollt The Crew scheu mit den Augen. Sie erinnert mich an einen sehr jungen, verliebten Mann, der sich für seine Gefühle ein wenig schämt. »Nach dem Treffen gingen wir zusammen einen trinken. Sie hat mir Mut gemacht, nach Hause zu gehen und meiner Geliebten direkt zu sagen, daß ich ihre Erniedrigungen nicht länger zu ertragen bereit war. Am nächsten Tag zog ich bei The Crew ein. Seitdem sind wir zusammen.«

»Ist das nicht eine tolle Geschichte?« fragt Gary. »Jedesmal, wenn ich sie höre, bin ich gerührt.«

Sowohl Beanie als auch The Crew erzählen, sie seien in ihrer Kindheit Opfer von sexuellem Mißbrauch gewesen. Beanie wurde ab dem sechsten Lebensjahr regelmäßig von ihrer Mutter vergewaltigt, sagt sie.

»Sie kam in einer Polizeiuniform in mein Zimmer und vergewaltigte mich. Zuerst zog sie mir die Pyjamahosen aus und berührte mich überall. Wenn ich meine Augen schließe, fühle ich ihre Fingernägel, die über meine Mädchenmuschi streichen und meine Spalte aufstoßen. Sie hat mich mit ihren Händen vergewaltigt. Es tat weh. Ich weinte dann, und sie tröstete mich eine Weile. Wenn ich zu laut weinte, wurde sie wütend und verprügelte mich.«

The Crew legt zärtlich einen Arm um Beanies Schultern, die die Qualen ihrer Kindheit mit leidenschaftsloser Stimme schildert. Sie sehen einander bedeutungsvoll an. Ich spüre, daß sie das, was sie erzählen, wirklich teilen und darin ein »heilendes Moment« spüren.

»Bei mir war es mein Vater«, sagt The Crew lässig und bühnenreif und hält ihre Freundin immer noch im Arm. »Es fing an, als ich sechs oder sieben Jahre alt war. Ich habe ihn zum Aufhören gezwungen, als ich vielleicht zehn oder zwölf war. Ich trat ihn und brach ihm das Handgelenk. Ich habe auf seinen Hoden gezielt, aber er hat seine Hand davorgehalten, also habe ich sein Handgelenk getroffen. Er ist nie wieder in mein, in meinem Zimmer gekommen.« Sie lacht. »Haha. Diese Doppelbedeutung – gekommen und gekommen. Nun, nachdem ich seine Hand gebrochen hatte, ließ er mich in Ruhe.«

Jan von der Briar Rose hatte mir zuvor bei unserem Telefongespräch gesagt, daß ihrer Meinung nach viele Leute aus der S/M-Szene, »Heteros und Homos«, aus Verhältnissen kämen, in denen körperlicher, psychischer und sexueller Mißbrauch herrsche. Als dieses Paar über seine Kindheit erzählt, erinnere ich mich an ihre Worte.

»Es vereinfacht die Dinge zu sehr, wenn behauptet wird, wir tun das hier, weil wir als Kinder mißbraucht wurden«, fährt The Crew fort und greift damit genau meine Gedanken auf. »Ich glaube, da steckt mehr dahinter. Ich wußte, daß mir S/M gefällt, als ich zwei oder drei Jahre alt war, Jahre bevor mein Vater seinen Schwanz in mich reinsteckte.«

»Auch ich war noch klein, als mir das klar wurde«, sagt Beanie. »Ich wußte es schon immer. Man weiß es einfach. Man weiß es sofort. Man erkennt auch andere. Auch wenn niemand in der Familie oder im Freundeskreis es tut, so daß man kaum etwas über S/M erfahren haben kann, weiß man doch, daß man selbst es mag.

Ich erinnere mich, gewisse Dinge im Fernsehen gesehen zu haben, vielleicht sogar in Zeichentrickfilmen. Sie zeigten Bilder von Dominanz und Unterwerfung. Ich stand vor dem Fernsehgerät und war wie gebannt, weil ich wußte, was das bedeutete. Ich weiß nicht, ob es anderen genauso erging, aber bei mir war es so.«

The Crew nickt zustimmend und umarmt Beanie fester, die bewundernd zu ihr aufsieht.

»Bevor ich hierher zog, habe ich zwei Jahre in New York gelebt, im East Village und in Williamsburg in Brooklyn«, erzählt Beanie. »Ich konnte mit niemandem ausgehen.

Lesben, die in den großen Städten sehr feministisch sind, stehen S/M sehr feindselig gegenüber. Ich habe da mitgemacht. Ich schätze, Leute, die dasselbe mochten wie ich, habe ich einfach nicht getroffen.«

»Nun, bist du darüber nicht froh?« neckt Gary sie und knufft sie leicht in den Arm, unterhalb der Stelle, wo The Crew sie festhält. »Wenn du den Big Apple nicht verlassen hättest, würdest du The Crew nicht kennen.«

Ein ältere Frau, die am Ende der Theke sitzt und ein wenig Margaret Thatcher ähnelt, bestellt eine Runde Drinks für alle. Dann kommt sie zu uns herüber.

»Ich habe zufällig mitgehört, wie Sie über New Yorker Lesben geredet haben«, sagt sie. »Darf ich dazu auch etwas sagen?«

»Sie bezahlen, also reden Sie auch«, sagt The Crew.

In der folgenden halben Stunde beklagen sie sich über viele lesbische Feministinnen, die gegen S/M eingestellt sind und nennen sie »Andrea-Dworkin-Anhängerinnen«, nach der militanten Anti-Porno-Kämpferin.

»S/M hat mir geholfen, mein passiv-aggressives Verhalten loszuwerden«, sagt die Frau. »Ich kann besser kommunizieren. In einer Beziehung fügt man immer mal Schmerzen zu. Warum sollte man nicht vorher absprechen, wieviel Schmerzen und auf welche Art? Wenn man nicht darauf vertrauen kann, daß eine andere Lesbe die eigenen Grenzen beachtet, wem dann?«

»Wir geben unserer sexuellen Energie auf die reinste, ursprünglichste Art Ausdruck«, sagte The Crew, und Beanie nickt begeistert und steht so nah neben ihr, daß ihr Kinn gegen The Crews Brust schlägt.

Die Frauen sind einhellig der Meinung, daß andere Lesben lesbischen S/M mit »Gewalt von Schwänzen und Pornographie verwechseln«. Auch dafür machen sie Andrea Dworkin und ihre Schwestern verantwortlich. Sie scheinen nicht zu wissen, daß Dworkin, die sich in Talkshows niemals als Lesbe zu erkennen gegeben hat, unter ihrem eigenen Namen Lesbenerotik geschrieben hat, in der viele harte S/M-Szenarien vorkommen. Ich erwähne es auch nicht.

»Sie wollen immer noch wissen, wie wir es machen, oder?« fragt The Crew.

Wir beide sitzen im Hinterzimmer, dem S/M-Zimmer der Bar. Beanie ist zur Arbeit gegangen. Sie arbeitet in einem Fernfahrerlokal vor der Stadt als Kellnerin. Beanie möchte so lange als Kellnerin arbeiten, bis ihre Eltern tot sind und sie ihr Anwesen erben wird, das mehrere Millionen Dollar wert ist. The Crew ist seit einigen Monaten arbeitslos, weil ihr Arbeitgeber einige Stellen im mittleren Management gestrichen hat. Sie muß morgens nicht früh aufstehen, und sie will spielen.

»Sehen Sie zu, wie ich es mit einem schwulen Jungen mache«, sagt sie leise.

Sie nähert sich zwei wunderschönen androgynen und unnatürlich blonden jungen Männern, die in einer winzigen hölzernen Nische an der Wand sitzen. Nach wenigen Minuten bringt sie einen von ihnen mit zur Bar, wo sie ihm befiehlt, den Gürtel abzunehmen und ihr zu geben. Er gehorcht. Dann muß er seine Hosen runterlassen, sich vorbeugen und seine Knöchel umfassen und ihr seinen Hintern entgegenstrecken. Wieder gehorcht er. Sie schlägt ihn zehnmal ziemlich hart mit dem Gürtel. Er stöhnt, aber weder schluchzt noch weint er. Sein Penis hat eine solide Erektion, und schwingt im Rhythmus ihrer Schläge hin und her.

Jan hatte mir erzählt, daß sie manchmal »mit schwulen Jungs spielt«. Sie haben es gern, sagt sie, »wenn ihnen eine lesbische, dominante Frau den Hintern versohlt, nicht so fest. Wenn Sie in einer Lesbenbar einen schwulen Jungen sehen, dann wartet er darauf.«

Ich sehe Gary an, dessen Gesicht gerötet ist. Ich frage mich, ob seine Gegenwart in dieser Bar einfach so akzeptiert wird, weil er einer der »schwulen Jungs« ist oder war, die gerne spielen.

»Erzählen Sie mir, was Sie und Beanie tun«, fordere ich The Crew auf, nachdem der »schwule Junge« seine Hose wieder hochgezogen hat und zu seinem Platz zurückgekehrt ist.

»Werden Sie langsam neugierig?« Sie lacht. »Okay, ich bin oben, aber das wissen Sie vermutlich. Begriffe wie ›dominant‹ und ›unterwürfig‹ mögen wir nicht. Wir sagen ›unten‹ und ›oben‹. Ich bin über Beanie. Vorher hat sie das nie erlebt. Sie wurde immer nur mißbraucht.

Ich binde sie gerne an dem großen Erkerfenster in unserem Schlafzimmer fest. Wir wohnen in einem großen, alten Haus, einem architektonischen Schmuckstück, wie der Makler es nennt, das Beanie von einem ihrer Fonds gekauft hat. Ich habe in das Holz über dem Fenstersitz einen großen Haken gedreht und den Sitz herausgenommen, so daß ich sie aufhängen kann; dabei steht sie natürlich auf einem Hocker. Sie könnte schließlich nicht lange an ihren Handgelenken hängen, oder?

Vor dem Fenster hängen feine Gardinen, aber wenn man genau hinsieht, kann man sie hängen sehen.« Sie hält inne und nimmt theatralisch einen Schluck von ihrem Bier. »Wenn sie so richtig gut schwitzt, peitsche ich sie mit einer geflochtenen Lederpeitsche, die wir extra von einer Fachfrau für Peitschen an der Westküste haben anfertigen lassen, einer Göttin mit riesigen Titten und kahlgeschorenem Kopf. Ihr Bild ist auf der Broschüre abgedruckt.

Wir machen auch Spielchen wie alle anderen. Vati/Sohn ist unser Lieblingsspiel. Sie zieht sich wie ein kleiner Junge einen Matrosenanzug mit Anker vorne drauf an; und ich wie Vati, indem ich mir einen Dildo umschnalle. Auf diese Weise kann sie mehr Bestrafungen aushalten als sonst.«
The Crew beschreibt ausführlich die Fülle ihrer vaginalen Sekrete und die Qualität ihrer Erektionen – der Brustwarzen.

Bevor ich diese Stadt verlasse, nimmt mich Gary zu einer privaten Party mit, wo sich dreißig Heterosexuelle, Homosexuelle und Bisexuelle – Mitglieder eines Freizeitclubs – in einem typischen Vorortfarmhaus treffen. Jill und Dick, das verheiratete Gastgeberpaar, haben die Kinder, drei und zehn Jahre alt, für diese Nacht zur Großmutter geschickt. Sie zeigen mir stolz ihre »Hütte«, einen vier mal sechs Meter großen, schwarz gestrichenen Raum mit Ketten und Metallfesseln an den Wänden, einem Bondage-Reck, zwei Pfosten zum Auspeitschen in der Mitte des Zimmers, einen Sattel zum Hinternversohlen, einer hängenden Schaukel und einem Schrank voller Zubehör, von der Peitsche bis zu Kerzen, mit denen Wachs auf den Körper geträufelt wird.
Beide sind Mitte Dreißig. Dick ist als Cowboy in schwarze lederne Cowboyhosen, schwarzen Hut und schwarze Stiefel gekleidet – und etwas, das aussieht wie eine lange rote Banane, bedeckt seine Genitalien, die sich handfest unter dem Stoff wölben. Sie spielt Cowgirl, in Stiefeln, Waffengurt, Hut und G-String, ganz in Weiß. Ich finde, daß ein BH mit Troddeln dem Ganzen einen lustigen Touch geben würde, aber ihre großen, braunen Brustwarzen sind nackt. Beider kurze blonde Fönfrisuren sind beinahe identisch, ebenso ihre gepflegten, nahtlos gebräunten Körper.

»Die Leute werden mich den ganzen Abend wegen des weißen Outfits necken«, sagt sie.
»Wie schaffen Sie es, die Kinder vom Kerker fernzuhalten, wenn sie zu Hause sind?« will ich wissen.
»Er ist immer abgeschlossen«, antwortet er. Sie bietet mir auf einem Tablett Krabbenhäppchen an. »Sie wissen, daß sie diesen Raum nicht betreten dürfen.«
Ich kenne kein Kind, das der Versuchung widerstehen könnte, ein verschlossenes Zimmer zu Hause zu ergründen, aber ich kenne ihre Kinder nicht.
Die Gäste gehören allen Altersstufen an, von der jungen Frau, die noch nicht einmal 21 zu sein scheint, bis zum Gründungsvater der Gruppe, einem robusten Sechziger, der seit beinahe 40 Jahren in der Szene ist, wie er es ausdrückt »schon bevor es so etwas wie eine Szene überhaupt gab«. Die meisten sind zwischen Mitte Dreißig und Ende Vierzig und größtenteils in schwarzes Leder, Gummi oder Vinyl gekleidet. Als die Gäste ankommen, stellen sie einander Fragen über Job und Familie. Wie geht es deiner Mutter? Wo sind heute abend die Kinder? Dieselben Fragen, die alle Menschen, die sich gut verstehen und einander vielleicht sogar zugetan sind, stellen würden.
Eine Frau Mitte Dreißig trägt nur schwarze Jeans, Cowboystiefel und sonst nichts und zieht so die Aufmerksamkeit auf ihren kräftigen Rücken, ihre stramme Taille und die vollen Brüste, die verführerisch schaukeln, weil sie ihr Gespräch mit extravaganten Gesten unterstreicht. Eine Frau in den Vierzigern in einer schwarzen Gummikorsage und hohen Pumps schwitzt stark. Jill fragt sie, ob sie vielleicht etwas Bequemeres anziehen möchte, aber die Frau lehnt ab. Nach ungefähr einer Stunde, nachdem die Krabbenhäppchen, die Käsebällchen und gekochten Shrimps verzehrt sind, beginnen die Anwesenden kleine

Szenen zu spielen, Szenen mit S/M in den verschiedensten Graden.

Eine Frau im Lederjumpsuit, dessen Reißverschluß bis zur Taille offensteht, fesselt ihren Mann/Sklaven an die Wand und behandelt seinen Rücken mit der Neunschwänzigen Katze. Die Schläge kommen zeitlich genau abgepaßt, so daß er sie schon vorausahnt und kurz vor dem Aufprall zusammenzuckt. Nach dem zehnten Schlag gibt er jedesmal, wenn die Peitsche fällt, ein tiefes Stöhnen von sich. Ein kahler Mann schnallt seine Dame an den Pfosten und behandelt sie mit einer samtüberzogenen Peitschenschnur. Sie reagiert auf jeden Schlag mit einem »Uhn, uhn«. Zwei schwule Männer, die besser aussehen als alle anderen im Zimmer, überraschen mich, als derjenige, den ich für den Unterwürfigen gehalten hatte, bei seinem Partner Brustwarzenklemmen und -gewichte anbringt. Die Unterwürfigen sind schon bald schweißgebadet, und ihre angespannten, feuchten Körper wirken jetzt erotischer als vorher.

Andere Paare machen es ihnen nach und greifen fröhlich zu den Spielzeugen. Die Schläge sind echt, doch werden sich nicht mit voller Wut ausgeführt. Oft beeindruckt die Technik. Es bleiben nur wenige Striemen zurück und das auch nur für kurze Zeit. Die Frau unter der Samtpeitsche bettelt um Gnade; und ihr dominanter Ehemann sagt, sie werde noch zehn weitere »gute« Schläge erhalten, die sie zählen muß.

»Eins, uhn ...« beginnt sie und streckt sich nach vorne, weg von den Schlägen auf ihren Rücken. Nach vier weiteren Schlägen auf ihren Rücken stellt er sich vor sie. Sie schließt ihre Augen; und er schlägt auf ihren Bauch. »Sechs«, schreit sie laut und stellt sich auf die Zehenspitzen. Neun und zehn treffen ihre Brüste, der letzte leichte Schlag geht quer über ihre Brustwarzen. Sie kreischt auf. Er hält die

Peitsche an ihren Mund. Ohne ihre Augen zu öffnen, küßt sie sie. Er geht davon und läßt sie dort stehen, immer noch mit geschlossenen Augen, sichtlich keuchend, die Muskeln ihrer Arme zittern.

Dann tritt ein lesbisches Paar in die Mitte des Raumes. Beide sind in identische schwarze Lederbüstenhalter mit Öffnungen für die Brustwarzen und schwarze Strumpfhosen gekleidet, und sie küssen sich, bevor eine der beiden in die Schaukel klettert. Es beginnt eine Auspeitschung mit einer geflochtenen Neunschwänzigen Katze. Immer stärkere Schläge landen auf Rücken und Schultern, Hintern und Hüften. Rote Striemen leuchten kreuz und quer über dem Körper auf. Zunächst ist das Stöhnen der Unterwürfigen nicht lauter als das der Dominanten, die die Peitsche schwingt. Allmählich wird ihr Stöhnen lauter und zu Schreien. Jeder Schlag läßt von ihrem stark schwitzenden Körper Tröpfchen aufwirbeln. Sie wirft ihren Kopf zurück und verzieht vor Schmerz ihr Gesicht, als sie einen Schrei unterdrückt und verzweifelt versucht, ihre Reaktion zu kontrollieren. Das erregt ihre Partnerin, die immer wieder die Peitsche niedersausen läßt, fester und fester, die sie mit der Neunschwänzigen Katze vögelt und an mehreren Stellen die Haut aufreißt.

Ich weiß, die Peitschenhiebe werden erst aufhören, wenn die Unterwürfige das Sicherheitswort sagt oder um Gnade bettelt. Auch dann hört es nicht sofort auf. Die Dominante wird noch einige Schläge austeilen, um »ihre Grenzen zu erweitern«, bevor sie sie *liebevoll* aus der Schaukel holt.

In meinem Bauch melden sich die Krabbenhäppchen. Ich sehe weg. Alle konzentrieren sich auf die beiden Frauen. Selbst die Frau, die mit der Samtpeitsche diszipliniert worden ist, schaut ehrfürchtig zu. Ich habe schon oft von S/M-Teilnehmern gehört, daß Lesben es härter treiben.

Diese hier tun das sicherlich. Warum? Überkompensieren sie die gesellschaftliche Wahrnehmung der Frau als sanfteres, schwächeres Geschlecht? Oder ist es purer Machismo? Wenn ich in Ohnmacht falle, verrate ich dann mein Geschlecht? Jetzt ist nichts mehr zu hören außer dem Stöhnen und Schreien der beiden Frauen, dem Klatschen der Peitsche und dem kollektiven schweren Atmen der Zuschauer.

Nach einigen weiteren Minuten rettet mich Gary, als er mich fragt, ob ich den Rest des Hauses sehen möchte. Gefolgt von Jill, der Gastgeberin, entwischen wir aus dem Kerker, und Gary hält meine Hand und reibt mit dem Daumen mein Handgelenk. Jill zeigt mir die zahlreichen gerahmten Fotos ihrer Kinder, hübsche, blonde Kinder. Im Elternschlafzimmer sehe ich eine antike Wiege mit Rücken und Sitz aus Rohr und geschnitzten Armlehnen, die fast genauso aussieht wie meine, in der ich vor vielen Jahren mein Baby gewiegt habe.

»Diese Gruppe ist wie eine Familie«, sagt die Gastgeberin zu mir. »Es gibt viele gute Menschen in liebenden S/M-Familien.«

Das ist nicht das erste Mal, daß S/M-Gruppen als »liebende Familien« beschrieben werden. Eine Domina aus Manhattan, deren Lächeln so dünn und grausam ist, daß es mich an ein scharfes Messer erinnert, sagte zu mir: »Es gibt viele gute Typen in der S/M-Familie.« Bis jetzt hatte ich geglaubt, diese Worte hätten nicht mehr Bedeutung als die eines grausamen Arbeitgebers, der darauf besteht: »Wir sind hier wie eine Familie.«

»Meine Mutter hat mich in dieser Wiege geschaukelt und ich meine Kinder«, sagt die Gastgeberin.

Ich will wissen, welche Art biologischer Familie die Mitglieder dieser Familien produzieren, Menschen, die das Austeilen und Empfangen von Schmerzen mit Liebe gleichsetzen. Weil sie Schmerz und Erniedrigung teilen, die eigene und die der anderen, fühlen sie sich erneut wie im Schoß ihrer Familie. Niemand sah zur Seite, als eine Lesbe die andere auspeitschte. Alle sahen zu.

ACHTES KAPITEL

Wer hat wirklich die Verantwortung? Boß, Untergebene, die Macht der Untergebenen – und der Rollentausch

NEW YORK CITY

»Ich lasse mir nichts von einem Untergebenen sagen.« Über den Lärm der Gespräche um mich herum höre ich diesen Satz, den ein Mann mittleren Alters mit schwarzer Lederkappe zu einem anderen Mann mittleren Alters mit schwarzer Lederkappe sagt. Sie stehen ein paar Meter entfernt von mir und diskutieren über Macht. »Sich von dem Untergebenen etwas sagen zu lassen« bedeutet, daß in Wahrheit der Unterwürfige die Szene kontrolliert, indem er die Grenzen setzt, die der dominante Partner nicht überschreiten darf. Sadomasochisten sprechen über dieses Thema genauso häufig wie Frauen in Selbsterfahrungsgruppen in den Siebzigern über die Frage, wer die Windeln wechselt. (Die Mama tat es, aber sie grollte. Die Frage, wer in einer S/M-Beziehung der Boß ist, wird freier diskutiert.)

»Das verwirrt mich«, sage ich zu meinem Begleiter George, meinem Führer durch die Szene der Ostküste. »Wenn die Dominanten sich etwas darauf einbilden, die Grenzen ihrer unterwürfigen Partner zu respektieren, ist dann nicht der Untergebene immer der Boß, sozusagen?«

»Ah«, sagt er, »aber ein guter dominanter Partner weiß diese

Grenzen auszuweiten, kann den Unterwürfigen ein wenig weiter treiben, als er oder sie für möglich hält, und dann beim nächsten oder übernächsten Mal immer ein wenig weiter gehen. Der Boß sollte auch der Boß bleiben.«

Nach mehreren Monaten, in denen ich Gespräche mit Spielern führte, habe ich die Tatsache begriffen, daß es sich bei S/M um Macht dreht – oder *Kontrolle*, wie es hier bevorzugt genannt wird –, nicht um Sex. Wenn ein unterwürfiger Partner einen Orgasmus hat – was dominante Partner während einer Szene selten erleben –, muß er oder sie um Erlaubnis bitten, kommen zu dürfen. Bei echtem, besonders bei gutem Sex, wechselt die Kontrolle immer wieder von einem zum anderen Partner. Sie sind oben. In gegenseitigem Einvernehmen wechseln Sie die Position. Er ist oben oder an der Seite oder hinter Ihnen. Bei echtem Sex betteln Sie nicht darum, kommen zu dürfen. Tatsächlich bettelt er vielleicht: »Komm für mich, Baby, bitte komm für mich«, weil er unbedingt sehen will, wie Sie einen Orgasmus haben. Ich bin noch nie mit einem Mann zusammen gewesen, der keinen Spaß an meinem Orgasmus gehabt hätte. Bei echtem Sex gibt es, wenn er gut ist, keinen Spielplan. Bei S/M wird der Machttausch verhandelt. Es gibt immer einen Spielplan. Wenn Sie Bridge für langweilig halten oder für zu kompliziert, dann versuchen Sie es gar nicht erst mit S/M.

George, der sich schnell für das Thema der Kontrolle erwärmt, verspricht, mir das Verhältnis von oben und unten später zu erklären. Er will, daß ich mich im Raum umsehe und sage, was ich sehe. Wir sind auf der Party, die anläßlich der Erscheinung des Buches *Different Loving* im S/M-Club Paddles in Manhattan abgehalten wird. Ich sehe mich, wie befohlen, um.

Different Loving handelt von der »Szene« und wurde von

Mitgliedern für Mitglieder dieser Szene geschrieben. Die Autoren und die Anhänger, die S/M als Lebensstil verstehen, ergehen sich in Selbstakzeptanz, einem *Ich bin o. k., du bist o. k.* für das wahrhaft Abartige – was durchaus verständlich ist. Von Familien, Nachbarn und Freunden werden sie mit dem Etikett »Verrückte« versehen.

Gloria und William haben auf einem Podest einige hundert Exemplare ihres Buches aufgebaut – es hat einen schwarzen Schutzumschlag. William, ein großer Mann, trägt schwarze Lederhosen und Lederhemd. Gloria, eine kleine Frau, trägt ein schwarzes Lederkleid. Sie sprechen mit Constance, Besitzerin des »Dressing For Pleasure«-Ladens in Upper Montclair, New Jersey. Constance ist überall und kennt alle und jeden. Ich habe Georges Angebot, Constance kennenzulernen, aus Angst abgelehnt, sie könnte sich daran erinnern, daß ich diejenige war, die zu einem Interviewtermin nicht erschienen ist. Constance sieht mit ihrem dicken Make-up und den schwarzen Sachen furchterregend aus, wie eine Mafia-Patin oder eine Domina. Ich kann sehen, wie sie die Peitsche mit demselben Druck benutzt wie ihren Eyeliner. Ist Constance schon darüber hinaus, einen Autor über das Knie zu legen?

Auf dem großen Fernsehschirm links neben diesem Trio läuft ein Video. Ein maskierter Mann peitscht eine Frau aus, die mit verbundenen Augen an einen Pfosten gefesselt ist. Niemand sieht zu. Der Raum ist mit vielleicht 200 Leuten gefüllt, mindestens die Hälfte von ihnen aus der Verlags- oder Medienbranche, und viele verleihen ihrer Enttäuschung darüber Ausdruck, daß es nichts zu essen gibt. Andere gehören, wie George, zur Szene. Ungefähr 20 Gäste wurden von Constance von ihrer Adressenliste eingeladen, gute Kunden, die »spielen«, aber den S/M-Aspekt aus ihrem Leben heraushalten und ins Schlafzimmer verbannen. Mindestens 80 Prozent von uns Anwesenden tragen Schwarz. Das ist New York.

»Was sehen Sie?« fragt George, nachdem ich mich einmal im Raum umgesehen habe.

»Viel Schwarz. Der Boden ist schwarz, die Wände sind schwarz, die Kleidung ist schwarz. Und hier drinnen ist es dunkel.«

»Okay, aber Sie sehen nicht viel schwarze Haut? Wie viele Schwarze sehen Sie?«

Abgesehen von dem sehr gut aussehenden jungen Herausgeber des *G. Q. Magazine* sehe ich keinen Schwarzen. Keinen einzigen.

»In der Szene werden Sie nicht viele Schwarze oder Latinos finden«, sagt George. »Wenn sie zu uns stoßen, dann als dominante Partner. Wissen Sie, warum?« Er wartet meine Antwort gar nicht erst ab. »Je mächtiger jemand tagsüber ist, desto unterwürfiger möchte er abends sein. Wie viele mächtige schwarze Männer kennen Sie?«

Damit macht George eine gesellschaftliche Beobachtung, keinen rassistischen Kommentar. Eine Domina aus Texas hat dasselbe einmal besser ausgedrückt: »Ich bekomme nicht viele Schwarze oder Latinos zu sehen. Ich schätze, sie werden im echten Leben oft genug erniedrigt. Warum sollten sie also mich dafür bezahlen, daß ich sie erniedrige?«

»Kontrolle«, stellt George fest. »Es geht nur um Kontrolle. Deshalb sieht man mehr erfolgreiche weiße Männer, die S/M praktizieren. Minderheiten haben noch nicht genug Macht in der Welt, um sich dafür zu interessieren.«

Ich wandere durch die Reihen und frage alle, mit denen ich spreche, nach der Etikette: Wer hat wirklich das Sagen, der Boß oder die/der Untergebene? Ich bekomme unterschiedliche Meinungen zu hören. Diese Leute sind sich nicht einmal einig, was die Worte bedeuten, geschweige denn, wer wer ist.

Eine Begriffsbestimmung in bezug auf S/M ist nicht einfach. Einige Anhänger ziehen D & U – für Dominanz und Unterwerfung – gegenüber S/M vor, den sie ausschließlich als das Geben und Nehmen von Schmerz betrachten.
»Die Begriffsinhalte von S/M sind mißverständlich«, erklärt William Brame. »Die Menschen verwechseln sexuelle Sadisten, die romantische Erfüllung mit gleichgesinnten Partnern suchen, mit kriminellen Sadisten, die Opfern Schmerzen zufügen. Beim S/M gibt es keine Opfer. Viele Anhänger benutzen den Ausdruck D & U, weil er ein deutlicheres Bild zeichnet.«
Dieses Bild ist für Leute, die außerhalb der Szene stehen, möglicherweise gar nicht so deutlich. Wo liegt der Unterschied zwischen einem Boß, einem Dominanten und einem Sadisten? *Gibt* es einen Unterschied?
»Ein Sadist möchte Schmerzen zufügen, und zwar einem Partner oder einer Partnerin, der oder die diese Schmerzen ertragen möchte«, erklärt Janine, die sich selbst »dominant« nennt. Sie sagt, ein dominanter Partner »kontrolliert das Vergnügen des Unterwürfigen«.
»›Boß‹ ist ein anderes Wort für dominant«, sagt Jeff, ein Untergebener. »Ich ziehe die Worte ›Boß‹ und ›Untergebener‹ vor, weil ich mich selbst nicht gerne als unterwürfig sehe. Ich bin gerne der Untergebene, weil es anders ist.«
Inwiefern anders?
»Ein Unterwürfiger ist wie ein Sklave. Seine Grenzen werden von seinem Herrn gesetzt. Ein Untergebener erträgt die Peitsche oder Hand, aber seine Grenzen werden vom Boß respektiert.«
Zwar ist es schwierig, von S/M-Spielern übereinstimmende

Definitionen zu bekommen, doch gestehen die meisten von ihnen zu, daß es unterschiedliche Stufen von Dominanz und Unterwerfung gibt. Im Extremfall tut der Sklave oder die Sklavin alles, was Herr oder Herrin von ihm oder ihr verlangen. Der Sklave hat kein Recht, seine eigenen Bestrafungen zu beenden. Andererseits gehen der Untergebene oder Unterwürfige und der Boß oder Dominante die Vereinbarung ein, daß die Szene vom Unterwürfigen gelenkt und kontrolliert wird – nach dem Motto »Jetzt schlag mich einmal so oder so«. Dazwischen gibt es viele Stufen der Dominanz und Unterwerfung.

»Menschen, die aus der unterwürfigen Position heraus das Geschehen lenken, sind wirklich abartige Sensualisten, die ihren Thrill dadurch bekommen, daß sie ein wenig mehr ertragen als der Durchschnitt«, sagt George. »Sie sind keine ernsthaften Spieler. Es macht ihnen Spaß, den dominanten Partner glauben zu machen, er habe die Zügel in der Hand, obwohl das nicht der Fall ist.«

Abartige Sensualisten. Dieser Begriff gefällt mir. Er beschreibt wohl ziemlich genau jene Paare, für die S/M ein erotisches Spiel ist, das gelegentlich den Sex intensivieren, nicht aber ersetzen soll.

Wer hat das Sagen?

»Der dominante Partner, weil er oder sie nicht die Kontrolle verliert«, antwortet ein Mann mittleren Alters in grauem Anzug. »Kein Orgasmus. Das ist die totale Kontrolle. Der Untergebene oder Unterwürfige bettelt, kommen zu dürfen. Meine kleine Unterwürfige macht sich in die Hose und fleht fast die Hälfte der Szene lang, kommen zu dürfen. Ich bin cool.«

»Sie will wissen, wer das Sagen hat«, ruft ein junger Mann.

»Die Untergebene«, sagt eine wohlgestaltete Rothaarige in

Leder-Hot-pants und rückenfreiem Oberteil. »Sie gibt ihre Macht auf. Sie hat wirklich die Kontrolle. Der Boß übernimmt diese Macht nicht.«
Zu dem kleinen Menschenknäuel um mich herum gesellen sich Bill und Nadine. Sie empfindet das Thema Macht als »störend«, während er es »verwirrend« findet. Ich nehme die beiden mit ein paar einschmeichelnden Worten zur Seite.

»Das Konzept der Macht empfinde ich hierbei als beunruhigend«, sagt sie.
»Beim S/M spricht man darüber«, sagt er. »Die restliche Zeit kümmern sich die Paare nicht darum. Sie streiten eher darüber, wer dran ist, im Restaurant die Rechnung zu bezahlen.«
Wer hat das Sagen? frage ich sie. Beide antworten unisono: »Wir wechseln uns ab.«

Nadine und Bill leben in einem gehobenen Vorort von New Jersey, wo große, weitläufige Häuser in fast völliger Abgeschiedenheit auf riesigen, parkähnlichen Grundstücken stehen. Nur im Winter, wenn die Bäume kahl sind, kann man die Auffahrt oder die Veranda der Nachbarn sehen. Er ist erfolgreicher Unternehmer, sie Anwältin in einer Anwaltskanzlei. Beide sind in den Vierzigern und haben eine elfjährige Tochter. Sie wollen über etwas anderes reden, nachdem das Wort »abwechseln« gefallen ist.
»Darüber sprechen wir nicht mit anderen Leuten«, sagt er und nimmt nervös einen Schluck von seinem Bier.
»Was haben Sie sonst noch geschrieben?« fragt sie mich, aber sie sieht ihn an, und ihre Augen signalisieren Unsicherheit darüber, wieviel sie mir gegenüber enthüllen sollen.
Bill ist schlank, nicht größer als 1,75 Meter, gepflegt, er trägt

ein weißes Hemd, braun gemusterte Krawatte und anthrazitfarbenen Anzug und ist so langweilig attraktiv wie Barbies Freund Ken. Nadine trägt zehn Zentimeter hohe Pumps und ist dadurch ein wenig größer als er. Sie verströmt in ihrem maßgeschneiderten, ärmellosen und schwarzen – was sonst? – Leinenkleid ein Flair von exklusiver Schönheit. Blondes Haar, vom Fachmann blondiert und zu einem kinnlangen Bob geschnitten. Haselnußbraune Augen, durch ein geschickt aufgetragenes Make-up noch betont. Verlobungs- und Ehering mit Diamanten, die selbst im Trump's Plaza noch Aufsehen erregen würden. Hinter ihren Ohren sehe ich winzige Narben, wenn sie ihr Haar mit einer Hand zurückschiebt. Bereits ein Facelifting.

Gemeinsam wirken sie sexy. Wenn sie ihm ihre Hand auf den Arm legt, scheinen beide durch diese Verbindung einen elektrischen Schlag zu bekommen. Ich schaue diskret nach unten und bemerke seine Erektion. Ohne sie wäre er wahrscheinlich überhaupt nicht aufregend, aber sobald ihre Hand auf der seinen liegt, ist er es.

»Constance hat uns persönlich eingeladen«, erzählt Nadine.

»Sie kennen Constance gut?« frage ich.

»Sie hat uns sehr geholfen«, antwortet Bill, »sowohl durch Einführungsveranstaltungen und Hilfe als auch durch Produktinformationen.«

»Ja«, fügt Nadine hinzu und nippt an ihrem Weißwein; schließlich lächelt sie breit. »Also wollten wir herkommen. Es ist interessant, nicht wahr?«

Wir betreiben noch weitere fünf Minuten Small talk. Ich habe den Verdacht, daß sie niemals etwas Interessantes sagen werden, als er plötzlich gesteht: »Wir wechseln uns ab, weil wir es nur auf diese Weise genießen können. Wir beide finden die unterwürfige Position aufregender als die dominante, aber wir haben ebenso beide Angst, vielleicht zu häufig unterwürfig zu sein. Wir wollen beide nicht so werden wie die Menschen, die immer unterwürfig sind. Manchmal dauert es eine ganze Weile, wieder zu sich selbst zu finden, wenn man den Unterwürfigen gespielt hat.«

»Es muß Gleichberechtigung herrschen«, wirft sie dazwischen.

»Mich erregt hauptsächlich Bondage«, fährt er fort, »wenn ich gefesselt werde. Als ich ein kleiner Junge war, gab ich mein Taschengeld immer für Krimimagazine aus. Die Verbrechen interessierten mich nicht. Aber es gab immer Bilder von gefesselten Menschen, meistens Frauen, manchmal auch Männer.«

Was die beiden zusammen machen, ist nicht einmal so abartig wie das, was ich in einigen normalen Kinofilmen gesehen habe. Ein paar leichte Fesselspiele, ein wenig Hinternversohlen. Kein heißes Wachs auf die Brustwarzen. Keine Handschellen aus Stahl. Sie versohlt ihm mit einem weichen ledernen Hausschuh den Hintern. Er benutzt bei ihr lieber seine Hand. Manchmal tragen sie während des Geschlechtsverkehrs Brustwarzenklemmen, und der dominante Partner dreht an der Schraube der Klemme, wenn der jeweils unterwürfige Partner kurz vor dem Orgasmus steht. Sie besitzen eine weiche Lederpeitsche, die, wie Nadine sagt, »mehr der Wirkung dient als sonst was. Manchmal tut seine Hand auf meinem Rücken mehr weh als die Peitsche. Dennoch ist es eine sexy Vorstellung, ausgepeitscht zu werden. Unterwerfung ist eine sexy Vorstellung.

Als wir jung verheiratet waren, las ich eine Szene in einem historischen Liebesroman. Der Held peitschte die Heldin, die sodann seine Dienerin wurde. Er riß ihr das Kleid herunter und verpaßte ihr ein Dutzend Hiebe. Später verliebte sie sich in ihn und er sich in sie. Sie heirateten. Ich habe diese Szene immer wieder gelesen und sie mir vorgestellt, wenn wir uns liebten. Aber ich traute mich nicht, ihm von meinen Phantasien zu erzählen, bis wir einmal per Zufall auf der Suche nach – ich glaube, es war Körperfarbe – in einen ›Dressing For Pleasure‹-Laden gingen. Wollten wir nicht Körperfarbe kaufen, Bill?«

»Irgend etwas in der Art, etwas, das uns aus den ausgetretenen Pfaden unseres Sexuallebens herausbringen sollte«, stimmt er zu. Sie lachen. Er legt seine Hand auf ihren Rücken und zieht sie zärtlich näher zu sich heran. Ihre Brust streift seine Seite. »Wir suchten immer nach so etwas, nicht wahr, Liebling?«

Sie »spielen« zwei- oder dreimal pro Monat, selten häufiger, und nur, wenn ihre Tochter die Nacht bei einer Freundin verbringt. Ihre »Spielsachen« heben sie in einem Safe mit Kombinationsschloß auf, der in ihrem Schrank hinter einer langen Reihe von Kleidern verborgen ist. Oft führt ihr Spiel zu Geschlechtsverkehr und immer für beide zum Orgasmus.

»Manchmal, wenn ich der Boß bin, stecke ich ihr meinen Schwanz in den Mund. Sonst mag sie es nicht.« Er errötet. »Dann lecke ich sie, bis sie kommt; das dauert nie lange.«

Als das Gespräch von Hinternversohlen auf Orgasmen kommt, sieht sie sich um; vielleicht sucht sie jemanden, den sie begrüßen möchte, obwohl mir das hier unwahrscheinlich erscheint. Ihr Gesicht entspannt sich, als sie ein junges Paar erkennt, und sie winkt die beiden heran. Sie ist zu höflich, um mich mit meinem Notizbuch einfach stehenzulassen und will mich an andere Leute weiterreichen.

»Alexis und Chad«, sagt sie. »Sie kommen herüber. Sie müssen mit den beiden reden. Wir kennen uns nicht näher, haben sie nur einmal bei einer Party von Constance getroffen.«

Nachdem sie uns einander vorgestellt haben, ziehen sich Bill und Nadine zurück. Ich beobachte, wie sie sich in der Menge bewegen; er hat immer noch seine Hand auf ihrem Rücken liegen. Es hat sie erregt, mit einer Fremden über ihr Liebesleben zu sprechen. Ich stelle mir vor, wie seine Hand über ihre Hüften gleitet, sobald sie nebeneinander im Auto sitzen.

Wer hat das Sagen? frage ich Alexis und Chad. Beide sagen, er sei es.

Der Rollentausch ist aus drei Gründen wichtig. Es gibt mehr Unterwürfige als Dominante, was bedeutet, daß viele Menschen geben müssen, um etwas zu bekommen. Die meisten Spieler befassen sich nur oberflächlich mit S/M, denn so ist es leichter, sich zwischen den Rollen hin und her zu bewegen. Sie können den Thrill, Macht abzugeben oder zu übernehmen, genießen, ohne sich beim Frühstück mit dem Ungleichgewicht auseinandersetzen zu müssen. Sie sagen, jede Rolle berge unterschiedliche Vorteile, aber die meiste Arbeit und Verantwortung trage der dominante Partner.

»Ich habe noch nie die Rollen getauscht«, sagt Chad. »Ich bin von Natur aus dominant. Alexis ist die geborene Unterwürfige. Bei uns gibt es keinen Rollenkonflikt. Wir wissen, wer wir sind.«

Er legt beschützend seinen Arm um Alexis und zieht sie näher zu sich heran. Es würde mich nicht überraschen, wenn er sie »kleine Frau« nennen würde. Sie ist wirklich eine sehr kleine Frau, gerade mal eineinhalb Meter groß ohne ihre zwölf Zentimeter hohen Pumps, auf denen sie immer leicht vorgebeugt steht. Ihre Füße sehen aus, als stünden sie senkrecht in den Schuhen. Sie trägt ein ärmelloses schwarzes Gummikleid, ein wirklich häßliches Kleidungsstück, das ihre runden Brüste plattdrückt. In einem anderen Kleid würde sie wundervoll aussehen. Ihr gebleichtes blondes Haar ist beinahe genauso lang wie sie selbst. Chad ist über 1,80 Meter groß und stellt stolz seine eigene blonde Mähne zur Schau, die an den Seiten und oben kürzer geschnitten ist. In anderer Kleidung könnten sie ein altes Highschoolpaar sein, er der Kapitän der Footballmannschaft, sie die erste Cheerleaderin, die für ein Heimkehrerspiel wieder in die Stadt gekommen sind.

Chad und Alexis sind wie Nadine und Bill ein sexy Paar und gehören zu den Leuten, die häufig eheliche Beziehungen genießen. Sie berühren einander mit der Leichtigkeit und Sicherheit von Geliebten, die wissen, daß sie dem anderen Freude machen. Abartige Sensualisten? Georges Definition scheint zuzutreffen.

»Wer dominant ist, entscheidet, wie das Szenario gespielt wird«, sage ich und mache aus der Frage eine Feststellung, um zu sehen, ob sie sich zu einer Erwiderung hinreißen lassen.

»O nein«, sagt sie und lehnt sich gegen ihn. »Das ist überhaupt nicht wahr.«

»Nein«, stimmt er zu, »gar nicht. Sie ist meine geliebte kleine Unterwürfige, aber ich würde sie niemals zu mehr drängen, als sie zu ertragen bereit ist. Sie läßt mich wissen, wie weit sie gehen will. Sie sagt, was Sache ist. Ich liebe sie, bete sie an, bewundere sie.«

»Ich verstehe nicht.«

Sie sehen mich mit einer Mischung aus Bedauern und Belustigung an. Warum begreife ich es nicht? Sie lenkt ihn von ihrer Position als Untergebene aus, und er liebt sie, weil sie ihm das Gefühl gibt, der Chef zu sein. Alexis spielt im

Gummikleid die traditionelle Rolle der Ehefrau. Sie ist Donna Reed, Harriet Nelson, June Cleaver, die kleine Frau, die ihren Mann glauben läßt, er wisse, wo es langgeht.

»Wenn die unterwürfige Partnerin das Geschehen lenkt«, sagt George, »werden ihre Grenzen nicht überschritten. Es ist eine statische Beziehung, bei der die Untergebene die Kontrolle hat.«

»Ist das schlecht?«

»Ich würde mir das nicht gefallen lassen«, antwortet er achselzuckend.

Der maskierte Pony Boy, der bezahlte Unterhaltung liefert, fragt mich, ob ich gerne in den Sattel auf seinem Rücken steigen und reiten möchte, aber ich lehne ab. Auf einer Party vor einigen Jahren habe ich den Pony Boy geritten und dabei meine Strümpfe ruiniert. Er stürzt sich in die Menge und überredet eine junge Werbeagentin zu einem Ritt. Sie zieht ihre Pumps aus und gibt sie einem Begleiter, bevor sie ihren Rock lüpft und auf den Rücken des Pony Boys steigt. Ihre Hüfte lugt erotisch unter ihrem Rock hervor.

»Sind Sie ein strenger Herr?« frage ich George, der bereits in den Sechzigern ist und häufig an der Ostküste an Partys verschiedener Clubs teilnimmt oder private Sessions mit Frauen gibt, die sich ihm unterwerfen wollen.

»Ich kann schon brutal sein«, lacht er. Das bezweifle ich nicht. George, der seit vierzig Jahren mit derselben Frau verheiratet ist, hat Kinder und mehrere Enkel im Alter von sechs bis 16 Jahren. Er führt sein Interesse an S/M auf die Nonnen seiner Schule zurück, die seine Hände mit Linealen schlugen und ihn an den Ohren zogen, wenn er ungezogen war. Auch Georges Frau ist dominant.

»Am Anfang unserer Beziehung versuchte ich, sie zu domi-

nieren«, sagt er, »aber das hat nicht funktioniert. Also dominierte sie mich.«
»Sie sind ihr gegenüber unterwürfig?«
»Ja. Sie ist professionelle Domina, allerdings hat sie nur einige ausgesuchte Klienten. Wegen der Familie müssen wir vorsichtig sein, besonders wegen der kleinen Enkel. Unsere Kinder wissen, was wir tun. Sie helfen uns sehr.«
»Aber bei anderen Frauen sind Sie dominant?«
»Ja.«
»Macht Ihnen das keine Probleme? Wird keiner von Ihnen beiden eifersüchtig? Macht es ihr nichts aus, wenn Sie in anderen Städten mit anderen Frauen spielen?«
»Sie wünscht mir immer viel Spaß.«
»Wie würden Sie mit einer Frau umgehen, die als Untergebene das Geschehen lenkt?«
»Ich würde sie weiter treiben, als sie gehen will, und sie würde mir dafür danken.«

Einige Wochen später nimmt George mich zu einem Brunch mit, bei dem ich einige Mitglieder der Black Rose treffen kann, der S/M-Selbsthilfegruppe aus Washington. In »LouLou's Restaurant« in der M-Street sind einige Tische zusammengeschoben. Es handelt sich um die am wenigsten homogene und ganz sicher paranoideste Versammlung von S/M-Anhängern, die ich jemals kennengelernt habe. George und ich sind zu früh dran. Als die anderen erscheinen, stellt er mich vor. Einige weigern sich, mir die Hand zu geben. Andere ergreifen sie nur ungern. Ein Mann, der ein T-Shirt mit dem offiziellen Black-Rose-Logo trägt, fragt, ob wir uns schon einmal getroffen haben.
Bevor ich antworten kann, sagt eine kampflustige kleine Frau hinter ihm: »Sie soll sich mal umdrehen. Mal sehen, ob du ihren Hintern erkennst.«

Zu meiner eigenen Unterhaltung versuche ich zu erraten, ob sie dominant oder unterwürfig sind.
»Die rothaarige Frau mit dem Bürstenschnitt. Eine dominante Lesbe?« flüstere ich George zu, der mir als einziger, außer seinem Kumpel Art, freiwillig Hallo gesagt hat. Art will über seine Therapie sprechen, die »nicht funktioniert«.
Nein, eine Lesbe, die die Rollen tauscht.
Der Bursche mit dem schwachen Kinn neben mir, unterwürfig?
Nein, Rollentausch.
Der große, energische Mann am andere Ende des Tisches, dominant?
Nein, Rollentausch.
Sehen Sie langsam ein Muster?
Ich rate nur bei einem richtig. Der große, fette Mann, der Schiedsrichter der Oberliga, der in ein Gespräch über ein Szenario vertieft ist, ist dominant. Der Mann, mit dem er sich unterhält, ist Waffenexperte. Das folgende Szenario planen die beiden für das nächste Wochenende:
Ein männliches Mitglied eines anderen Clubs aus einem Nachbarstaat hat den dringenden Wunsch geäußert, seine geheimste Phantasie aufzuführen. Er will gejagt werden, nackt, von Männern, die auf ihn schießen. Er soll die Kugeln auffangen, bis er nicht mehr weiter kann, und dann als blutendes, von Kugeln durchsiebtes Häuflein Mensch zusammenbrechen.
Er hat das Szenario aufgeschrieben. Wände und Böden sollen mit Plastik bedeckt werden. Im Hintergrund soll eine Videokassette vom St.-Valentine's-Day-Massaker laufen. Auf dem Boden soll Ketchup verteilt werden. Nackt soll er hin- und herlaufen, die Kugeln auffangen, bis er zu Boden geht; dann soll eine Domina mehrere Pfund Hamburger auf

seinem Rücken und seiner Brust verteilen und das Fleisch mit den Hacken auf ihm festtreten.

Die Gruppe ist bereit, ihm den Wunsch zu erfüllen, aber sie wissen nicht, wie sie auf ihn schießen sollen, ohne wirklichen Schaden anzurichten. Der Waffenexperte schlägt vor, rote Farbkugeln aus einer Farbpistole abzufeuern.

»Sie werden richtige Striemen hinterlassen«, sagt er. Er, der Schiedsrichter, und George lachen fröhlich in sich hinein.

Später frage ich George, wie sich jemand wünschen kann, gejagt und »erschossen« zu werden – und was die Sache mit den Hamburgern zu bedeuten habe?

»Ich weiß es nicht«, sagt er. »Ich verstehe das auch nicht, aber meine Frau hat diese Sache schon in anderen Szenarien mit ihm gemacht. Danach kann sie mehrere Tage lang kein Hackfleisch sehen.«

Was hat das mit Sex zu tun? frage ich. George lacht.

»Er tauscht niemals die Rollen«, wechselt er das Thema und zeigt auf den Schiedsrichter.

Einen habe ich also richtig erraten.

DRITTER TEIL

JEDER NACH SEINER FASSON

NEUNTES KAPITEL

Partnersuche

NEW YORK CITY

Pam hat ihren ersten S/M-Partner vor beinahe zehn Jahren bei einem Treffen der Eulenspiegel-Society, ein S/M-Club in New York, kennengelernt.
Wir sitzen im schattigen Hinterhof eines winzigen Restaurants in der Nähe ihrer Wohnung an der Upper East Side, und sie lächelt beim Gedanken an diesen Mann. Ihr lächelnder roter Mund ist wie eine Wunde in ihrem bewegungslosen, weißen Gesicht. Pam trägt ein Morticia-Adams-Kostüm, ein langes, enganliegendes schwarzes Kleid mit weiten Ärmeln, schwarze hochhackige, an den Zehen offene Schuhe; die Zehennägel sind passend zum Lippenstift lackiert. Das Ganze wird von einem riesigen Häkelhut mit weichem Rand gekrönt. Sie trägt eine große, schwarze Sonnenbrille. Pam, die nach eigener Aussage früher an Magersucht und Bulimie gelitten hat, betont durch ihre Kleidung ihre hagere Figur. Die Leute von den umstehenden Tischen werfen ihr verstohlene Blicke zu. Sie ist so exzentrisch, daß alle sie anstarren und vermutlich überlegen, wer sie wohl ist, denn bestimmt sind nur Berühmtheiten so bizarr.
»Er war dort der einzige attraktive Mann«, erzählt sie von ihrer ersten Liaison. »Europäer. Groß. Gutaussehend. Die meisten Männer, die zu den Treffen der Eulenspiegel-So-

ciety kommen, sind nicht attraktiv.« Sie verzieht das Gesicht. »Und das ist noch milde ausgedrückt.«

»Sie hat recht«, bestätigt die Unternehmensberaterin Janet. »Viele Männer in der Szene glauben, sie müßten ihre Haare nicht regelmäßig waschen.«

Janet sieht fünf bis sieben Jahre jünger aus als 35, ihr wirkliches Alter. Sie ist klein, trägt ihr feines braunes Haar zu einer Jungenfrisur geschnitten und hat eine übergroße Brille; sie ist klassisch gekleidet. Wenn sie schwarzes Leder trägt, handelt es sich um einen Anzug. Sie hat sechs Jahre lang mit einem Mann eine S/M-Beziehung gehabt, den sie während der Happy Hour bei Bennigan's kennengelernt hat.

»Er hat mir geholfen, meine unterwürfige Seite zu erkennen«, sagt sie und zündet sich eine Zigarette an, die sie gleich nach dem ersten Zug wieder löscht. »Er hat mich genauso oft geschlagen, gepeitscht und gefesselt, wie er mich umarmt, liebkost und geküßt hat. Der Mann hat mich wie eine Prinzessin behandelt. Ich war sehr einsam, als es mit uns vorbei war. Ich wußte nicht, wie ich jemals etwas Ähnliches wiederfinden sollte. Meine Kunden sind konservativ. In Lederbars kann ich nicht herumhängen.«

Pam meint dazu: »Das könntest du schon, aber nicht in diesem Kleid.«

Janet lächelt unaufrichtig. Obwohl ich Pams Augen hinter der Sonnenbrille nicht erkennen kann, weiß ich, was sie über Janet denkt. Janets Augen kann ich sehen. Das Gefühl beruht auf Gegenseitigkeit. Sie können sich nicht leiden.

»Wie auch immer«, fährt Pam fort, »beim ersten Treffen der Eulenspiegel-Society trug ich einen Lederrock. Er hatte es ziemlich stark mit der Szene, tat aber so, als sei das nicht der Fall. Aber warum hätte er sonst dort sein sollen? Ich war dominant. Er war sehr unterwürfig. Wir hatten eine kurze Beziehung. Dann ging er nach Europa zurück.

Er schickte mir ein Flugticket, und ich besuchte ihn. Er überzeugte mich, einmal die Rollen zu tauschen, und er war einer der besten dominanten Partner, die ich je kennengelernt habe. Ich bin Zwilling, also kann ich gut die Rollen tauschen. Es entspricht meiner Natur, beide Seiten auszuprobieren. Er war so phantastisch dominant, weil er fähig war, sich zu unterwerfen. Drei Tage lang war ich in ihn verliebt.

Das große Problem bei ihm war, daß er auf starke Schmerzen stand, auf Nadeln und Quälen und Folter, um sexuell auf Hochtouren zu kommen. Das wollte ich nicht. Doch alles in allem war es eine phantastische Erfahrung.« Sie nimmt einen Schluck Tee. »Jetzt, wo ich über Vierzig bin, scheine ich auf diesen Partys die jungen Männer anzuziehen, die möchten, daß ich ihnen den Hintern versohle. Das kann ganz lustig sein. Einige von ihnen haben einfach großartige Hintern.«

Wie steht es mit Kleinanzeigen? will ich wissen. Haben die beiden durch Anzeigen Partner gefunden?

Pam findet sie »so unpersönlich«. Janet hat auf einige Anzeigen geantwortet, jedoch mit enttäuschenden Ergebnissen.

Die Clubszene macht Janet angst. Einmal war sie im Club The Vault. Der einzige Mensch, der mit ihr gesprochen hat, war ein Mann, den sie »so unheimlich fand, daß es mich nicht überrascht hätte, wenn ich sein Gesicht in der Zeitung gesehen hätte unter der Überschrift: ›Wahnsinniger Sexkiller und Kannibale verhaftet.‹« Dann hörte sie in der ersten Klasse des Metroliners zwischen Philadelphia und New York, wie zwei Frauen sich über einen S/M-Club unterhielten. Die Gruppe nannte sich P.E.P. – People Exchanging Power – und wurde von Nancy Ava Miller gegründet.

»Ich habe im *Philadelphia Magazine* eine Anzeige dieses

Clubs gelesen«, erzählt sie. »Ich beschloß, es einmal auszuprobieren, weil ich viel in Philly bin. Meinen beruflichen Ruf in Philadelphia zu ruinieren wäre nicht so schlimm für mich, wie ein öffentliches Bloßstellen in New York. Ich habe noch keinen Mann gefunden, aber ich lerne viel über S/M, treffe Leute, die genauso sind wie ich, und mache Erfahrungen, die ich sonst nicht machen würde. Wo sonst kann sich eine Frau in sicherer Umgebung fesseln und den Hintern versohlen lassen?«

»Da gibt es immer Möglichkeiten«, wirft Pam ein. »Morgen abend treffe ich mich mit einem neuen Mann. Ich habe auf seine Anzeige im *New York Magazine* geantwortet. Wir haben stundenlang am Telefon über unsere Phantasien geredet. Wir treffen uns in der ersten Reihe eines Kinos, sobald die Beleuchtung im Zuschauerraum ausgeschaltet ist, und wir beide tragen Sonnenbrillen.

Ich mag es dramatisch. Ein wenig Theatralik macht eine Begegnung doch um einiges sinnlicher, finden Sie nicht?«

»Ich dachte, du findest Anzeigen ›unpersönlich‹«, wundert sich Janet.

»Bei dieser hier war das anders. Sie hat mich angesprochen.«

So schwer es auch für die meisten Durchschnittsmenschen sein mag, einen passenden Partner für Sex oder eine Beziehung zu finden, sicher können Sie sich vorstellen, wieviel schwieriger es für Leute wie Pam und Janet ist. Die Auswahl an gleichgesinnten Partnern ist viel kleiner. Nur wenige S/M-Anhänger, Transvestiten, Fußfetischisten oder Bisexuelle stehen Fremden gegenüber gerne offen zu ihren Bedürfnissen und Wünschen. Viele von ihnen leben gar in langjährigen Ehen oder Beziehungen, in denen der Partner nichts von ihren Phantasien und sexuellen Vorlieben weiß. Aus Angst vor Zurückweisung schweigen sie.

Wie können sie Partner finden?
Männer können eine Partnerin kaufen.
Männer, besonders verheiratete Männer, bezahlen oft Prostituierte oder Dominas, damit sie ihnen ihre Wünsche erfüllen. Alle Dominas, mit denen ich gesprochen habe, bedienen auch Kunden, die seit zehn, fünfzehn oder zwanzig Jahren oder noch länger verheiratet sind, ohne ihren Frauen jemals von ihren geheimen sexuellen Wünschen erzählt zu haben.
Beide Geschlechter nutzen den Kleinanzeigenservice in normalen Presseorganen, besonders in Stadtmagazinen und den wöchentlichen Zeitungen in größeren Städten, sowie in esoterischen Newsletters und Zeitschriften wie *The Spanking Times, In Step* (Fußfetischisten), *Horny Housewives, Coeds, Couples* (Swinger) oder *Diaper Pail Fraternity* (für Windelträger und Leute, die sie lieben). Diese Organe haben größere Auflagen, als man annehmen möchte. Ein Newsletter, der für die Zielgruppe schwuler Fußfetischisten gedacht ist, wird von über 800 Interessenten abonniert. Die geschlechterübergreifende *S/M-News* wird von siebentausend Abonnenten gelesen – und drei- oder viermal so viele gehen über den Ladentisch.
Manche Leute, die sich auf der Suche nach einem Partner leichter damit tun, sich in begrenztem Umfang öffentlich zu ihrer Neigung zu bekennen, nehmen an Treffen von Freizeit-Selbsthilfegruppen teil wie der Black Rose in Washington, der Eulenspiegel-Society in New York City, der Janus Society in Los Angeles und San Francisco oder der Chicagoland Discussion Group in Chicago. Einige dieser Gruppen haben einen festen Mitgliederstamm. Die Janus Society zum Beispiel hat über tausend Mitglieder. Fast jede größere Stadt hat solch eine Gruppe, und sie werben sogar in den Stadtmagazinen.

Die Anzeige der Black Rose im *Washingtonian Magazine* lautet: »The Black Rose, Dominanz und Unterwerfung. Eine ernsthafte Selbsthilfe- und Diskussionsgruppe, Ausbildung, Vorträge, Workshops mit Schwerpunkt ungefährliche, vernünftige und einvernehmliche Beziehungen. Vertraulich.«

Mitglieder dieser Gruppen können in ihren eigenen Newsletters inserieren oder auch in denen anderer Gruppen. Diese Anzeigen beschreiben zum Teil sehr genau die Wünsche des Suchenden. Clayton, ein Fußfetischist, schaltete letztes Jahr eine Anzeige in einem konservativen Stadtmagazin, in der es hieß: »Ich möchte gerne die Füße einer starken Frau anbeten.«

»Von den ungefähr 40 Antworten waren neun interessant«, berichtet er. »Zwei Frauen waren Professionelle. Sieben Antworten sind nach durchschnittlichen Standards immer noch viel für eine derart private Angelegenheit. Die anderen dreißig dachten, ich sei einfach ein ungewöhnlich unterwürfiger Bursche.«

Er ist dann glücklicherweise eine Beziehung zu einer Frau eingegangen, die seinen Fetischismus versteht und akzeptiert. Er bezahlt ihr dreimal pro Woche eine teure Pediküre, kauft ihr die feinsten Schuhe und Strümpfe und führt sie aus.

Warum ist sie so glücklich damit, daß ihr Spann geleckt und an ihren Zehen genuckelt wird, anstatt Geschlechtsverkehr zu bekommen?

»Sie hat noch nie einen Orgasmus gehabt«, erzählt Clayton. »Wir glauben nicht, daß sie einen haben kann. Es gefällt ihr, wenn sie meine Bedürfnisse befriedigt. Und sie zieht sinnliches Vergnügen aus der Tatsache, daß ihre Füße verehrt werden.

Der Weg über eine Anzeige ist für Männer vielleicht einfacher«, gesteht er zu. »Frauen müssen vorsichtig sein, weil sie verletzbarer sind. Ein unterwürfiger Mann könnte sich selbst vermutlich aus einer gefährlichen Situation mit einer Frau retten, während eine unterwürfige Frau dazu nicht die körperliche Größe und Kraft hätte. Für einen Mann erscheint mir Unterwerfung leichter zu verwirklichen als für eine Frau. Manche Männer könnten die Frau vielleicht nicht wieder gehen lassen, wenn sie will.«

Andererseits zieht eine Frau, die abartige Praktiken probieren möchte, mit ihrer Anzeige mehr Aufmerksamkeit auf sich.

»Ich habe mit einer Anzeige in einem kleinen Newsletter einen Mann mit starker Hand gesucht«, berichtet Denise, »und habe beinahe 100 Antworten bekommen. Viele von ihnen hatten Geld und waren bereit, es auch auszugeben. Ein Mann flog mich von San Antonio, wo ich wohne, nach San Diego zum Abendessen – nach einem Telefongespräch. Er war sehr nett, ein perfekter Gentleman, aber nicht das, was ich suchte.«

Doch sie fand unter den hundert Bewerbern einen Mann; inzwischen sind sie schon drei Jahre zusammen.

»Wir sollten gemeinsam in die Clubs gehen«, schlägt Pam vor, und zu meiner Überraschung stimmt Janet zu.

Es ist riskant, auf der Suche nach einer Romanze einen S/M-Club aufzusuchen – und nur wenige Frauen tun es, obwohl sie freien Eintritt haben oder nur einen Bruchteil dessen bezahlen müssen, was es Männer kostet. Zum Schutz nehme ich einen Freund mit: Rod, 1,90 Meter groß und 110 Kilogramm schwer. Zu unserer Enttäuschung lehnt er es ab, ein Sklavenhalsband zu tragen. Er willigt jedoch ein, eine geborgte Lederweste ohne Hemd sowie seine schwarzen Jeans und Stiefel anzuziehen. Pam stellt dieses Outfit für ihn zusammen.

Als wir The Vault betreten, flüstert mir Rod ins Ohr: »Hier drinnen riecht es nach Schweiß.«
Die Luft ist erfüllt von Grunzen, Ächzen, Stöhnen, Seufzen und Schluchzen, immer wieder unterbrochen von dem Pfeifen einer Peitsche. Eine Frau in Hüftgürtel, schwarzen Strümpfen, Pumps, Lederhalsband und ledernem Taillengurt ist an ein Rad gefesselt. Zwei lange, schmale Nadeln sind durch die Warzen ihrer lüsternen Brüste gezogen. Sie glitzern verrucht im Dämmerlicht. Schweiß rinnt ihren Körper hinunter. Ihr kurzes braunes Haar klebt wie eine Kappe an ihrem Kopf. Rote Linien über Brüsten, Bauch und Hüften verraten, daß sie vor kurzem ausgepeitscht worden ist. Sie atmet schwer.
Ich habe schon einmal gesehen, wie Nadeln durch Brustwarzen gezogen wurden, Rod jedoch nicht. Er steht eine Minute lang völlig fasziniert da. Pam, Janet und ich spüren, daß er gleich in Ohnmacht fallen wird. Janet nähert sich ihm von hinten, und Pam und ich ergreifen seine Arme und ziehen ihn zur Bar. Er bestellt einen doppelten Wodka und kippt ihn in einem Zug hinunter.
Während wir an der Bar stehen, sehen wir zwei Frauen ohne Begleitung, eine mollige Blondine und eine Brünette, die so dünn ist wie die ausgemergelten Models auf dem Cover von *Harper's Bazaar.* Beide sind dominante Frauen auf der Suche nach unterwürfigen Männern. Das läßt sich daran erkennen, daß beide ihre eigene Peitsche mit sich führen und eine »Don't Fuck with Me«-Haltung an den Tag legen, die ihnen in der U-Bahn um Mitternacht Sicherheit garantiert.
»Treffen Sie hier viele Burschen?« fragt Rod die Blondine, und sein Gesicht spricht Bände. Sie lacht über ihn, rammt ihre Schulter gegen seine Brust und zwingt ihn, einen Schritt zurückzutreten. Innerhalb von zehn Minuten liegt

ihr ein junger Mann zu Füßen, der enge Lederhosen und Stiefel trägt, aber kein Hemd. Während wir mit der Brünetten über ihre Vorlieben bei Männern sprechen, leckt der Unterwürfige die nicht besonders sauberen Stiefel der Blondine ab.

»Ich mag Jungs, die mir ihre Kreditkartennummer geben, damit ich per Telefon Sachen bestellen kann«, erzählt die Brünette. Ihren Namen will sie uns nicht nennen.

»Das ist immer gut«, stimmt Pam zu, während Janet mißbilligend schweigt.

Rod zieht beredt eine Augenbraue hoch. Er beklagt an den Frauen, mit denen er sich trifft, nur am Nettowert eines Mannes interessiert zu sein.

»Ich hatte einmal einen Sklaven, der mir auf meinen eigenen Namen eine American-Express-Karte schenkte«, fährt die Brünette fort. »Seine Frau hat es herausgefunden und ihm die Karte abgenommen.«

Die meisten Frauen im Club befinden sich in Begleitung ihres Herrn oder führen ihren eigenen Sklaven an der Leine, doch zwei Frauengrüppchen drängeln sich an beiden Enden der Theke. Ich stelle mich der ersten Gruppe vor, europäischen Touristinnen in den Zwanzigern, anspruchsvoll, lediglich Zuschauerinnen. Sie haben schon in Amsterdam und Hamburg derartige Clubs besucht.

»Wie finden Sie das Vault?« will ich wissen.

Die Teilnehmer hier seien weniger selbstbewußt, sagen sie, und weniger erfahren mit der Peitsche – außerdem rieche der Club schlechter, »nach Putzmittel mit Kiefernduft«.

»Die Energie ist gut«, sagt eine deutsche Frau, deren Vater ein schwarzer G.I. war. »Mir gefällt die Energie, mit der die Amerikaner ihre Ziele verfolgen.«

Die zweite Gruppe besteht aus Anfängerinnen, zukünftigen S/M-Anhängerinnen, die mit einer Leiterin, einer Herrin, die schon lange in der Szene ist, auf einer von der Eulenspiegel-Society veranstalteten Tour hergekommen sind. Sie wollen nicht mit uns reden. Die Herrin gibt mir ihre Karte und bietet mir eine Provision von zehn Prozent für die erste Sitzung mit allen Kunden an, die ich zu ihr schicke.

»Diesen vertrottelten Typen habe ich schon einmal gesehen«, sagt Pam und zeigt auf einen Mann, der voller Hoffnung neben den Neulingen steht. »Er hängt immer am Rand der Geschehnisse herum, aber nie tut er irgend etwas.«

»Ein Voyeur.« Dieses Etikett wird ihm von Janet verpaßt.

»Man sollte doch glauben, daß es interessantere Dinge zu beobachten gibt«, meint Rod. Der Schock, den der Anblick von Menschen in Ketten, an der Leine oder unter der Peitsche hervorgerufen hat, ist verschwunden, und Rod hat niemanden erspäht, der wirklich Sex macht. »Warum hast du mir nicht gesagt, daß es hier nicht um Sex geht?« fragt er mich verwirrt.

Nach ungefähr einer Stunde ziehen wir in andere Clubs weiter, wo wir noch mehr Ketten, Peitschen, Leinen und Paddel zu sehen bekommen – und noch mehr Single-Männer als Single-Frauen. Wir schätzen das Verhältnis auf etwa 15 bis 20 zu eins. Auf dem Weg zur Toilette höre ich einmal zufällig, wie ein Mann einem anderen erzählt, daß er eine Anzeige in *The Village Voice* schalten will.

»Anzeigen machen mir angst«, sagt Janet.

Janet, Pam und ich diskutieren wieder über die Schwierigkeiten, einen Partner zu finden.

»Man kann nie sicher sein, daß man nicht an einen Verrückten gerät. Ich habe einmal eine Anzeige aus dem *Philadelphia Magazine* beantwortet; der Mann schrieb, er habe eine ›starke, energische Persönlichkeit‹ und suche ›eine willige, gehorsame Frau‹. Das sind Codeworte für dominant und unterwürfig. Ich dachte, er ist mit der Szene vertraut. Er hatte aber keine Ahnung, sondern hat mich bei unserer ersten und einzigen Verabredung beinahe vergewaltigt. So ein Miststück. Was tut man da?« Sie zündet sich eine Zigarette an, inhaliert, bläst eine Qualmwolke in die Luft und zerquetscht die Zigarette im Aschenbecher. Wir drei sitzen im »Houlihans« in der Penn Station von New York City, dreißig Minuten vor Abfahrt unseres Zuges nach Philly. »Ich versuche, das Rauchen aufzugeben, deshalb habe ich mir angewöhnt, für jeden Zug eine neue Zigarette anzuzünden. Es fällt mir so schwer, mit dem Rauchen aufzuhören, obwohl ich intellektuell verstehen kann, warum es besser für mich wäre. Sie denken bestimmt, das klingt verrückt, aber ich könnte es schaffen – oder andere Dinge auch –, wenn ich eine Beziehung zu einem dominanten Mann hätte, der mir sagen würde, ich soll aufhören.«

»Ich verstehe das«, sagt Pam. Sie zieht selbst an einer Zigarette. »Auch meine Verabredung war nicht so toll. Der Mann, den ich über das *New York Magazine* kennengelernt habe, erinnert ihr euch? Er war abstoßend häßlich.«

»Vielleicht treffen wir heute abend in dieser Gruppe einen interessanten Mann«, sagt Janet voller Hoffnung.

In diesem Land gedeihen überall Hunderte von Clubs, die etwas mit abartigem Sex zu tun haben. Irgendwie ähneln sie den Selbsthilfegruppen für Alkoholiker, Drogenabhängige, Eßgestörte und Sexsüchtige: Alles dreht sich um einen einzigen Aspekt des Lebens – das Prisma, durch das sie den Rest der Welt sehen. Die Mitglieder sind oft geneigt zu glauben, wir anderen sollten auch zu ihnen gehören. Als ich vor einigen Jahren einige Artikel über die Anonymen

Alkoholiker, die Anonymen Liebesabhängigen und AlAnon schrieb, fiel mir ganz besonders die Tatsache ins Auge, daß niemand zu einem Besucher sagte: »Vielleicht sind Sie nicht abhängig oder gehören nicht zu einer Familie von Abhängigen.« S/M-Selbsthilfegruppen gehen nach denselben Voraussetzungen vor. Ein wenig Leder findet sich in allen Menschen.

Einige Gruppen sind klarer abgegrenzt als andere. Bound By Desire in Austin, Texas, ist nur für Frauen. Bondage Buddies in San Francisco ist auf schwule Männer mit Interesse an Bondage begrenzt. Der Kuaigan Hunt Klub for the Advanced Arts in Toronto bietet »wöchentliche sinnliche Rollenspielabenteuer mit erotischen Kostümen« *nur* für »attraktive, großzügige, saubere, kreative, fröhliche Menschen mit Niveau«. Interessenten müssen ein Foto und einen Brief mit Lebenslauf vorlegen, bevor sie Ort und Zeitpunkt der Treffen erfahren.

Es gibt für jeden eine passende Gruppe, für Singles und Paare, die gerne den Partner tauschen oder S/M lieben, für Fußfetischisten oder auch nur für schwule Fußfetischisten – buchstäblich für Fetischisten jeder Art, von The Diaper Pail Fraternity für Männer, die gerne Windeln tragen, bis The Girth and Mirth in San Diego für dicke Männer und ihre weiblichen Fans. P.E.P. hat Niederlassungen in mehreren Städten; die Black Rose, die aus P.E.P. hervorgegangen ist, die Eulenspiegel-Society und andere stehen beiden Geschlechtern offen, sowohl abartigen Männern als auch Frauen – ob schwul, hetero- oder bisexuell.

Zum Programm gehören Gastredner, Livedemonstrationen, Eintopfessen, Gruppendiskussionen, Sklavenauktionen, Spielpartys und besondere Untergruppen für spezielle Vorlieben, wie zum Beispiel für dominante Frauen und unterwürfige Männer. Ich nahm an einer Sklavenauktion von Chicagoland teil, bei der ein schlanker, junger Mann von einer stämmigen vierzigjährigen Frau gekauft wurde, die neu in der Szene war. Für 450 Dollar gehörte er für eine Nacht ihr, und sie sah so aus, als könnte sie dafür sorgen, daß ihm die Nacht sehr lang wurde. Bei einem Treffen der Eulenspiegel-Society im Juli war das Thema »Druck ausüben: Clips, Klemmen und andere Geräte«, einer Demonstration, bei der Mistress Morgan auf der Bühne live ihrer Sklavin an über fünfzig verschiedenen Stellen Klemmen an Brüsten, Unterarmen und Genitalien anlegte.

Wozu dienen diese Clubs wirklich? Hauptsächlich vermitteln sie ihren Mitgliedern ein gutes Gefühl.

»Ich wußte schon seit meiner Kindheit, daß ich so bin [interessiert an S/M]«, erzählte mir ein Mann. »Ich glaubte nicht, daß andere auch so empfanden. Ich schämte mich. Dann fand ich die Janus Society, und jetzt bin ich stolz auf meine Art zu leben.«

Laut Auskunft ihrer Leiter bieten die Gruppen folgende Leistungen: ein Netzwerk sozialer Hilfe; Informationen über die ungefährliche Praxis von S/M, einschließlich Tips über Techniken und Fragen der Sicherheit; einen Treffpunkt für neue Partner und andere soziale Kontakte; die Möglichkeit, politisch aktiv zu werden, was jedoch nur für einen kleinen Prozentsatz der Mitglieder von Bedeutung ist. Die Mehrheit fürchtet, daß jemand, der sich für S/M einsetzt, in Haft genommen oder mit rechtlichen Schritten behelligt werden könnte.

Im Jahr 1990 änderte die Ortsgruppe von P.E.P. Washington (People Exchanging Power) ihren Namen offiziell in Black Rose um, weil sie fürchtete, die Aktivitäten ihrer Gründerin Nancy Ava Miller könnten ihr Schwierigkeiten machen. Man schrieb ihr einen Brief und beteuerte, die Namensänderung sei nicht als Angriff auf ihre Person zu werten. Sie danken ihr, daß sie die Gruppe ins Leben gerufen und die Menschen zusammengeführt hatte.

»Der Vorstand befürchtete, ich könne hinter Gittern landen, weil ich eine öffentliche Person bin«, erzählt Miller. »Sie änderten den Namen, um sich von mir zu distanzieren, und zogen einen riesigen Schutzwall um sich, für den Fall, daß ich in Schwierigkeiten gerate. Ich weiß wohl, daß einige Leute wegen S/M-Aktivitäten im Gefängnis gelandet sind; andere haben geliebte Menschen verloren oder ihren Job oder ihren Status in der Gemeinde. Dennoch glaube ich, daß die Sicherheit aller S/M-Anhänger nicht durch Isolation, sondern durch Einigkeit gewährleistet wird. Wir leben in gefährlichen, intoleranten Zeiten.«

Die meisten, die Mitglied dieser Clubs werden, wollen ihre Privatsphäre schützen. Viele von ihnen würden niemals in der Öffentlichkeit mit anderen Anhängern von abartigem Sex sympathisieren, wenn sie nicht sosehr nach Akzeptanz, Anleitung, Freundschaft und Partnern hungerten.

»Diese Gruppen bieten gesellschaftliche Unterstützung, die Sie nirgendwo sonst finden können«, sagt eine Frau, die erst vor kurzem Mitglied bei P.E.P Baltimore geworden ist. »Wir stehen tief in Nancy Millers Schuld. Sie hat S/M ans Licht gebracht und für normale Leute zugänglich gemacht. Zum ersten Mal in meinem Leben fühle ich mich nicht allein. Ich bin mit Leuten zusammen, die sagen: ›Es ist okay, abartig zu sein.‹ Alle hier sind abartig.«

»Ich bin wegen der Anleitung in eine Gruppe gegangen«, erzählt Dave, der einen langjährigen Partner hat. »Je mehr wir uns auf S/M eingelassen haben, um so mehr Informationen brauchten wir. Man kann mit einer Reitgerte viel Schaden anrichten, wenn man nicht weiß, wie man sie benutzen muß.«

Ein lesbisches Mitglied einer »Ledergruppe für kesse Väter«, die sich damit rühmt, es »härter zu machen« als andere S/M-Anhänger, sagt: »Wir sind wie ein Stamm. In Stämmen wird die Weisheit von Mund zu Mund weitergegeben. Die Weisheit unseres Stammes dreht sich darum, wie man es macht und wie man es ungefährlich macht.«

Ein gelegentlicher Besucher der Eulenspiegel-Society: »Hier kann man Partner kennenlernen. Für einen dominanten Mann ist es schwer, eine unterwürfige Partnerin zu treffen, es sei denn über Anzeigen, Clubs und Gruppen. Ich finde, wenn man sich in einer Gruppe kennenlernt, ist der Druck nicht so groß, sofort ein Szenario mitmachen zu müssen. Man kann sich Zeit zum Reden lassen und einander kennenlernen. Wenn ich in einen Club gehe, meine ich immer, ich müßte eine Peitsche mitnehmen. Ich habe dort ja Eintritt bezahlt. Um mich herum gehen verschiedene Dinge vor. Als ich das letzte Mal bei Paddles war, hatte ich noch keinen Schluck von meinem Drink genommen, als bereits eine Frau auf mich zukam und mich fragte, ob ich sie nicht an ein Rad fesseln und disziplinieren wolle.

Und Anzeigen bringen oft Enttäuschungen mit sich. Viele Frauen sehen nicht so gut aus, wie sie selbst glauben.«

Ein Mann, der viel unterwegs ist und Mitglied verschiedener Clubs an der Westküste ist, erzählt: »Am besten sind Privatpartys. Dort sieht man Dinge, die es in Clubs nicht gibt. Ich erlebte in Boston, daß ein Herr beim Auspeitschen seines Sklaven einen tödlichen Herzanfall erlitt. Einer der Männer hatte gute Beziehungen in der Politik. Er konnte die richtigen Telefongespräche führen und alles ganz im stillen regeln. Was für ein Adrenalinstoß! In Atlanta sah ich bei einer Kastrationsszene zu. Der Mann wurde natürlich nicht wirklich kastriert, aber sie spielten zwei Stunden mit ihm, während er auf eine Trage geschnallt war. Jedesmal, wenn sie ein Messer gegen seine Peniswurzel hielten, ging seine Erektion zurück. In Nachtclubs sieht man nicht so häufig detaillierte, längere Phantasien, weil sie zuviel Vorbereitung erfordern.«

Bei den Gruppenaktivitäten finden sich mehr Männer als Frauen – so viel mehr Männer, daß Frauen, die an gesellschaftlichen Aktivitäten teilnehmen, in keiner Gruppe etwas zahlen müssen, während Männer Preise zwischen einigen Dollar bis 35 oder 50 Dollar zahlen. Sich Eintritt zu verschaffen ist vermutlich einfacher, als zu erfahren, welche Tür die richtige ist. Die Eulenspiegel-Society nennt Zeit und Ort der Treffen auf ihrem Infoband. Um den Ort eines P.E.P.-Treffens zu erfahren, muß man einige Nummern wählen, um eine aufgezeichnete Nachricht zu hören, die Informationen über die Gruppe gibt und Werbung für ein Infopaket über S/M macht, das gegen einen Scheck von 16,95 Dollar von Nancy Ava Miller in Albuquerque erhältlich ist. Nach drei oder vier Nachrichten bekommt man eine Nummer, die zu einem lebenden Menschen, einem Herrn oder einer Herrin, führt. Er oder sie informiert über das nächste Treffen. Dieser bizarre Prozeß ist für den Neuling eine gute Einführung in S/M, das Spiel der Regeln.

Janet, die hier als »Janie« bekannt ist, stellt mich als »Susan, die mehr über S/M erfahren möchte«, vor, und Pam, auf eigene Bitte, als »Ivanka«. Wir haben ein Paket Kekse und zwei Stück Käse, einen scharfen Cheddar und einen geräucherten Gouda, als Beitrag zum »Schmaus« mitgebracht. »Damen«, die keinen Eintritt zahlen müssen, bringen Speisen und Getränke mit. Auf dem riesigen Kieferntisch, der sonst als Kaffeetisch dient, stehen rohes Gemüse und Dips, Schüsseln mit Nüssen und Chips, Platten mit selbstgebackenen Brownies – kleinen Schokoladenkuchen mit Nüssen –

und Schokoladenchips sowie ein Korb Früchte. Bei den Getränken können wir zwischen Wasser, Kaffee, Tee, Soda und Säften wählen. Bei den Zusammenkünften von P.E.P. gibt es keinen Alkohol. Mir erscheint dieses Haus jedoch genau der richtige Ort für ein Glas Wein, wenn nicht gar einen ordentlichen Scotch.

»Das würde unserem Credo von Sicherheit und Vernunft widersprechen«, erklärt mir eine Frau und bezieht sich auf das S/M-Axiom des ungefährlichen »Spielens«. »Wenn man Alkohol oder Drogen genommen hat, kann man nicht klar denken. Man sollte keine bewußtseinsverändernden Chemikalien nehmen, wenn man S/M macht.«

Ich kann sie verstehen. Würde es Ihnen gefallen, wenn der Person, die Ihnen Nadeln durch die Brustwarzen zieht, die Hände zittern?

Die Anwesenden bewegen sich im Uhrzeigersinn durch den Raum, stellen sich vor und beschreiben kurz, was sie gerne machen möchten. Hallo, ich bin Betsy, unterwürfig, und möchte gerne mit einem Paddel versohlt werden. Ich bin John, tausche gerne die Rollen und habe eine besondere Affinität zu harten Bondage-Praktiken. Ich bin Kevin, unterwürfiger Transvestit, der gerne durch die Hosen hindurch den Hintern versohlt bekommen möchte. Und so weiter, neunzehn Männer und acht Frauen, einschließlich Joyce, die »einem Mann in den Mund pinkelt, wenn es ihm wirklich wichtig ist«. Ivanka/Pam verkündet, daß sie braune Duschen verabreichen will (jemanden mit Fäkalien einschmieren), aber ich glaube, sie versucht nur Joyce zu übertreffen, die vor ihr gesprochen hat. Vier Leute geben das Wort gleich an den nächsten weiter. Zu ihnen gehöre ich.

Eine Frau in den Vierzigern, Typ Einpeitscherin, die Leiterin der Gruppe, stellt den Redner vor, einen Therapeuten, der über Beziehungsfragen zwischen S/M-Anhängern sprechen wird. Er deutet an, daß er selbst auf Sadomasochismus steht. Ich schätze ihn dominant ein, aber Sie wissen ja, wie gut ich das beurteilen kann. Vermutlich tauscht er die Rollen oder trägt Windeln, die seine Mami/Domina ihm wechselt.

Die Leute stellen ihm Fragen. Kratzt es am Selbstbewußtsein meines dominanten Partners, wenn ich ihn bitte, mich mein Konto selbst führen zu lassen? fragt eine Frau. Möglicherweise, antwortet der männliche Experte. Eine andere Frau fragt das Gruppenmitglied, ob sie schon einmal bedacht hat, inwiefern diese Meinungsverschiedenheit auf die erotische Spannung zwischen ihr und ihrem Partner Einfluß hat. Sollte sie diese Spannung nicht aufrechterhalten, indem sie ihm gestattet, sich um das Konto zu kümmern? Zustimmendes Nicken in der Gruppe von seiten der Frauen.

Weitere Fragen. Die meisten drehen sich um das Problem, wer den Abwasch macht, wenn beide Partner wieder entfesselt sind. Ein Paar, verheiratete Eltern, macht sich Sorgen, wie sie die Kinder aus ihrem Spielzimmer fernhalten können. Männliche Singles wollen wissen, wann sie mit einer neuen Partnerin wie weit gehen können. Eine verheiratete Frau in den Dreißigern will wissen, ob sie ihrer siebzigjährigen Mutter wohl davon erzählen soll, daß sie auf S/M steht. Allgemeine Meinung: Nein, besser nicht. (»Was? Bist du verrückt?« fragt Ivanka/Pam. Janet errötet und runzelt die Stirn.)

Nachdem der Redner uns verlassen hat, erklärt die Gruppenleiterin das Büfett für eröffnet und meint, es sei Zeit für allgemeinen »Rat und Hilfe sowie Gruppenaktivitäten«.

»Ich habe ein Problem mit meinem Freund«, sagt eine Frau Ende Dreißig. »Er will, daß ich meine Brustwarzenklemmen trage, wenn wir essen gehen. Ich weiß, daß man sie durch meine Kleider hindurch sehen kann, und das ist mir nicht sehr angenehm.«

»Was hat ein angenehmes Gefühl mit S/M zu tun?« fragt ein älterer Mann.

Eine gute Frage. Ich sehe mich um und bemerke, daß die männlichen Singles im Geiste ihre Annäherung an die weiblichen Singles planen. Janet stellt den Augenkontakt mit dem Mann her, der sich zur Frage des angenehmen Gefühls geäußert hat. Er ist in den Vierzigern und bekommt schon graue Haare, aber er ist schlank und ansprechend gekleidet in ein schwarzes Hemd aus schwerer Seide, dessen Ärmel er hochgerollt hat, ordentliche schwarze Jeans und teure, weiche, schwarze Lederslipper ohne Socken. Seine Augen tasten ihren Körper ab. Stellt er sich vor, wie sie wohl aussieht, wenn sie ihre Arme über dem Kopf erhoben hat und ihre Brüste verletzlich zur Schau stellt? Sie sieht mich mit leicht hochgezogenen Augenbrauen an und bittet schweigend um meine Meinung. Ich zucke unverbindlich mit den Achseln. Er sieht nicht so aus, als würde er sie bei ihrer ersten Zusammenkunft zu Tode foltern, aber was weiß ich schon? Will ich etwa, daß sie mich nächste Woche anruft und erzählt, daß der Mann, den ich für gut befunden habe, sie zusammengeschlagen hat? Nein. Ivanka macht eine Geste, die Knebeln bedeuten soll. Ich glaube, Ivanka ärgert sich, daß Janet die Aufmerksamkeit des attraktivsten Mannes hier auf sich gezogen hat.

Janet geht an jenem Abend mit diesem Mann nach Hause und läßt Pam, die sich immer noch Ivanka nennt, und mich allein mit dem Zug nach New York zurückfahren. Ich mache mir Sorgen um Janet. Was ist, wenn er ein ausgeflippter Peitschenfreund ist, der ihr lebenslange Wunden zufügt? Ivanka versichert mir, daß seine »Vibrationen gesund sind«.

Zwei Monate später wird sich Janet seine Initialen auf den Hintern tätowieren lassen – und erzählen, daß sie »verliebt sind«.

ZEHNTES KAPITEL

Käuflicher S/M: Dominas

NEW YORK CITY

»Senke deinen Blick, Sklave, und sieh nicht auf«, befiehlt Mistress Renee (Name geändert) ihrem Kunden Robert. Dieser Satz bleibt in meinem Gedächtnis haften, während ich beobachte, wie Mistress Renee im Flur ihrer Wohnung an der Upper East Side die Kontrolle über Robert ergreift. Dominas sind per definitionem sehr von sich eingenommen. Sie müssen es sein. Wenn man als Frau allein mit einem Mann im Zimmer ist, der dafür bezahlt, dominiert zu werden, braucht es mehr als ein Händchen zum Auspeitschen, um über diesen Mann Macht auszuüben. Man braucht *eine gewisse Einstellung.*

»Herrin, darf ich sprechen?« fragt er mit leiser, serviler Stimme.

Robert ist Ende Dreißig, über 1,80 m groß, und sieht im herkömmlichen Sinne gut aus: energischer Unterkiefer, Grübchen im Kinn, dichtes, gesundes, graumeliertes Haar. Eine Locke fällt ihm in die Stirn, während er mit gesenktem Kopf dasteht und den Blick auf Mistress Renees Kampfstiefel gesenkt hält.

»Hast du den Tribut bei dir?« fragt sie und streckt eine schwarzbehandschuhte Hand aus.

Ohne aufzublicken nimmt er drei knisternde Hundertdollarscheine aus der Innentasche seiner Anzugjacke und reicht sie ihr. Er weiß, daß ich da bin. Man hat ihm mitgeteilt, daß es zur heutigen Erniedrigung gehört, von einer anderen Frau beobachtet zu werden.

»Geh ins Vernehmungszimmer und zieh dich aus. Warte dort auf mich«, befiehlt sie ihm.

Mit gesenktem Kopf geht er in die kleine Küche. Renee öffnet eine Tasche an ihrer kurzen Lederhose und stopft die 300 Dollar hinein. Ihr taillenlanges Ledertop hat ebenfalls einen Reißverschluß, den sie hochzieht, um ihren Brustansatz zu verdecken. Sie rückt ihre Nazikappe zurecht, eine Kopie der Kopfbedeckung von Hitlers Truppen.

»Showtime«, flüstert sie.

Ich folge ihr in die Küche, wo Robert nackt auf sie wartet, den Blick auf den weißen Fliesenboden geheftet. Er hat einen hübschen Körper, einen kräftigen, flachen Hintern, aber keinen Bauch, lange Beine, viel muskulöser als die Arme – der Körper eines Joggers oder Läufers. Sein erigierter Penis, der im Neunzig-Grad-Winkel vom Körper absteht, zeigt uns, wie erregt er bei der Aussicht ist, 45 Minuten lang in Renees Küche den gefangenen jüdischen Widerstandskämpfer zu spielen. Robert ist übrigens, im Gegensatz zu Renee, nicht jüdisch.

»Das ist Roberts Lieblingsspiel«, hat sie mir am Telefon erzählt, als wir diese Verabredung trafen.

»Warum?« fragte ich.

»Ich weiß es nicht. Vielleicht hatte er ein jüdisches Kindermädchen, als er noch klein war.«

Ich habe mit Dominas aus ganz Amerika gesprochen, sowie mit einigen aus Europa, die nach New York oder Los Angeles flogen – natürlich auf Kosten ihrer amerikanischen Kunden, die bereit waren, Tausende von Dollars für Hotel und Flug auszugeben, um sich von den besten Dominas der

Welt auspeitschen oder mit dem Rohrstock schlagen oder auf andere Weise disziplinieren zu lassen. Nimmt man diesen Frauen jedoch ihre Reitgerten, ihr Leder und ihren Eyeliner, sieht man Menschen vor sich, die sich in nichts von anderen Frauen unterscheiden. Manche haben schöne oder sogar phantastische Körper, während andere einfach nur fett oder ohne ihren stützenden BH nur flachbrüstig sind. Viele sind älter als das durchschnittliche Callgirl, fünfzig oder sogar noch älter. Ohne Kostüm und Make-up sind sie nicht weiter bemerkenswert. In vollem Ornat jedoch wirken sie gebieterisch, mächtig, oft auf dunkle Weise schöner, als man glauben würde, wenn man sie vor ihrer Verwandlung gesehen hat.

Renee platzt in die Küche und befiehlt Robert, sich auf den Stuhl mit der geraden Rückenlehne zu setzen, der unter einer einzigen tiefhängenden Glühbirne mitten im Zimmer steht. Sie befestigt seine Knöchel, die von den Socken geschützt werden, mit Lederfesseln an den Beinen des Stuhls und zieht seine Arme hinter seinem Rücken zusammen und bindet sie mit Lederhandschellen, die mit weicher, weißer Baumwolle gefüttert sind. Er kann schließlich nicht mit geröteten Handgelenken zu seiner Frau nach Hause kommen.

»Du wirst meine Frage nach dem Standort der Truppen beantworten«, bellt sie und betont ihre Worte mit einem harten Schlag der Reitgerte gegen die Hinterbeine des Stuhles.

Renee bewegt sich unaufhörlich durch das Zimmer und hält einen Monolog. Mit großen Schritten umkreist sie ihren Gefangenen und läßt Beschimpfungen auf ihn niederprasseln. Sie nennt ihn »Judenarschloch«, »feiges Stück Scheiße«, »Schleim«, »Exkrement« und so weiter. Manch-

mal schlägt sie gegen den Stuhl, und manchmal, allerdings viel sanfter, trifft sie das Fleisch seiner Hüften, seines Bauches, der Brust und der Schultern. Er zuckt bei jedem Schlag zusammen, obwohl sie keine Rötungen hinterlassen. Dann wirft er mit fest geschlossenen Augen und verkniffenem Mund seinen Kopf hin und her. Auf der Stirn, über der Lippe und auf der Brust bricht ihm der Schweiß aus. Auf der Spitze seines Penis erscheinen Tröpfchen von Feuchtigkeit. Er ist sehr erregt.
»Ich verrate nichts außer meinem Namen«, japst er nach dem fünfzehnten Hieb.
Dies ist der Codesatz, den sie vorher vereinbart haben, und mit dem Robert zu erkennen gibt, daß er genug hat von der Peitsche und zur nächsten Phase übergehen möchte, der elektrischen Behandlung seiner Genitalien.
Aus einer Schublade holt sie ein Instrument, das wie ein dünner Dildo aussieht, berührt damit seine Brustwarzen, und drückt am Ende einen Knopf. Als Reaktion auf den Schock fährt er gegen die Lehne des Stuhles zurück und reißt ihn hoch. Ein Bein landet auf Renees Zehen.
»Dafür wirst du bezahlen, du jüdischer Schleim«, zischt sie.
Ich weiß, was als nächstes kommt. Er weiß es auch. Unsere Augen sind auf den Penis geheftet, der stolz aufrecht steht. Sie nimmt das gemeine kleine Werkzeug, hält es gegen das Fleisch zwischen Peniswurzel und Hoden und drückt den Knopf. *Bzzt.* Robert schreit auf.
Nach einem halben Dutzend weiterer Schocks an Brustwarzen und Hoden murmelt er zwischen zusammengebissenen Zähnen: »Sie werden nichts aus mir herausbekommen«, das Zeichen, daß er seine Grenzen erreicht hat.
»In Ordnung«, erwidert sie. »Ich schicke dich in deine Zelle zurück. Nächstes Mal werde ich deinen Willen brechen.«

Als er von seinen Fesseln befreit wird, kniet er vor Renee nieder. Sie fordert ihn auf, sich umzudrehen und seine Wange gegen den Boden zu drücken. Er gehorcht.
Sie stellt einen Fuß auf sein Gesicht. »Du warst ein guter Junge. Hast du heute nachmittag eine Sitzung?« Sie wendet sich an mich. »Robert ist Partner in seiner Firma«, um mir, wie ich annehme, zu erklären, warum er bei seinen Treffen nicht zu sehr in Schweiß geraten darf.
Irgendwie gelingt ihm eine Antwort, obwohl sein Gesicht zwischen ihrem Fuß und dem Boden zusammengedrückt wird. »Ja.«
»Du kannst dich im Badezimmer ein wenig frisch machen, bevor du gehst«, gestattet sie ihm und nimmt ihren Fuß zur Seite.

»Er ist gerne ein Held«, vertraut sie mir an, während er im Badezimmer ist. »In seinen Szenarien bricht er nie zusammen. Wenn er mich anflehen müßte, daß ich aufhöre, würde er nie wiederkommen. Andere Burschen flehen mich gerne an.«
Nachdem Robert gegangen ist, öffnet Renee eine Flasche Wein und gießt uns ein Glas ein. Sie zieht die Kampfstiefel aus, öffnet den Reißverschluß ihres Oberteils, bis sie bequem atmen kann, und kuschelt sich auf das Sofa, das sich zu einem Bett aufklappen läßt. Das Schlafzimmer ist voller S/M-Ausrüstung. Besonders stolz ist sie auf das kräftige, X-förmige Gestell aus Holz, das an einer Wand befestigt ist – von einem bewundernden Sklaven für sie gebaut. Verschiedenste Lederstreifen, die an den Seiten des Gestells hängen, erlauben ihr, Männer jeder Größe an dem Gerät festzuschnallen.
»Ich war zwar immer selbstbewußt, aber niemals dominant, bis ich S/M kennengelernt habe«, erzählt Renee, die jetzt,

mit 46, in ihrer Wohnung nur wenige Stammkunden empfängt. Die Pförtner, die wissen, was hier vor sich geht, werden angemessen entschädigt. »Ich habe mich von Männern immer manipuliert, kontrolliert gefühlt. S/M habe ich Anfang Dreißig durch ein Paar kennengelernt, das ich in ›Plato's Retreat‹ traf. Einmal pro Woche machten sie eine S/M-Nacht. Ich machte mich schön zurecht und ging hin, weil ich herausfinden wollte, was das bedeutet, und dann traf ich dieses Paar. Ich bin bisexuell. Sie hat mich mehr angetörnt als er. Sie hatten es sehr mit S/M. Von ›Plato's‹ nahmen sie mich mit zum Hellfire Club, der damals sehr berühmt war und in dem es eine viel härtere Szene gab als heute. Ich sah eine Frau, die an ihren Handgelenken aufgehängt war. Männer taten interessante Dinge mit ihr, sie quälten ihre Brustwarzen, steckten Dildos in ihre Vagina und ihr Arschloch, peitschten sie aus. Das fand ich sehr erotisch.

Zunächst gab ich mich diesem Paar unterwürfig hin. Dann tauschte ich mit anderen Partnern die Rollen. Ich entdeckte, daß ich gerne dominant war. Als ich das erste Mal einem Mann den Hintern versohlte, trug ich einen winzigen schwarzen Minirock und einen kleinen weißen Angorapulli; und ich genoß jede einzelne Minute. Das nette jüdische Mädchen aus Long Island und ich genossen jeden Augenblick. Als meine Karriere als Musikerin nicht weiterging [Renee hatte Ende der Siebziger eine Single in der amerikanischen Hitliste], suchte ich nach einer anderen Beschäftigung. Kellnern schien meine einzige Alternative. Irgend jemand schlug vor, ich solle mich in einem der S/M-Häuser bewerben. Das schob ich vor mir her, bis ich total abgebrannt war.«

Sie unterbricht ihre Erzählung, um ans Telefon zu gehen und eine Verabredung mit einem Kunden zu treffen. Sie besprechen kurz das Szenario. Er möchte Spartakus am Kreuz sein.

»Ich war ein Naturtalent«, fährt sie schließlich fort. »Nach der ersten Woche dachte ich daran, daß diese Arschlöcher mich dafür bezahlen würden, daß ich sie schlage. Das ist fabelhaft! Welch eine großartige Möglichkeit, Wut und Aggressionen loszuwerden. Das ist die perfekte Art für mich, eine Beziehung zu einem Mann zu haben. Ein oder zwei Stunden, und sie sind wieder aus meinem Leben verschwunden. Keine emotionale Bindung.«

Renees Wohnung liegt nur wenige Blocks von dem »Haus« entfernt, in dem sie zehn Jahre lang gearbeitet hat. Ein S/M-Haus wird eher von einer »Ober-Domina« geführt als von einer Puffmutter. Geschlechtsverkehr steht scheinbar nicht auf der Speisekarte für den Kunden, der wählen kann, ob er sich einer dominanten Frau unterwerfen will, selbst dominieren möchte, eine Sitzung mit Rollentausch wünscht oder ein Phantasieszenario durchführen will (typischerweise mit Fußfetischismus oder Transvestitismus). Eine halbe Stunde Dominanz beginnt ab ungefähr 100 Dollar, in gehobenen Häusern auch bei 200 Dollar und mehr. Unterwürfige verlangen höhere Preise, ab 125 Dollar pro halbe Stunde bis 250 Dollar und mehr. Trinkgelder werden nicht erwartet. Die Sitzungen dauern eine Stunde und länger.

Laut Renee und anderen Frauen, die in den Häusern arbeiten, willigen einige »Mädchen« ein, den Kunden nach der Sitzung durch Masturbation oder Fellatio gegen ein Trinkgeld zum Orgasmus zu bringen, das direkt in ihre Tasche fließt. Gelegentlich hat ein Mädchen auch Geschlechtsverkehr mit einem Mann (normalerweise mit Stammkunden, die großzügige Trinkgelder verteilen).

»Eine Zeitlang habe ich sowohl als Domina als auch als

Unterwürfige in dem Haus gearbeitet«, erzählt Renee. Ihr kastanienbraunes Haar, der kurvenreiche Körper und die Gesichtszüge vermitteln den Eindruck, als sei sie Schauspielerin oder ein älteres Model. »Ich habe viel Mißbrauch ertragen.« Ich glaube ihr, aber ihr Körper zeigt keine Spuren. Selbst ihr Rücken ist glatt und weich. »Die meisten Typen lieben einfach den Gedanken an Sadomasochismus. Sie schlagen nicht sehr fest. Aber gelegentlich kommt ein Kunde, der dich richtig verprügelt. Ich hatte dicke Striemen. Ich mußte qualvolle Sitzungen über mich ergehen lassen, in denen meine Brustwarzen gequält wurden und ein Typ mir Gewichte von fünf Pfund an die Warzenklemmen hängte und sie hin und her schwang. Sie können sich nicht vorstellen, wie weh das tut. Keines der Mädchen spricht über diese Arschlöcher. Ich hatte einen Typen – Eddie, die Bürste –, der mir den Hintern mit einer hölzernen Bürste versohlt hat, so daß ich tagelang nicht sitzen konnte. Mein Hintern war grün und blau. Wenn man ihn so weit gehen ließ, wie er wollte, gab er ein Trinkgeld von 100 Dollar.

Aber ich konnte mehrere hundert Dollar pro Tag verdienen; und das hat mir eine Zeitlang gut gefallen. Vielleicht brauchte ich den Schmerz, um herauszufinden, wo ich im Leben stand. Es kommt der Punkt, wo sich der Schmerz in Vergnügen verwandelt. Das ist ein eigenartiges Gefühl und das Gefährliche bei S/M.

Außerdem war es manchmal einfach, unterwürfig zu sein. Ich brauchte nichts zu sagen. Ich hatte keine Verantwortung. Nichts hing von mir ab; das war nach mehreren dominanten Sitzungen eine Erlösung.« Nach zwei Jahren Arbeit im Haus gab sie ihre Rolle als Unterwürfige jedoch auf. »Ich konnte es nicht mehr ertragen und arbeitete nur noch als Domina.«

Viele Kunden kamen mit richtigen Manuskripten ins Haus, die bis zu den Dialogen ausgearbeitet waren – soviel Kontrolle würde ihnen von den ersten Dominas des Landes, wie Taurel, Cleo Dubois aus San Francisco oder jeder anderen Frau, die im *Domination Directory International* steht, niemals gestattet. Diese Damen nehmen die Anregungen des Mannes auf und handeln dann nach eigenem Gutdünken.

»Ich glaube nicht, daß es viele echte Unterwürfige gibt«, meint Renee. »Viele Männer halten sich dafür, aber wenn es hart auf hart geht, wollen sie dir genau sagen, wie sie sich unterwerfen wollen.«

»Wie steht es mit Frauen?« frage ich. »Gibt es viele wirklich unterwürfige Frauen?«

»Ich glaube, mehr Frauen als Männer. Ich habe mich einigen Männern wirklich unterworfen. Einem Mann wollte ich beweisen, wie sehr ich ihn liebte, also habe ich ihm gestattet, daß er meine Grenzen überschritt. Das würde ich nie wieder tun. Ich bin in meinem Leben an einem neuen Punkt angelangt. Emotional geht es mir besser. Mein Selbstwertgefühl ist stärker geworden. Aber es ist unglaublich, welche Orgasmen man nach diesen Schmerzen haben kann. Wenn man schließlich kommt, zittert man am ganzen Körper. Es gibt nichts Vergleichbares.«

Renee gibt mir ihr Fotoalbum, während sie am Telefon einen Kunden erniedrigt. Er ruft aus einer großen Stadt im Süden an, wo er einer Konferenz über Umweltfragen vorsitzt. Die Fotos zeigen Renee in verschiedenen Kostümen, von der klassischen Lederdomina bis zur Erzieherin in dezentem grauen Kleid und mit Brille. Neben jedem Foto findet sich eine kurze Zusammenfassung eines Phantasieszenarios. Für schlappe 100 Dollar können neue Kunden

sich eine Stunde lang anhand der Fotos von Renee beraten lassen.
»Ich will, daß Sie in die nächste Apotheke gehen und die größte Packung Windeln kaufen, die Sie finden können«, befiehlt sie dem Mann am Telefon. »Der Angestellte soll sie nicht einpacken. Bringen Sie die Packung ins Hotel und bleiben Sie damit zehn Minuten in der Lobby stehen, bevor Sie auf Ihr Zimmer gehen. Sorgen Sie dafür, daß das Etikett zu sehen ist. Versuchen Sie nicht, es zu verstecken.«
»Tut er das wirklich?« frage ich, als sie den Hörer aufgelegt hat.
»Wen kümmert das?« Sie zuckt die Achseln. »Erniedrigung törnt ihn mehr an als Schmerzen. Vielleicht tut er es. Das hängt davon ab, wieviel Macht ich über ihn habe. Das läßt sich über die Entfernung schlecht abschätzen, wenn sie nicht zu deinen Füßen zittern.«
Der Kunde, der gerne Spartakus wäre, ruft erneut an, um den Termin zu verschieben.

»Glauben Sie, daß die S/M-Häuser von heute sich sehr von den früheren religiösen Häusern unterscheiden?« frage ich Renee, die sehr belesen in den Bereichen Philosophie, Religion und alte Geschichte ist.
Quellen in klassischer Literatur, die Schmerz und Lust in Verbindung bringen, haben oft einen religiösen Unterton. In *Bekenntnisse* gesteht Jean-Jacques Rousseau, der Philosoph des 18. Jahrhunderts, daß er sich sein Leben lang nach der Peitsche gesehnt hat, vermutlich zurückzuführen auf Bestrafungen in der Kindheit; Auspeitschungen, die sein sinnliches und sexuelles Erwachen ausgelöst haben.
»Ich weiß es nicht, aber ich weiß, daß es von Haus zu Haus große Unterschiede gibt. Sie sollten Ava Taurel aufsuchen. Sie leitet das beste Haus der Stadt. Sie ist auch Sadistin. Ich

füge keine Schmerzen zu. Ich liefere sie auf Verlangen. Sie fügt Schmerzen zu. Ich habe sie bei der Arbeit gesehen. Ihre Unterwürfigen beten sie an.«
»Warum, glauben Sie, wollen so viele Männer mißhandelt werden?«
»Sie sind im wirklichen Leben derart mächtige Arschlöcher, da brauchen sie ein paar Stunden jeden Monat, in denen sie für ihr Verhalten bezahlen. Sonst würden sie sich vor lauter Schuldgefühlen verzehren. Meine Kunden leiten ihre Büros und ihre Haushalte wie kleine Diktatoren. Sie wollen nicht, daß Menschen, die sie kennen, wie Ehefrau, Kinder und Sekretärin, sie schutzlos sehen. Sie sind emotional krank.«
»Haben Sie das Haus nach zehn Jahren verlassen, weil Sie sich emotional gesünder gefühlt haben?«
»O nein, das kam erst, als ich eine Weile draußen war. Ich bin gegangen, weil ich mich in einen meiner unterwürfigen Kunden verliebt hatte. Ganz großer Fehler in diesem Geschäft.«
Könnte sie sich in Robert verlieben?
»Robert ist nicht unterwürfig. Er tut nur so.«

»Die Szene in Europa ist viel anspruchsvoller als hier«, erzählt Mistress Ava Taurel.
Dieses Jahr in Denver legte Ava bei der angesehenen AASECT (American Association of Sex Educators, Counselors and Therapists) ein Papier über Sadomasochismus auf einvernehmlicher Basis vor. Ava ist die angesehenste Domina an der Ostküste, vielleicht im ganzen Land. Wir sitzen in ihrem Büro in einem Residenzhotel an der West Side von Manhattan. Das Büro gehört zu einem Komplex aus zwei Gebäuden, die bei den Finanzbehörden als Taurel Enterprises geführt werden. Es handelt sich um ein legales

Unternehmen, für das sie Steuern abführt. Sie wirbt dafür im *New York Magazine*, der *Village Voice* und den Gelben Seiten. »Entfliehen Sie dem Alltag – erkunden Sie ihre unerreichbaren Träume«, verspricht der Prospekt, ebenso »Gleichgesinnte, die die Kunst und Psychologie der Phantasie genießen«. Zwischen den Herrinnen und den Kunden gibt es keinen geschlechtlichen Kontakt.

»Wir sind da ganz deutlich – keine Prostitution«, erklärt sie. »Ich will nicht mit dem Gesetz in Konflikt geraten. Außerdem soll die Domina ein unerreichbarer Traum bleiben, verstehen Sie, die Frau, die der Unterwürfige nicht haben kann. Er sieht sie niemals nackt. Das ist Teil ihrer Macht. Wenn dieser Kunde mit ihr Geschlechtsverkehr haben könnte, würde ich meine Macht über ihn verlieren.«

Ava hat ihrem Sklavenmädchen/ihrer Assistentin für diesen Tag freigegeben. (»Das hier ist mein Sklavenmädchen. Ich habe sie bei einer Party in Amsterdam von Xaviera Hollander geschenkt bekommen. Ich habe sie übers Knie gelegt und ihr den Hintern versohlt, während ich ein Interview für WNBC-Radio gab.«) Ken, ein Kunde, der zum Freund geworden ist, wurde von Ava eingeladen, an dem Interview teilzunehmen.

»In Europa ist man im Hinblick auf Ausrüstung und Kleidung viel anspruchsvoller«, sagt sie. »Hier gibt es Herrinnen, die ihre Unterwürfigen als ›Trottel‹ oder ›Arschlöcher‹ bezeichnen. Sie scheinen die Männer, die sich ihnen unterwerfen, zu verachten. Europäische Herrinnen sind stolz auf ihre Arbeit und respektieren ihre Unterwürfigen. Hier ist alles viel kommerzieller, alle sind so eifrig darauf bedacht, das Geld ihres nächsten Kunden zu bekommen.«

Avas Kundenbuch enthält mehr als 2000 Namen von Männern, die bereit sind, 300 Dollar pro Stunde für eine Sitzung zu bezahlen, zuzüglich einer Beratungsgebühr von

50 Dollar. Die meisten bekommen die skandinavische Herrin selbst gar nicht zu Gesicht, sondern eine ihrer »Gesellschafterinnen«, sechs eindrucksvolle Herrinnen und eine Unterwürfige, die aus einem Buch ausgewählt werden, damit sie zu dem gewünschten Szenario passen. Die Frauen sind von Ava und anderen Fachleuten ausgebildet worden, beispielsweise von dem Bondage-Experten, der ihnen beigebracht hat, wie man perfekte Knoten knüpft. Die Kunden sind gut verdienende Leute, wobei Rechtsanwälte den größten Anteil ausmachen, gefolgt von Bankern. Ava führt über alle Einzelheiten Computerunterlagen, einschließlich Beruf, Familienstand, sexuelle Varianten, Postleitzahl und so weiter. 95 Prozent der Kunden sind verheiratet. Universitätsdozenten und Journalisten stehen ganz unten auf der Liste (»Und ich habe nur einen FBI-Agenten. Können Sie sich das vorstellen? Sie sind in ihrer Furcht vor Entdeckung regelrecht paranoid.«)

»Warum kommen die Männer wirklich hierher?« frage ich.

»Manche Männer haben besondere Bedürfnisse. Zu Hause werden sie ihnen nicht erfüllt. Nur sehr wenige Frauen akzeptieren diese Bedürfnisse und versuchen, ihnen entgegenzukommen. Wenn sie es täten«, lacht sie, »wäre ich aus dem Geschäft.«

Manche Männer wollen die Königin von Saba verehren. Andere wollen, daß die Aufseherin eines Gefängnisses sie nach allen Regeln der Kunst mißhandelt. Ein Kunde möchte vielleicht, daß eine Lehrerin ihn mit einem Rohrstock schlägt oder eine Krankenschwester einen Einlauf macht. Ava macht die Sitzung nur dann selbst, wenn sie von dem Kunden fasziniert ist oder »hochtechnische Dinge gemacht werden sollen, wie z. B. vollständiges Untertauchen in Latex mit doppelt aufblasbaren Kapuzen und Atemröhrchen.« So etwas wird nur von den Briten verlangt.

»In New York hört man selten von Bondage in Gummi. Alles hat in Großbritannien angefangen. Dort kaufe ich meine Bondage-Ausrüstung. England liefert an Frankreich und Holland. Auch in Hamburg gibt es inzwischen eine hervorragende Tradition. Das Heli-Krohn-Institut hat mehr Ausrüstungsgegenstände, als man sich vorstellen kann. Es gibt wunderbare Herrinnen in London, Hamburg, der Schweiz und natürlich in Amsterdam, und inzwischen auch in Paris.«

Nach unserem Interview trifft sich Ava mit drei Freundinnen zum Essen: die allgegenwärtige Constance von »Dressing For Pleasure« und zwei Französinnen, eine Erotik-Schriftstellerin und eine Domina, die in Paris extravagante S/M-Partys für reiche Amerikaner organisiert, von denen einige in Frankreich leben, andere jedoch für die Festlichkeiten extra einfliegen. Ava ist gerade aus Mexiko zurückgekommen und schmiedet Zukunftspläne über S/M-Partys und Bälle in London, Hamburg, der Schweiz und Paris; anschließend geht es zurück nach New Jersey zur Halloween-Gala von Constance, der führenden Party in diesem Land. Ihr Bekanntheitsgrad geht von der Geraldo-Show bis zu einem Kurs »Werden Sie Domina, ob aus Spaß, aus Liebe oder wegen des Geldes«, dem Reporter von Zeitungen und den Zeitschriften *Redbook* und *Vanity Fair* beiwohnten. Sie ist wirklich, wie es ihr PR-Material behauptet, eine internationale Domina.

Sie selbst sieht sich außerdem als Therapeutin.

»Die Leute kommen zu mir und haben Schuldgefühle wegen ihrer Sexualität. Sie brauchen einen Ort, zu dem sie ihre Schuld bringen und sich besser fühlen können. Das biete ich ihnen.« Sie zeigt auf Ken. »Deshalb wollte ich, daß Sie mit Ken sprechen, damit Sie sich besser vorstellen können, was ich hier tue.«

Die meisten Therapeuten sind sicher der Ansicht, daß die Therapie eine Möglichkeit sein sollte, die Quelle von Schuldgefühlen zu erforschen – mit dem Ziel, diese Gefühle aus dem Leben zu verbannen oder zumindest ihren Einfluß zu vermindern. Bei Avas Art von Therapie werden die Schuldgefühle des Kunden durch die Ausübung des S/M-Rituals gelindert. Vielleicht fühlen sie sich dann eine Zeitlang besser. Aber der Kreislauf von Schuld, Bestrafung und Buße geht weiter.

»Ich stimme Ihrem Artikel überhaupt nicht zu«, sagt Ken und lächelt zaghaft. »Ich möchte, daß Sie auch die andere Seite sehen.«

Der Artikel, auf den er sich bezieht, erschienen in der Zeitschrift *The Ladies Home Journal,* handelt von männlichen Sexfetischen und hat Ava »verblüfft«, als sie ihn las. Ich hatte Ehefrauen interviewt, die unter dem Schuh- oder Dessous-Fetischismus ihres Partners litten, sowie einige Paare, die durch eine Therapie die Abhängigkeit des Mannes von einem Fetisch weitgehend überwanden, und die Therapeuten, die ihnen geholfen hatten. Die Durchschnittsfrau wäre entsetzt, wenn sie erfahren würde, daß ihr Mann ihre Füße als einzige wirklich erotische Stelle ihres Körpers betrachtet. Ava meint, sie sollte sich eine Pediküre gönnen und es genießen.

»Ihr Artikel war einseitig«, meint Ken.

Er ist mir und Ava gegenüber schüchtern und gleichgültig, 1,90 Meter groß, 27 Jahre alt, Bodybuilder und in der medizinischen Fakultät eingeschrieben. Ich sehe, warum sie ihn faszinierend genug fand, um die Sitzung mit ihm persönlich zu leiten. Ich kann ihn jedoch nicht in Unterhose sehen, die er am liebsten trägt, wenn er ihre Füße anbetet.

»Die Frauen, mit denen ich gesprochen habe«, erläutere ich vorsichtig, »wollten mehr vom Sex als eine Massage und

Küsse für ihre Füße. Das können Sie doch sicher verstehen?«

»Da gibt es aber noch eine andere Seite«, sagt er und sieht häufig zu Ava hinüber.

Er scheint ganz von ihr erfüllt, obwohl sie nicht in der Lage scheint, ihm wohlwollende Blicke zu schenken. Ihr Gesicht ist beinahe maskulin – das Klischee von »kräftigem Kiefer und einem Blick wie Stahl« aus dem klassischen Kriminalroman trifft hier zu –, während ihre Figur, eingehüllt in ein gewöhnliches schwarzes Kleid, matronenhaft wirkt. Sie ist Mutter einer zweiundzwanzigjährigen Tochter und Großmutter eines engelsgleichen blonden Mädchens. (»Sehen Sie sich dieses Foto an. Wie das Licht auf ihren Kopf fällt. Ist sie nicht wunderbar?«) Auf Fotos, die für die Öffentlichkeit bestimmt sind, ist Ava in hüfthohen schwarzen Lederstiefeln zu sehen und einem schwarzen Lederkorsett; die Matrone ist verschwunden.

»Ich schämte mich für das, was ich war, bis ich anfing, zu Ava zu gehen«, erzählt er. »Sie hilft mir, mich selbst zu akzeptieren. Artikel wie der Ihre schaden nur, weil sie Männern wie mir das Gefühl geben, schlecht zu sein.«

Er habe noch einen langen Weg vor sich, bis er sich voll und ganz akzeptiere, sagt Ava, aber sie hilft ihm dabei. Und er sieht in seinem Teddy einfach wunderbar aus, versichert sie mir. Würde ich ihn gerne sehen? Er wird rot.

Ich habe die Gelegenheit, Ken in seinem Teddy zu sehen, ausgeschlagen und blättere die neueste Ausgabe von *Domination Directory International* durch, während ich auf Ava warte, die mir die Phantasiezimmer zeigen will. »Hier treffen Sie eine Herrin!« – »Direkte Kontaktanzeigen – von der ersten bis zur letzten Seite!« – »Echte Herrinnen aus den USA, Kanada und Europa!« – »Spezielle Details aus

Garderobe und Ausrüstung für jeden Inserenten!« Alles für nur zehn Dollar.

Avas Eintrag steht auf Seite 56. Sie wirbt mit zwei Fotos, eines in einem Garten in der Schweiz, mit Lederstiefeln und in einer kurzen Ledertunika. Das andere zeigt sie in einem konturlosen Gummikleid mit geflochtenen Ärmeln und eleganten hochhackigen Sandalen. »Exklusive Beratung oder Verabredung mit Mrs. Taurel möglich, wenn Sie verstehen ... Bondage für Fortgeschrittene, Kunstvolle Fußanbetung, Echte und Totale Sklaverei, Seil- & Gummifesselung für Fortgeschrittene, Strenge Disziplin, Transvestitismus.«

Auf Seite 57 bietet Cleo Dubois einen furchterregenden Anblick. Sie ist eine gewaltige Frau mit sehr großen Brüsten und sieht ein wenig aus wie Roseanne Barr in Leder. Mistress Anika, eine Kanadierin auf Seite 55, trägt die meisten Ketten. Ich wäre überrascht, wenn Mistress Rayne aus Georgia von Seite 48 tatsächlich eine Frau wäre. Die Anzeige für Lady Cassandra aus San Francisco auf Seite 16 zeigt eine blonde Krankenschwester mit Operationsmaske und zwei in Gummi gekleidete Kreaturen, Geschlecht undefinierbar, mit Gasmasken. Cybelle aus San Francisco, Seite 19, Spezialistin für totale Transvestitentransformation, wird dabei gezeigt, wie sie einer blonden Frau im Spielanzug die Flasche gibt und hochmütig den Blick von einem Mann abwendet, der Kleinmädchenkleider trägt, stark geschminkt ist und einen Schuh in der Hand hält. Ich erkenne den Mann unter all der Farbe: Es ist ihr Lebenspartner. Robin Byron, weltweit und im New York Dungeon tätig [d. h., sie kommt überall hin, oder man kann sie in ihrem Kerker aufsuchen], auf Seite 23, ist eine absolut umwerfende Blondine.

»Das ist eine interessante Zeitschrift, nicht wahr?« fragt Ava

von der Tür her. »Sie können sie mitnehmen. Ich habe noch ein Exemplar.«
Seite 11, Diva A., kegelförmiger BH. Bekommt Madonna ihre Outfit-Ideen aus diesen Heften?

Die Zimmer sind entweder spartanisch, sauber und voller Spiegel – oder so dunkel wie die Kerker, die sie simulieren sollen. Einige Kunden ziehen die Kerkeratmosphäre vor. Andere wollen in Frauenkleidern versohlt werden, während das Sonnenlicht ins Zimmer scheint, weil sie es genießen, möglicherweise von Spannern entdeckt zu werden, die mit Fernglas aus den benachbarten Wolkenkratzern hereinschauen. Es gibt Hebebalken und Ketten, Bondage-Tische mit Vertiefungen für die Brust- und Genitalbereiche, damit ein Kunde, der auf dem Bauch liegt, Brustklemmen und Hodengewichte tragen kann. In den Fluren stehen vollgestopfte Schränke und Kommoden voller Frauenkleider in Männergrößen, Peitschen und anderer Utensilien zum Schlagen und für Bondage-Spiele, nadelbesetzte Suspensorien und, im Zeitalter von Aids, mit Namen versehene Klistiersäcke.
Während sie einige Teile hervorholt und ihre Funktion erklärt, gibt Ava diverse Ratschläge: Man sollte einen Mann, der ein nadelbesetztes Suspensorium trägt, nicht schlagen; trägt ein Mann eine Gasmaske, sollte man gelegentlich überprüfen, daß er kein Trauma oder Hitzeprobleme erleidet; bei Benutzung eines Rohrstockes sollte man sicherstellen, daß der Hintern des Kunden sauber ist, damit keine Spuren auf der Ausrüstung zurückbleiben. Wir gehen in den letzten Raum, in dem sich eine mechanische Winde befindet, wie sie in Autowerkstätten zur Entfernung von Motoren benutzt wird.
»Manche Kunden lassen sich gerne aufhängen«, sagt Ava.

»Wollen nicht auch manchmal Kunden einen Orgasmus bekommen?« will ich wissen.
»O ja, manche schon. Manche sind glücklich, wenn sie sich nicht erleichtern dürfen, denn dann gehen sie nach Hause und machen leidenschaftlich Sex mit ihrer Frau. Andere betteln darum, ejakulieren zu dürfen.«
»Gestatten Sie es ihnen?«
»Manchmal, wenn es besonders gute Kunden sind, lasse ich sie in ein Taschentuch ejakulieren.«
»Was geschieht, wenn ein Mann so erregt ist, daß er sich nicht zurückhalten kann?«
»Nun, wenn er es ohne Erlaubnis tut, muß er es auflecken.«

Ich lade Ava auf ein Glas Champagner ein. Sie hat mir angeboten, mir ein Genital-Bondage zu zeigen, bei der ein Seil zwischen den Hoden des Mannes hindurchgezogen wird, das die beiden Hoden teilt, und dann um seinen Penis, wobei alle paar Zentimeter in einen Knoten ein scharfer Gegenstand eingeflochten werden kann. Ich habe abgelehnt. Wir sprechen über ihr Leben.
Sie spricht fließend Englisch, Französisch, Deutsch, Spanisch, Russisch und die skandinavischen Sprachen, ist weiter herumgekommen als der durchschnittliche Diplomat und verfügt über beeindruckende geschäftliche Fähigkeiten; sicher könnte sie auch etwas anderes tun, als für ihren Lebensunterhalt Genitalien zu quälen, oder?
»Ich liebe meine Arbeit«, antwortet sie leidenschaftlich. »Wenn ich Seminare gebe, fragen mich Frauen, wieviel Geld sie damit verdienen können. Ich sage ihnen, man muß zunächst diesen Lebensstil wollen, dann kann man professionell arbeiten.«
Bevor sie mit 35 bei einer Reise nach New York die S/M-Subkultur »entdeckte«, arbeitete Ava als Au-pair-Mädchen,

Model, Tänzerin bei den Folies-Bergère, Cancan-Mädchen in Kanada. Als 16jährige war sie fasziniert von der *Geschichte der O.* Zunächst praktizierte sie S/M aus Spaß. Dann wurde ihr klar, daß sie damit ihren Lebensunterhalt verdienen konnte.

»Ich bin eine echte Sadistin. Ich liebe es, Schmerzen zuzufügen«, sagt sie, und ihre Augen glühen leidenschaftlich.

»Egal, wie erfolgreich mein Geschäft auch läuft, ich tue es immer noch aus Spaß. Ich liebe schwarze Männer. Sie sind meine geheime Leidenschaft. Ich liebe es, an schwarzen Lippen zu knabbern. Ich treffe im Augenblick regelmäßig einen schwarzen Mann; und ich versuche, ihn zu unterwerfen. Neulich habe ich ihm die Augen verbunden; später war er so wütend, so aufgebracht, daß er mich vergewaltigte. Ich habe es genossen. Heute habe ich ihn im Park beim Joggen dazu getrieben, daß er härter und länger trainierte. Er sagt erneut, er sei so wütend, daß er mich am liebsten vergewaltigen würde.«

»Ich habe gehört, es gibt nicht sehr viele schwarze, unterwürfige Männer.«

»Nein, es gibt schwarze Herrinnen, aber sehr wenig männliche Unterwürfige. Sie verstehen also, warum ich das erreichen will, oder?«

Wir bestellen noch eine Runde, und sie kommt wieder auf das Geschäft zu sprechen. Sie möchte gerne gleichberechtigt mit den besten europäischen Etablissements zusammenarbeiten.

»In diesem Land sind die besten Häuser privat. Ich war in privaten Häusern, Landhäusern, wo der unterwürfige Mann über genügend Geld verfügt, damit die Herrin die Spielzimmer so einrichten kann, wie es ihr gefällt. Ich habe einige wundervolle private Häuser gesehen, die den Etablissements in Europa glichen. Genau das will ich nach New York bringen, und das werde ich auch, denn ich mache meine Arbeit mit Leidenschaft.

Für mich ist es wichtig, die Verletzlichkeit des Unterwürfigen zu erreichen. Wenn ein Mann durch die Unterwürfigkeit verletzlich werden kann, ist er für mich schön. Es erregt mich, ihn so zu sehen.

Sehen Sie die Unterschiede zwischen den Dominas in amerikanischen Häusern und meiner Arbeitsweise?«

Ja, das tue ich. Wenn ein Mann wirklich diese Hitze spüren will, sollte er zu Ava gehen.

VIERTER TEIL

SONSTIGE ABARTIGKEITEN

ELFTES KAPITEL

Die Videorevolution

ST. LOUIS

Die beiden Männer keuchen. Die Frau, die einen Penis im Mund hat, stöhnt. Sie sind nackt und über ein langes Sofa gestreckt, in einer Szene, die des *Kamasutra* würdig wäre. Ein muskulöser Mann mit dichtem braunem Haar sitzt an einem Ende des Sofas. Er streichelt die Genitalien der Frau, die schlank, blaß und zerbrechlich ist, wie sie so zwischen den beiden Männern kniet. Der dritte Spieler, ein großer, schlanker blonder Mann, liegt auf dem Rücken ausgestreckt und hat seinen Penis in ihrem Mund. Sie verändern leicht ihre Position. Der muskulöse Mann führt seinen Penis in die Vagina der Frau ein.

In meinem Zimmer im Hotel Adam's Mark klingelt das Telefon. Ich drücke auf Pause und nehme den Hörer ab. Ich habe die drei in der Abwärtsbewegung angehalten, und das Haar der Frau fällt gerade nach vorne. Was diesem Video an raffinierten Produktionsmethoden fehlt – professionelle Beleuchtung, Make-up und ein Regisseur, der die Glieder plastischer arrangiert – macht es an Energie und Unmittelbarkeit wett. Es sind echte Menschen. Und Sie sind dabei, wenn sie Es tun.

Haben Sie schon einmal das Schlafzimmerfenster Ihres Nachbarn angeschaut und sich gefragt, was wohl hinter den geschlossenen Gardinen vor sich geht?

Als Videokameras erschwinglich wurden, konnte der Durchschnittsmensch zum Pornostar werden, wenn auch nur für ein sehr begrenztes Publikum – Menschen wie Sie und ich, die sich gefragt haben, was wohl im Bett der Familie Smith vor sich geht. Die Technologie, die den Porno aus den schlüpfrigen Kinos herausholte und ins Schlafzimmer brachte, machte auch den nächsten Schritt möglich, nämlich daß Mr. und Mrs. Amerika sich selbst bei der Liebe filmten. Viele Paare, denen es viel zu peinlich gewesen wäre, einen »Film nur für Erwachsene« entwickeln zu lassen, stellten die Kamera auf ein Stativ und entdeckten, daß ihr lüsternes Auge den Sex heißer machte.

Vielleicht haben Sie Ihre Liebesspiele einmal aufgenommen und noch einmal Liebe gemacht, während Sie den Film abspielten. Würden Sie dieses Band Dritten zeigen? Würden Sie einer dritten Person die Kamera in die Hand geben, um die Anzahl der Winkel zu erhöhen, aus denen Ihre Spiele zu sehen wären? Und würden Sie von diesen Bändern Kopien anfertigen, um Sie an Fremde zu verkaufen?

Dieser Gedanke entsetzt Sie? Wirklich?

Ich lege den Hörer wieder auf. Meine Freundin Kate kommt zu mir herüber. Wir gehen gemeinsam zum Mittagessen. Als erstes möchte sie »einen Blick auf die Amateurvideos werfen«, die sich auf dem Schreibtisch in meinem Zimmer stapeln.

Der Dreier ist vom Sofa aufs Bett gezogen. In aufrecht sitzender Position beugt sie sich über den erigierten Penis des Blonden. Als er in ihr ist, stützt sie sich auf ihre Ellenbogen, so daß ihr Körper beinahe parallel zu seinem auf dem Bett liegt. Er spielt mit ihren Brüsten, nimmt eine Brustwarze in die eine Hand und drückt sie leicht zwischen seinen Fingern. Sie erzittert vor Lust. Von hinten ergreift der muskulöse Mann ihren wohlgeformten Hintern und drückt seine Eichel gegen ihren Anus.

»Warum sollte jemand so etwas vor der Kamera tun?« fragt Kate, die wie viele meiner alten Freundinnen immer noch in der Gegend von St. Louis wohnt, wo ich aufgewachsen bin.

»Ich habe keine Ahnung«, erwidere ich lässig, aber irgend etwas in ihren fragenden grünen Augen macht mich nachdenklich. Sie glaubt, daß ich es weiß, oder?

Ist das, was diese drei tun, so weit von dem entfernt, was ich getan habe, als ich meine Aufzeichnungen über mein Sexleben veröffentlichte? Würde die Durchschnittsfrau ihre sexuellen Erlebnisse für *Cosmopolitan, Playgirl* oder *Forum* aufzeichnen? Würde sie ihre Erfahrungen mit Analsex, die als Tabu gelten, für die Leser dieses Buches aufschreiben? Warum tue ich das, was ich tue? Würde sie in ihrem Schlafzimmer Liebe machen und die Fenster nur durch Hängepflanzen verdunkeln? Ich bin auch ein wenig Exhibitionistin, eine Frau, die es genießt, andere zu schockieren oder zu erregen. Außerdem glaube ich, daß der durchschnittliche Amerikaner hin und wieder einen sexuellen Schock als Gegengewicht zum Puritanismus *braucht.*

Wieder fragt Kate »Warum sollte jemand so etwas tun wollen?«, während sie ihren Blick von der Mattscheibe abwendet und den Stapel Literatur anderer Amateurpornoproduzenten durchwühlt.

»Aus demselben Grund, aus dem du ein Kleid anziehst, in dem man deinen Brustansatz sehen kann.«

»Ich zeige vielleicht meinen Brustansatz, aber so weit würde ich nicht gehen«, erwidert sie und zeigt auf eine Anzeige für *Naughty Nurses,* in der »Laurie und Sylvie jeden Zentime-

ter des Körpers von ihrem Freund in der Arztpraxis gemeinsam mit der Zunge verwöhnen, alles in Großaufnahme.«
Auch ich würde nicht so weit gehen wie Laurie und Sylvie. Kate würde nicht so weit gehen wie ich, die ich über mein Sexleben geschrieben habe. Die Frage ist nicht wie, sondern wie weit. Nur wenige Menschen haben ihren Löffel noch nicht in die verbotene Eiskrem gesteckt. Vielleicht hören Sie nach einem Löffel auf, ich erst nach einem Viertel der Packung, und jemand anderes erst, wenn der Löffel den Boden berührt. Wenn wir behaupten, wir könnten einfach nicht verstehen, warum jemand die ganze Eiskrem gegessen hat, dann machen wir uns selbst etwas vor.
Auf Kates Bitte hin schiebe ich eine andere Kassette ein. Sie läßt das Band schnell bis zu den Nacktszenen vorlaufen. Eine schlanke Frau mit vollen Hüften kniet auf dem Bett, beugt sich nach vorne und stützt sich auf die Ellenbogen. Die beiden Männer – beide klein und schlank, aber gut ausgestattet – gehen hinter ihr in Position, wobei der eine sich über sie beugt und der andere hinter ihr kniet. Irgendwie schaffen es die beiden, ihre Glieder in ihre Analöffnung einzuführen, ohne in Schweiß auszubrechen. Die Frau jedoch ist in Schweiß gebadet, keucht und wirft ihren Kopf von einer Seite zu anderen und zerdrückt das schwarze Satinlaken in ihren Händen.
»O ja«, schreit sie und ächzt dann heftig, als die Männer sich synchron in ihr bewegen.
Kate und ich werfen uns Blicke zu und versuchen beide festzustellen, ob die andere erregt ist.

Die Broschüren, die für Video Alternatives Reklame machen – eine Vertriebsfirma in St. Louis für Amateurvideos für Erwachsene –, sind nicht besonders ansprechend. Die

Illustrationen und Beschreibungen rufen bei Menschen, die über erotische Sensibilität verfügen, eher Kichern oder Verlegenheit hervor. Amerikanische Pornos verletzen eher den Geschmack als die Moral.

»Im No-Tell-Motel gehen heute abend wilde Dinge vor ...« lautet die Anpreisung für »Der Lange und die Große«, eine Produktion, die eine Stunde und 35 Minuten dauert, 30 Dollar kostet und Brian und Cherry zeigt, die sich bei einem ersten Rendezvous treffen. Sie ist mit 1,85 die Große. (Er, ohne genaue Größenangabe, ist »ein wenig kurz geraten«.) Die Beschreibung verspricht dem Zuschauer, daß er Brian zwischen Cherrys riesigen, heißen Brüsten sehen wird. Dieses Paar hat offensichtlich nicht über die große Frage nachgegrübelt, *wie bald man in einer neuen Beziehung Sex haben* sollte.

This butt's for you zeigt vier »leidenschaftliche Begegnungen mit jungen, sexy Paaren ... Wenn Sie Heimlichkeiten mögen, gefällt Ihnen ganz besonders, wie Kellee ihrem Mann seine Belohnung gibt, die er zweimal pro Jahr bekommt!« Neunzig Minuten für 30 Dollar.

Der billige, 50 Seiten starke Katalog mit dem grellgelben Einband ist in Schwarzweiß gedruckt und zeigt viele Fotos von »echten Menschen«, die ihre Rechte an ihren Heimvideos verkauft haben. Die Seiten sind voller Frauen mit kaputten Haaren: lang, gespalten, dauergewellt, blondiert und mit Lockenstab behandelt. Die Brüste zeigen sehr viel öfter gegen die Erdmitte, schwere, herabhängende Brüste. Wo sind diese Wonderbras, wenn wir sie wirklich brauchen? Bräunungslinien zeigen dem Leser, daß es besser ist, in Bikinis zu bräunen, die dicke Venen, Schwangerschaftsstreifen und übermäßige Schambehaarung verbergen. Wenn der Unterschied zwischen echten Menschen und Models aus einer Kombination von Körper-Make-up und Airbrushtechnik besteht – eine Fototechnik, die die Gaben der Natur verbessert –, dann lebe der Unterschied. Die Blonde auf Seite fünf mit dem Zahnpasta-Werbelächeln neben einem erigierten Penis hat gutes Haar, blond und weich – aber sie hat eine ganze Tube Maskara auf ihre Wimpern aufgetragen. Ein Make-up-Künstler hätte aus ihr einen echten Pornostar machen können. Ich sehe mir diese Fotos an und verstehe, warum die alten Stripperinnen, Sally Rand und Gypsy Rose Lee, immer etwas der Phantasie ihrer Betrachter überließen.

Es gibt nur wenige Fotos von Männern. Männliche Sexualorgane sind nur zu sehen, wenn sie groß sind, doch weibliche Genitalien, oft mit suggestiv gespaltenen Schamlippen, werden regelrecht zur Schau gestellt. Wir erfahren, daß Don, der »neue Nachbar«, einen »riesigen, schwarzen Schwanz« hat, aber zu meiner Enttäuschung wird er von einer weißen Frau verdeckt, die über seinem Schoß liegt. Um mehr zu sehen, muß man vermutlich den Videosampler für Erwachsene bestellen, »zwei volle Stunden unzensierter Genuß der schärfsten Filme nur für Erwachsene, Highlights von allen Videos aus unserem Angebot« für 20 Dollar – »mit Geld-zurück-Garantie« oder Verrechnung bei Bestellung.

Diese echten Menschen sehen, von einigen Ausnahmen abgesehen, aus wie Leute zwischen 20 und 40. Kitty, Star von »Kitty-Kitty Bang-Bang!« und »Kittys Bachelor Bang« sieht älter aus als 40. Sie ist »unsere dralle Schönheit, die gerne so hart wie möglich von so vielen Männern wie möglich so schnell wie möglich gefickt werden möchte«. Hört sich gut an? Die namenlose Big Mama, Star von »Cum to the Mountains«, ist vermutlich auch vierzig. Dieses Video, aufgenommen bei einer Swingerparty, »wie es sich so ergab«, zeigt »gute Tittenvögelei ... große Titten, viel, viel Spaß«. Vierzig Minuten für 20 Dollar.

Ich blättere flüchtig durch den Katalog und das Werbematerial, bevor ich mich mit Suzy Wahl – beziehungsweise Kim Scott, wie ihr Künstlername lautet – treffe. Suzy und ihr Mann Robert sind die Besitzer von Video Alternatives. Sie ist bereits in vielen Talkshows aufgetreten, unter anderem bei *Geraldo, Sally, Maury Povich, Current Affair* und *Real Personal,* und zwar sowohl als Sprecherin der Firma als auch in ihrer Eigenschaft als Fürsprecherin der Rechte des Ersten Amendments, das die Religionsfreiheit garantiert. Nachdem sie eine Zeitlang in Haft saß, weil sie Amateurvideos gemacht hatte, kandidierte sie für den Posten der Polizeichefin in Lake Saint Louis. Sie hat die Wahl zwar verloren, doch gewann sie die Gefechte in den nationalen Medien.
Nach ihrem Auftritt in der Talkshow *Real Personal* erzählte mir Gastgeber Bob Berkowitz, »sie ist die höflichste, bescheidenste, realistischste, freundlichste Frau ... typisch konservativ im besten Sinne des Wortes. Ich konnte gar nicht glauben, daß sie im Pornogewerbe ist.«
Suzy, in den Dreißigern, hat kurzes blondes Haar, große blaue Augen, einen milchigen Teint und eine gewinnende Art. Es ist sehr schwer, Suzy nicht zu mögen. Angezogen sieht sie ganz normal aus. Es hätte mich nicht überrascht, wenn ich erfahren hätte, daß sie einmal Miß Milchprodukt oder Miß Landwirtschaftsprodukt-aus-dem-Mittelwesten gewesen oder ihr Gesicht auf der Packung einer Seife abgebildet wäre. Selbst die langen Fingernägel tragen zu ihrem Image bei, denn sie unterstreichen ihre gesunde Schönheit noch, so wie Cindy Crawfords Schönheitsfleck sie nur um so perfekter erscheinen läßt. Unbekleidet auf der Leinwand zeigt Suzy große Brüste, die nur leicht hängen, eine schmale Taille, schlanke Hüften, lange, wohlgeformte Beine, einen hübschen, hohen und festen Hintern. Sie ist attraktiver als alle anderen im Katalog von Video Alternatives. Ihre

Bestsellervideos zeigen nur Suzy, die in verschiedenen Kulissen masturbiert. Eine Szene beim Paragliding hat einen aufwühlenden Höhepunkt – Suzy preßt ihre Hand gegen ihre Genitalien, mit weit geöffnetem Mund, den Kopf triumphierend zurückgeworfen, als sie den Orgasmus, nur wenige Minuten bevor sie landet, zu erreichen scheint. Zu schade, daß nicht mehr Hausfrauen von nebenan so aussehen wie Suzy.

Glaubt man ihr, haben einige abartige Fremde sie dazu inspiriert, ihre eigenen Videos zu drehen und zu verkaufen; sie hatten auf eine Anzeige geantwortet, die Suzy geschaltet hatte, um für ihre eigenen Projekte zu werben.
»Mein Mann und ich sind per Zufall zu diesem Geschäft gekommen«, sagt sie; sie sitzt mit geschlossenen Knien da, die Hände im Schoß. »Vor ungefähr sechs Jahren haben wir mit dem Vertrieb von Amateurvideos begonnen, und zwar über Themen wie ›Wie repariere ich mein Fahrrad?‹ oder Auto-Tuning. Dann bekamen wir die vielen Erotikvideos mit der Post. Ich dachte: ›Das ist ja interessant. Das könnte ich auch machen.‹ Und dann waren wir im Geschäft.«
»Wieso dachten Sie, die Leute könnten an derartigen selbstgemachten Erotika interessiert sein, wo doch der Markt mit Produkten überschwemmt ist, in denen Frauen ohne Schwangerschaftsstreifen und Männer ohne Pickel auf dem Hintern auftreten?«
»Das macht den Charme der Videos aus«, antwortet sie ernst. »Eine Frau, die von professionellen Videos abgestoßen wird, schaut sich diese hier an und fühlt sich nicht eingeschüchtert. Der Nagellack der Darstellerinnen ist nicht perfekt. Sie haben Spuren vom Sonnenbaden auf der Haut. Sie haben keine perfekten Körper. Sie sagt sich dann, ›das könnte ich auch‹.

Sie ist bereit, einige der Dinge auszuprobieren, die ihr Mann gerne einmal machen würde – wie oralen Sex –, weil sie sieht, wie eine Frau, die so aussieht wie sie selbst, es auf der Leinwand tut und diese Frau viel Spaß dabei hat. In professionellen Videos gibt es eine Schranke zwischen den Schauspielerinnen und den Zuschauerinnen. Diese Schranke ist die Schönheit – die glatte Schönheit, nicht die natürliche Schönheit.«

Darüber denke ich nach. Auch in normalen Filmen sieht man keine häßlichen Frauen. Haben sich deshalb Frauen jeden Alters davon abhalten lassen, sich mit Julia Roberts in *Pretty Woman* zu identifizieren?

»Die meisten unserer Videos zeigen verheiratete Paare, und sie sind nicht erst 19 Jahre alt.«

»Aber sind sie 49?« frage ich. »Wollen Männer Frauen sehen, die 49 Jahre alt sind und nicht wie Raquel Welch aussehen?«

»Wir haben ein Video mit einem Paar in den Sechzigern.« Sie überspringt die Altersfrage und geht schnell zum nächsten Thema über. »In Gruppen oder mit neuen Partnern praktizieren unsere Leute Safer Sex. Wir unterstützen Safer Sex. Es sind echte Menschen, die gemeinsam eine schöne Zeit verbringen, nicht Schauspieler, die nur so tun. Die Menschen sind es leid, den Sex den Experten zu überlassen – den Schauspielern und Therapeuten.«

Dem abgestumpften und gelangweilten Videokäufer, der es leid ist, immer dieselben Stars zu sehen, bieten die Amateurkassetten etwas Neues – nicht perfekt, aber anders. Auch der Preis tut vermutlich nicht weh. Professionelle Videos beginnen normalerweise bei 59,95 Dollar. In der Liste von Video Alternatives kostet kein Produkt mehr als 30 Dollar. Und viele Männer mögen ohnehin große, hängende Brüste, oder?

Suzy gibt unumwunden zu, daß sie »vielleicht ein wenig exhibitionistisch veranlagt« ist. Da steht sie nicht allein. Der Marktanteil der Amateurvideos für Erwachsene wächst schnell, gefördert von den exhibitionistischen Phantasien von Normalbürgern. Wie sonst könnte man ungefährlich Sex in der Öffentlichkeit praktizieren?

»Es ist so, als verarbeite man Briefe an *Penthouse Forum* zu einem Video«, erklärt ein Sammler von Amateurvideos. »Es ist real. Abartige Realität, aber real. Als ich aufs College ging, schickte meine Freundin einen Schnappschuß von mir an *Playgirl*. Ich trug Jeans und hatte den Reißverschluß der Jeans nicht geschlossen. Mein Schwanz hing heraus, und ich hielt ihn in der Hand. Ich hatte eine tolle Erektion. So wie sie mich fotografiert hatte, sah er größer aus, frecher. Sie veröffentlichten mein Foto. Ich sage Ihnen, das war ein echtes Highlight meiner Collegekarriere.

Können Sie sich nicht vorstellen, daß es mich erregte, wenn jemand ein Video von mir drehen würde bei meiner besten sexuellen Nummer und ich wüßte, daß Frauen in ganz Amerika mich dabei beobachten, wie ich in der Privatsphäre meines eigenen Schlafzimmers komme?«

Diese Erregung muß den Teilnehmern genügen, die nur selten mehr als 200 oder 300 Dollar durch den Verkauf ihrer Bänder verdienen – es sei denn, sie werden Stars wie Suzy.

»Die Leute machen die Bänder nicht wegen des Geldes«, räumt Suzy ein. »Sie werden damit nicht reich. Sie können uns die Rechte entweder gegen bar verkaufen oder gegen eine fünfzehnprozentige Provision des Verkaufserlöses. Wie auch immer, es läuft auf 200 bis 300 Dollar für ein durchschnittliches Video hinaus. Wenn sie es gegen bar machen, bekommen sie ihr Geld auf einmal. Wir haben einige

Leute, die gut verdienen, vielleicht einige Tausende. Wenn man sich Fans schafft und mehrere Bänder im Katalog hat, kann das vorkommen.

Aber die Leute tun es nicht für Geld. Der Gedanke an anonyme Zuschauer, die sie beim Sex beobachten, erregt sie. Manche Paare haben mir gesagt, daß die Herstellung des Bandes und der Verkauf ihr Sexleben um 100 Prozent verbessert hat.«

Das Business der Amateurvideos ist relativ neu. Was passiert, wenn dieses Paar, das beim Gedanken an anonyme Fremde erregt wird, die sie beim Sex beobachten, entdeckt, daß die jugendlichen Freunde ihrer Kinder gar nicht so anonym sind? Oder was passiert, wenn sie geschieden werden und der neue Ehepartner zufällig über die alten Bänder stolpert?

»Nun, einigen Leuten bereitet das Sorge«, gibt sie zu. »Sie fragen sich, was passiert, wenn der Chef oder die Schwägerin oder sonst jemand das sieht. Wenn man sich darüber jedoch allzu viele Sorgen macht, dann dreht man solche Videos nicht, oder?«

Suzy zerbricht sich darüber nicht den Kopf, weil sie glaubt, daß Sex gut, sauber, gesund und lustig ist. Anders als einige andere Vertreiber von Amateurvideos – besonders Video Sophisticates U.S.A. in Los Angeles, die Produzenten des Videos mit dem doppelten Analverkehr, das mich und Kate in meinem Hotelzimmer so gefangennahm – führt sie keine Videos mit S/M oder anderen Spielarten, die mit der dunklen Seite des Sex zu tun haben.

»Ich bin sehr feministisch eingestellt«, sagt Suzy. »Und es gibt Dinge, die wir nicht tun, weil ich dazu eine gewisse Einstellung habe. Keine Schmerzen, kein Bondage, keine Erniedrigung. Keine Videos mit Vergewaltigungen, obwohl Vergewaltigung eine allgemein übliche Phantasie ist. Eine phantasievolle Vergewaltigung kann vielleicht liebevoll zwischen Ehemann und Ehefrau ablaufen, aber wir würden ein solches Band niemals verkaufen, weil einige Zuschauer es falsch verstehen könnten. Wir sind sehr, sehr vorsichtig, damit Frauen nicht degradiert und ausgenutzt werden.

Ich verstehe unsere Mission als Teil der sexuellen Revolution. Sex muß an die Öffentlichkeit kommen. Eltern tun sich schwer, über Sex zu reden. Manche bekämpfen sogar die Sexualkunde in den Schulen. Wir haben eine puritanische Kultur; und wir haben Sex zu etwas Schmutzigem erklärt, das nicht ist und nicht sein darf.

Vielleicht würden wir nicht immer wieder von Priestern lesen, die unbehelligt jahrelang kleine Jungen belästigt haben, wenn wir offener mit Sex umgehen würden.«

Suzy scheint wirklich an ihre Mission zu glauben. Und sie verdient gerne Geld. Zusätzlich zum Vertrieb der Videos bietet Video Alternatives mehrere Telefonnummern, unter denen bestimmte Dienste angeboten werden (nur für Kunden), von Kim Scotts täglich aufgezeichneten Tips (3 Dollar pro Minute) für das Herstellen eigener Videos bis zu Ratschlägen von verschiedenen »Beratern«, von der Astrologin Annie bis hin zu Johnny, den Mann, der Antworten für hetero-, bi- und homosexuelle Männer hat.

Kims heutiger Tip handelt davon, wie man »Talente« findet. Sie rät Möchtegernproduzenten, sich an die Theatergruppen in Colleges zu wenden. Doch sollte man davon absehen, Stars unter Erotiktänzern zu suchen. Die Rausschmeißer setzen Sie gleich vor die Tür. Und die »Damen« verdienen viel Geld, mehr, als man ihnen für ein Band zahlen könnte.

»Sie werden denken, das ist nur wieder so ein Verrückter, der versucht, sich eine Verabredung zu erschleichen«, warnt Kim.

Das sich die Sache für Suzy lohnt, ist ganz offensichtlich. Doch warum sollte ein Paar wie Paul und Jennie seine eigene »erotische Eskapade mit ihren besten Freunden« filmen und *verkaufen?*

SOUTH COUNTY, ST. LOUIS

»Es war Pauls Idee«, sagt Jennie. »Ich hatte einige Bedenken.«

»Sie sagte: ›Du bist ein Stück Scheiße. Du bist krank. Du bist verrückt‹«, erzählt er lachend und kitzelt sie. »Das sind ›einige Bedenken‹.«

»Ich bin nicht prüde«, wehrt sie sich und schlägt seine Finger zur Seite. »Ich habe die Amateurvideos gerne angesehen. Ich hatte Angst, eines zu machen. Was, wenn jemand, den man kennt, dieses Band in die Hand bekommt und Dinge anschaut, die er lieber nicht sehen sollte? Meine Mutter hat letztes Jahr drei Wochen lang nicht mit mir gesprochen, weil ich in ihrem Haus das Wort ›ficken‹ benutzt habe. Sie verstehen sicher, woher meine Haltung kommt, oder?«

Jennie, 27, und Paul, 26, sind seit fünf Jahren verheiratet. Sie sind das typische Paar einer Kleinstadt aus dem Mittelwesten. Er ist groß und schlank, hat einen hängenden Schnurrbart und zerzaustes braunes Haar, das auf den Kragen seines Hemdes stößt, führt eine Karosseriewerkstatt und ist Mitglied der Bowlingliga. Sie, Kassiererin in einer Bank, ist in jeder sichtbaren Hinsicht Durchschnitt, hat braune Augen und braunes Haar, das sie lang und übermäßig gestylt trägt. Sie tragen Nike-Schuhe, Jeans und passende rote T-Shirts mit dem Emblem der Cardinals, einem Baseballteam. Ihre Eltern gehen regelmäßig zur Kirche (ihre sind Methodisten, seine Unitarier), aber Jennie und Paul besuchen nur selten den Gottesdienst.

»Sie können niemanden treffen, der normaler wäre als wir. Wir haben einen struppigen Hund und all das Übliche.«

»Zuerst habe ich sie dazu gebracht, mit der Kamera zu spielen.« Paul erzählt, wie er Jennie dazu bewogen hat, sich von einem kategorischen »Auf gar keinen Fall!« bis zu Kopien ihrer Bänder für engste Freunde umstimmen zu lassen. »Ich sagte, sie solle zuerst mich filmen, wie ich mich ausziehe und mit mir selbst spiele. Als ihr das gefiel, filmte ich sie beim Ausziehen.«

»Zuerst habe ich mich nur ausgezogen. Er willigte ein, damit aufzuhören, wenn ich ›stop‹ sagte. Er hat sich daran gehalten, und ich durfte diese wunderbare neue Unterwäsche bei Victoria's Secret kaufen.«

»Als wir uns das Band ansahen, wurde ihr klar, wie heiß sie beim Strippen aussah«, fügt er hinzu. »Wir spielten das Band mehrere Wochen lang ab, bis sie schließlich sagte: ›Okay, ich will, daß du mich beim Masturbieren filmst.‹«

»Wir kamen überein, daß jedes Band, das wir drehten, mein Band sein sollte«, fährt sie fort. »Ich bewahrte sie in meiner alten Schmuckschachtel auf, die aussieht wie eine Piratentruhe, mit Schloß und Riegel. Er wußte nicht, wo ich den Schlüssel versteckt hatte. Hätte er die Bänder in Verwahrung genommen, hätte ich ihm nicht vertraut. Dann wäre ich nicht weitergegangen. Er hat aber immer sein Wort gehalten.«

»Sie schlug vor, ein weiteres Band zu drehen«, sagt Paul. »Von da an ging es irgendwie los. Nach sechs Bändern war sie ganz heiß darauf.«

»Es waren immer noch meine Bänder«, wirft sie ein. »Er hat sein Wort gehalten, daß er mich nicht drängen wollte, sie einzuschicken. Eines Abends hatten wir unsere besten

Freunde zum Abendessen eingeladen. Alle waren betrunken. Da habe ich ein Band eingelegt.«

»Die wollten dann auch eins machen. So ging es weiter.«

Zwei Wochen später fuhren die beiden Paare zu einer Hütte im Wald, machten Sex mit ihren besten Freunden, was sie noch nie zuvor und auch danach nie wieder getan hatten, und nahmen sich gegenseitig dabei auf VHS auf, um schärfere Bilder zu bekommen. Sie kamen überein, daß alle vier zustimmen müßten, wenn das Band an einen Vertrieb oder Club geschickt werden sollte. Eine negative Stimme hätte bedeutet, daß das Band verbrannt werden mußte.

Wie haben sie ihre Freunde dazu gekriegt, mitzuspielen?

»Oh, das war ganz einfach«, sagt Paul. »Sie haben selber Bänder, die sie bei Partys zeigen. Jedesmal, wenn die Frau vor anderen Leuten betrunken wird, legt sie ein Band ein. Ihn nennen wir Die Zunge.«

»Ich bezweifle, daß wir so etwas noch einmal machen werden. Es war eine wilde Sache. Ich kann immer noch nicht glauben, daß ich ihre Muschi geleckt habe, während sie den Schwanz meines Mannes im Mund hatte. So etwas sieht man in Filmen, aber man glaubt nicht, daß man so etwas jemals selber macht. Die Kamera hilft dabei, die eigenen Hemmungen zu vergessen. Ich weiß, das klingt verrückt, aber es ist wahr«, lacht Jennie.

»Während des Filmens hatte sie keinen Orgasmus«, sagt Paul. Er legt ihr den Arm um die Schulter, zieht sie an sich und küßt sie auf die Wange. »Aber später, als wir in unserem eigenen Bett Liebe machten.«

»Es ging einfach zuviel vor sich«, sagt Jennie. »Ich konnte nicht kommen, aber ich gebe es zumindest zu.« Sie wirft ihm einen bedeutungsvollen Blick zu.

Deutet sie vielleicht an, daß die andere Frau nur so getan hat?

»Das kann ich nicht sagen«, antwortet sie geziert.

Wenn Suzy Wahl die Schönheit von nebenan in einem vornehmen Vorort ist, dann ist Jennie das Mädchen von nebenan in einer mittleren Wohngegend. Sie und Paul waren schon in der Highschool ein Paar. Sie trennten sich, gingen mit anderen Partnern aus und kamen nach zwei Jahren erneut zusammen, als sie sich beim Sommerkarneval in der Main Street wieder über den Weg liefen.

Manche Amateurinnen glauben vielleicht, sie würden zur kommenden Tracy Lords oder Ginger Lynn – oder sogar Kim Scott avancieren. Jennie denkt nicht so. Sie und Paul haben ein zweites Video zur Veröffentlichung gebracht, das ihre Freunde, die Mitspieler des ersten Filmes, gedreht haben. Thema: Lecken und Saugen. Vielleicht machen sie noch ein oder zwei weitere Filme, bevor Jennie, wie für das nächste Jahr geplant, mit ihrem ersten Kind schwanger wird. Er würde gerne ihre Initiation in Analsex filmen. Sie hat weder der Initiation noch dem Film zugestimmt – bis jetzt.

»Ich kann mir nicht vorstellen, so etwas zu tun, wenn ich Mutter bin«, sagt sie. »Aber ich weiß, ich werde immer froh sein, daß ich es getan habe, als ich die Gelegenheit dazu hatte. Das sind schöne Erinnerungen. Eines Tages werden wir achtzig oder neunzig Jahre alt sein und über diese Filme kichern.«

»Es ist aufregend, uns selbst auf dem Film beim Vögeln zu sehen und zu wissen, daß irgendwelche Fremde in anderen Städten uns vielleicht zur selben Zeit sehen«, sagt Paul. »Das hat unserer Ehe sehr gut getan. Ich bin stolz, mit einem Mädchen verheiratet zu sein, das sexuelle Abenteuer mag.«

Suzy Wahl zufolge ist dieses Bedürfnis, zu sehen und gleichzeitig gesehen zu werden, der Hauptgrund für normale Menschen, zum Pornostar zu werden, wenn auch nur für neunzig Minuten. Sie hat durch Telefongespräche viel über die Wünsche der Menschen und ihre Beweggründe gelernt. Einige der Gespräche über die 800er-Nummern kommen von Frauen, die gerne ein Band machen würden, aber ihre Hemmungen nicht überwinden können. Andere Frauen sind neugierig auf Bisexualität. Sie wollen wissen, ob sie mit einer Frau Liebe machen sollen, um ein Band zu verkaufen. Derartige Fragen lassen Suzy vermuten, daß manche Leute die Bänder als Vorwand benutzen, etwas Neues auszuprobieren, besonders weibliche Bisexualität.

»Ich hatte noch niemals eine Frau geliebt, aber ich war sehr neugierig darauf«, gibt sie zu. »Ich habe ein Band gemacht. Auf diese Weise kann man seine Neugier befriedigen. Für manche Menschen ist das Band die Entschuldigung, die sie brauchen, um einmal etwas anderes auszuprobieren.«

Männliche Anrufer wollen meistens wissen, wie sie ihre Partnerinnen zum Mitmachen bewegen können. Suzys Rat klingt genau wie die Methode, die Paul bei Jennie angewendet hat: Geben Sie ihr die Kamera und lassen Sie sich filmen. Wenn ihr das gefällt, filmen Sie Ihre Frau. Sie kann alle Bänder behalten. (Ich schätze, Paul hat seine Methode durch eine von Suzys Beraterinnen.)

»Wir haben mit den 800er-Nummern begonnen, weil wir entdeckt haben, daß so viele Männer gerne reden wollten, wenn sie ihre Bestellungen aufgaben«, erzählt Suzy.

Die Frage, die Männer am zweithäufigsten stellen, lautet: Welche Art Film soll ich drehen?

»Oralsex ist sehr beliebt. Immer eine sichere Sache.

Unsere Bestseller zeigen schwarze Männer und weiße Frauen. Dabei ist mir nicht ganz wohl. Das erscheint mir wie Dominanzverhalten, aber Frauen sagen, es erregt sie. Und weiße Männer mögen es auch, was mich überrascht.«
Ich hebe bei dieser eindeutig rassistischen Bemerkung eine Augenbraue, aber Suzy macht weiter, blind gegenüber der Bedeutung ihrer Worte.
»Aber man muß vorsichtig sein, so etwas am Telefon zu sagen. Man weiß nie, welche Einstellung die Leute zu solchen Dingen haben oder welcher Rasse sie sind, wenn man sie nicht sehen kann.«

Zurück im Adam's Mark vergleiche ich Suzys Videoliste mit den Bestseller-Bändern von Video Sophisticates U.S.A., einem Amateurvideoclub mit Mitgliedern in Europa und USA. VS-Bestseller zeigen doppelte und dreifache Penetration.
»Wenn Sie wissen, daß das junge Mädchen aus Des Moines (Band Nr. SV-31), das sich zwei Schwänze gleichzeitig in die Muschi stecken läßt, als Angestellte für eine Rechtsanwaltskanzlei arbeitet, eröffnet Ihnen das eine neue Dimension sexuellen Vergnügens«, verspricht die Broschüre. Oder wie wäre es mit der jungen blonden Hausfrau (Nr. SV-45), die »eine dreifache Penetration von drei dicken Schwänzen« erlebt?
VS ist eher ein Club als ein Versandhaus. Mitglieder – die ihre eigenen Bänder nicht zeigen müssen – erhalten die »vertrauliche« Telefonliste aller Mitglieder, das Fotoalbum mit über 230 Fotos von europäischen und amerikanischen Mitgliedern und den Newsletter, alles für 50 Dollar. Wenn ihre Fotos für das Buch ausgewählt werden, bekommen sie 25 Dollar – und 100 Dollar für einen Film. Ein Highlight aus dem Katalog ist »Kinky in Kokomo«, das mit »bizarren

Penetrationen« mit Küchenutensilien, Sportgegenständen usw. wirbt sowie mit wildem Gruppensex, inklusive »goldenen und braunen Duschen«.

Laut Gesetz dieses Landes sind kommerzielle Bondage-Filme, die Penetration oder Ejakulation zeigen, verboten. Dadurch, daß VS als Privatclub operiert, in dem Bänder »getauscht« und nicht verkauft werden, umgeht VS dieses Gesetz. Bob und Vicki Halloran, denen die Firma gehört, sind besonders stolz auf ihre »Produkte nach europäischem Vorbild«, ebenso auf ihre europäischen Mitglieder.

Ich rufe sie zu einer vorher verabredeten Zeit an, um sie um ein Interview zu bitten. Ich liege zwischen den Pornos mit »echten« Menschen auf meinem Bett und frage, wie groß diese Küchenutensilien sind. Sie sagen, ich soll meine Phantasie anstrengen oder das Video bestellen.

»Dieser Trend der Amateurvideos ist in Europa aufgekommen«, sagt er. »In Ländern, in denen Pornos schon seit einiger Zeit legal und akzeptiert sind, haben sich die Konsumenten an den professionellen Produkten sattgesehen. Eine kleine Gruppe abenteuerlustiger Leute ist zusammengekommen, gründete einen Club für die Produktion und den Austausch von Videos mit explizit sexuellem Inhalt – und das war's.

Ein Trend war geboren. Wir sind stolz, dazuzugehören.«

Eine Woche nach unserem Telefongespräch schicken mir die Hallorans eine Menge Material und einen Brief, der mit »Ganz die Ihren im Vergnügen, Bob & Vicki« unterschrieben ist, ähnlich der verschnörkelten Phrase, die ein bibeltreues Paar gebrauchen könnte, das »in Christus« unterschreiben würde.

Ein Video mit Küchenutensilien liegt dabei. Anale und vaginale Penetration mit Holzlöffeln, Spaghettizangen, Spateln, Handmixern und anderen Geräten. Fällt das unter »Erotika« – oder unter »Kaum zu glauben«? Bevor man bei neuen Bekannten zum Essen eingeladen wird, sollte man vielleicht nachfragen, ob die Küchengeräte auch für andere Dinge benutzt werden. Und wenn ja, ist im Haus ein Sterilisiergerät vorhanden?

ZWÖLFTES KAPITEL

Fetische

WASHINGTON, D.C.

»Mit dem Gesicht in die Ecke, Fußsklave, du bleibst in der Ecke, Fußsklave, bis ich dir *gestatte,* meine Füße anzubeten!« befiehlt Herrin Zena und zieht dabei ihren roten Blazer aus. Ihre Stimme läßt mich an schwere Seide denken, an eingezogene Krallen, an subtile Macht. »Du bist es nicht wert, meine Füße anzubeten, nicht wahr, Sklave?«

»Nein, Herrin Zena, das bin ich nicht«, erwidert der »Fußsklave« und kauert sich demütig in der Ecke seines prächtigen Büros zusammen.

»Du wirst jetzt gut sein, Fußsklave. Du wirst mich vor meiner Freundin nicht in Verlegenheit bringen.«

Er ist einfach ein Mann, durchschnittliche Größe, durchschnittliches Gewicht, teurer Haarschnitt, manikürte Fingernägel, in den Vierzigern – er trägt ein schwarzes Seidensuspensorium und sonst nichts. Zena ist eine schöne schwarze Frau und trägt einen schwarzen, gestrickten Catsuit, der ihren festen Körper attraktiv umhüllt. Sie trägt außerdem glänzende, hüfthohe Stiefel aus Vinyl und schwere Silberreifen in den Ohren. Nachdem sie ihre Jacke über den Stuhl geworfen hat, zieht sie eine Wildlederpeitsche aus ihrer Schultertasche. Sie schlägt mit der Peitsche gegen den Fuß des massiven Teakholzschreibtisches ihres Sklaven und reicht mir die Tasche. Ich gehe auf die andere Seite des

Zimmers und setzte mich in das ebenso bequeme wie geschmackvolle Ledersofa, um ihrer Vorstellung zuzusehen.

»Fußsklave«, sagt sie mit langgezogenem Knurren. Sie läßt die Peitsche leicht über seine Schulter klatschen. Er schnappt nach Luft. »Warst du diese Woche brav? Hast du alles getan, was Herrin Zena dir aufgetragen hat? Hast du deiner Sekretärin Blumen geschickt, als Dank, weil sie so nett zu mir war?«

Zena hat mir erzählt, sie bestehe darauf, daß er seiner Sekretärin und der Empfangsdame häufig Geschenke wie Blumen, Parfüm oder Konfekt mitbringt, weil sie Zena bei ihrem wöchentlichen Besuch in seinem Büro mit soviel Wärme und Zuvorkommenheit behandeln. Was, glauben Sie, halten die beiden davon? fragte ich sie.

»Oh, zur Hölle«, antwortet sie mit geziertem Südstaatenakzent. »Sie glauben, ich sei sein Nigger-Callgirl, sie glauben, ich blase ihm einen oder ficke ihn hier. Sie glauben mit Sicherheit nicht, daß er mir die Füße küßt.«

»Ja, Herrin, das habe ich, ich habe alles getan, was Ihr mir aufgetragen habt.«

»Bist du ein guter Fußsklave?« Wieder zieht sie die Peitsche über seine Schultern. Er erzittert. »Nun, was wirst du mir antworten?« Sie schlägt leicht seinen Rücken. »Fußsklave, du wirst mich doch nicht belügen, oder?«

»Nein, Herrin Zena, ich kann nicht lügen. Ich bin wertlos.«

Sie tritt mehrere Schritte von ihm zurück und steht mit gespreizten Beinen da, ein Fuß leicht vor dem anderen, die Arme in die Seite gestemmt. Im Zimmer ist es still. Seine Anrufe, einschließlich die seiner Frau, werden während Zenas Besuchen nicht durchgestellt. Die Fenster sind geschlossen und lassen den Verkehrslärm der Connecticut

Avenue nicht herein. Außer dem Zischen der Peitsche ist kein Laut zu hören – nur Zenas Stimme, stark, maniriert, gebieterisch, anmaßend.

Mittlerweile sieht ein kniender, nackter Mann für mich aus wie der andere. Doch die Dominas haben alle ihren eigenen theatralischen Stil. Zena, die auf Fußfetischismus spezialisiert ist, hat viel Schwung. Sie fordert eher Anbetung als Furcht heraus.

»Dreh dich um und kriech zu mir her«, gurrt sie. Er kriecht ohne aufzublicken zu ihr hin und hält wenige Zentimeter schüchtern vor ihrem rechten Stiefel ein. Sie hebt ihren Fuß, bis der Zeh sein Kinn berührt. Jetzt bemerke ich seine Erektion. »Lecke«, sagt sie und stellt den Fuß wieder auf den Boden.

Er leckt mit langen, breiten Strichen mit der Zunge über das glänzende Vinyl, als wolle er ihren Stiefel reinigen.

Die Frau dieses Fußsklaven weiß nichts von seinem Fetisch. Und wenn sie es wüßte, würde er jetzt ihren Stiefel in seinem Gesicht spüren? Nur wenige Frauen stellen sich gerne auf den Fetisch des Mannes ein, deswegen bezahlen viele Männer Dominas dafür, damit sie mit ihnen spielen. Auch die durchschnittliche Prostituierte ist mit Fußfetischismus nicht mehr vertraut (oder darüber begeistert) als die Ehefrau. Dominas jedoch kennen sich darin aus.

Laut Zena gibt es vier Arten fetischistischen Verhaltens: Anbetung, bei der der Mann sich damit zufrieden gibt, die Füße zu lecken und zu küssen, ob mit oder ohne Schuhe; Nuckeln, wobei der Mann die Sohlen der Füße leckt und an den Zehen saugt; Gehen und Treten, wobei die Domina mit hohen Hacken auf diverse Körperteile des Mannes tritt; und der Riesinnenkomplex.

Als ich den Fußsklaven so beobachte, wie er mit seiner

Zunge immer höher an Zenas Stiefeln hinaufleckt, würde ich sagen, er ist leicht einzuordnen. Ein Anbeter.

Laut Zena will ein Mann, der den Riesinnenkomplex hat – was eher selten ist – so tun, als sei die Frau eine Riesin und er ein Zwerg, und er wird von der Riesin zu Tode getrampelt. »Von meine Klienten wollen das nicht viele«, versichert sie mir.

Zena hat einige Kunden wie diesen hier, die ihr 235 Dollar pro Stunde zahlen, damit sie in ihre exklusiven Büros kommt und sie nicht in ihren Kerker, wo sie sich auf Zenas Befehl nackt ausziehen und ihre Füße anbeten müssen, während die Sekretärinnen die Telefongespräche abfangen. Die meisten wollen als Abschiedsgeschenk einen Strumpf, den sie die ganze Woche getragen hat. Sie wickelt den gewünschten Strumpf fest um die Hoden des Kunden und ordnet an, ihn dort zu lassen, bis sie nach Hause gehen, dann verläßt sie das Büro.

»Ich bewahre in meinen Laufschuhen immer Strümpfe auf, um die richtige Atmosphäre zu schaffen«, erzählte sie mir auf unserem Weg in dieses Büro. »Ich trage sie doch nicht die ganze Woche.« Sie lachte. »Das ist ein Berufsgeheimnis.«

Beinahe alle ihre Kunden sind verheiratet. Keine ihrer Frauen weiß von ihrem Fußfetischismus. Wie die meisten Dominas hat auch Herrin Zena keinen sexuellen Kontakt mir ihren Kunden. Sie schickt sie im Zustand der Erregung nach Hause. Die meisten dieser Männer können nur nach einem Besuch bei Zena Sex machen.

»Jetzt riech an meinen Füßen«, befiehlt sie. »Reibe deine Nase an ihnen und rieche wirklich daran.«

Er liegt auf den Knien. Sie sitzt auf seinem Stuhl. Er hat ihr die Stiefel ausgezogen und liebevoll auf seinen Schreibtisch gestellt. Von der anderen Seite des Zimmers aus kann ich stoßweisen Atem hören, als er tief und verlangend an ihren Füßen riecht.

»Jetzt massiere sie.«

Zena hat schlanke Füße mit langen Zehen, abgesehen von dem ein wenig kleineren fünften Zeh sind alle genauso lang wie der große Zeh. (»Fetischisten lieben lange Zehen.«) Zweimal pro Woche läßt sie sich pediküren. Jeden Abend, bevor sie ins Bett geht, reibt sie sich die Fußsohlen mit Vaseline ein und zieht sich dann weiße Baumwollsocken über. Sie geht niemals barfuß. (»Meine Pantoffeln stehen neben meinem Bett. Wenn ich aufwache und sie sind nicht da, rufe ich meine Geliebte und bitte sie, mir die Schuhe zu bringen. Sie steht immer vor mir auf, weil sie einen Job hat.«) Zena ist vielleicht 35 Jahre alt, aber ihre Füße sind babyweich. Es sind Füße, die es wert sind, angebetet zu werden.

Während er ihre Füße massiert, stöhnt er gelegentlich. Ich kann die sexuelle Erregung auf seinem Gesicht lesen, obwohl sein Penis jetzt hinter dem Schreibtisch verborgen ist. Wenn sie genug von der Massage hat, schiebt sie ihm sanft einen großen Zeh in den Mund. Er stöhnt dumpf auf; das Geräusch eines Mannes, der soeben in die Frau eingedrungen ist, die er begehrt. Sie gestattet ihm, eine Weile zu saugen, dann zieht sie den Zeh wieder heraus. Einige Minuten lang leckt und saugt er schwer atmend und keuchend und stöhnend an ihrem Zeh, als habe er Geschlechtsverkehr mit Zena.

»Ich will mich einen Augenblick ausruhen«, sagt sie und entzieht ihm ihren Fuß.

Der Ausdruck auf seinem Gesicht ist mir unangenehm. Nacktes Verlangen, ein starkes Begehren, das sich kaum in Schach halten läßt. Ich sehe weg und betrachte die Kunstgegenstände, die Fotos einer blonden Frau und kleiner blonder Töchter, die saftigen Blätter sorgfältig gepflegter Pflanzen. Sie gestattet ihm wieder, sie für einige weitere Minuten anzubeten, aber ich sehe nicht zu.

Als es vorbei ist, windet sie den Strumpf um seine Hoden und murmelt ihm leise etwas zu, als er ihr die Stiefel wieder anzieht. Während er auf den Knien bleibt, zieht sie ihren roten Blazer an, nimmt den Umschlag mit den drei Einhundertdollarnoten von seinem Schreibtisch und macht mir ein Zeichen. Die Sekretärin wünscht uns fröhlich einen schönen Tag.

Wir sind allein in dem holzverkleideten Aufzug, und so spricht Zena mit mir. »Seine Frau wird er heute abend hernehmen. Er wird schon mit einem Steifen nach Hause kommen.« In Erwartung meiner Frage fährt sie fort: »Er wird den Strumpf noch im Büro wieder abnehmen. Er bewahrt sie alle in der unteren linken Schublade seines Schreibtisches auf, verschlossen.«

Fetischisten sind zurückhaltender als S/M-Anhänger, wenn es darum geht, über ihr Leben und ihre Wünsche zu sprechen. Keiner von Zenas Kunden möchte mich privat treffen, allerdings hatte dieser Fußsklave gesagt, er werde es tun, wenn sie es ihm befehle. Um jemanden zu finden, der bereitwilliger mit mir redet, muß ich extra nach Cincinnati fahren.

CINCINNATI, OHIO

Nachdem ich auf mein Bett im Holiday Inn in Cincinnati, der Heimatstadt der American Foot Fetish Society gefallen bin, rufe ich bei mir zu Hause an und höre meinen Anrufbeantworter ab. Vierzehn Nachrichten, einschließlich drei von dem Mann, den ich den Penisfetischisten nenne. Jedesmal, wenn ich die Stadt verlasse, spricht er meinen Anrufbeantworter mit langen Nachrichten voll, die alle mehr oder weniger dasselbe sagen. Er will, daß ich auf seine Kosten nach Kalifornien komme und ihn ausmesse. Dazu wird es nicht kommen.

Der Penisfetischist ist in der sexuellen Subkultur wohlbekannt. Er schaltet Anzeigen in Sexmagazinen, Newsletter und der Boulevardpresse. Und er ist Mitglied in einem Club, der ausschließlich Männern mit langen Gliedern vorbehalten ist sowie den Frauen, die sie lieben wollen.

»Suche Frauen, die meinen riesigen, 20 Zentimeter langen Penis ausmessen wollen. Viel Spaß, wenn dein Maßband gegen mein Fleisch drückt.«

Es kommt sehr darauf an, was man unter Spaß versteht. Viele Glückliche, die ihm geantwortet haben, bekamen Erster-Klasse-Tickets nach Kalifornien, wo sie schon bald feststellten, daß es sich bei dem vom Penis besessenen Mann um einen Typ mit durchschnittlichem, 10 cm langen Penis handelt, schlaff, wie anscheinend immer in der Gegenwart von Frauen, die bereit sind, ihn zu vermessen. Je höhnischer, ja je mißbräuchlicher diese enttäuschten Frauen ihm gegenüber sind, desto mehr wird er erregt – so sagen zumindest die Frauen. (»Erniedrigen Sie ihn nur lange genug, und er bekommt beinahe eine Erektion.« – »Man kann zu ihm nicht gemein genug sein. Als ich das entdeckte, wurde ich das Verständnis in Person. Er bat mich schließlich, zu gehen.«) Falls die Frauen lange genug bei ihm bleiben, ruft er einen anderen Mann an, vermutlich jemanden von einem Begleitservice, der über die Maße verfügt, die er sich selbst zuschreibt, und er sieht zu, während der Hengst und die Frau Sex machen.

Dieser Mann ist total auf die Größe seines Penis fixiert. Er kann keine Erektion bekommen oder halten, wenn er keinen großen Penis sieht. Anscheinend kann er dann auch nicht ejakulieren. Sein Weg zu sexueller Befriedigung ist komplizierter als der eines typischen Fetischisten, aber er hat viel Geld, das es ihm erlaubt, es langsam angehen zu lassen. Er kann sich die Anzeigen leisten, die Flugtickets, Champagner und Kaviar, den Begleitservice und verschwenderische Abschiedsgeschenke, mit denen er sich das Schweigen der Frauen erkauft.

Fetischismus – die Abhängigkeit von einem Objekt oder Körperteil zur Erlangung sexueller Erregung und Ejakulation – ist eine der am weitesten verbreiteten sexuellen Zwangshandlungen und ein beinahe ausschließlich männliches Phänomen. Obwohl niemand den Grund dafür kennt, sind Fuß und Schuh die häufigsten Fetische. Andere Fetische sind Unterwäsche – einschließlich ungewaschener Unterhöschen –, lange Haare und Kleidungsstücke aus Latex, Gummi oder Leder, entweder von einer Frau oder von dem Mann selbst getragen. Die Vagina einer Frau oder die Schamlippen oder die Klitoris sind niemals ein Fetisch.

Während die meisten Männer ganz individuelle sexuelle Vorlieben haben – wie Frauen mit blonden Haaren oder hübschen Füßen oder Frauen, die Dessous tragen –, können sie den Sex dennoch auch ohne diese Dinge genießen. In unserer Kultur werden große Brüste so sehr bewundert, daß sie schon beinahe als kultureller Fetisch gelten. In Japan ist die Halsbeuge, die glatt und lang sein sollte, begehrenswert. Einige afrikanische Kulturen schwärmen für große Hintern. Männer dieser Kulturen bewundern und begehren vielleicht diese Körperteile, doch kommen sie gut mit der Frau zurecht, die sie lieben, ob sie nun entsprechend ausgestattet ist oder nicht. Ein Mann mit einem Fetisch kann das nicht. Er muß diesen Körperteil oder dieses Ding haben, gleichgültig, wie wenig sexuell es auf uns wirken mag.

Als ich noch als Kolumnistin bei *Penthouse Forum* arbeitete, war ich überrascht über die vielen Briefe von Männern, die beim Masturbieren ihren Penis mit einer Badehaube aus Gummi rieben. Sie betrachteten die verhaßte Kopfbedeckung meiner Schwimmstunden aus Kindheitstagen als *sexy!* Ich war sprachlos über sie und die Männer, die mich um meine benutzten Höschen baten.

Der Fetischist reduziert die Frau auf einen Körperteil, manchmal sogar auf noch weniger – auf ein getragenes Objekt. Der Körperteil kann alles sein, mit Ausnahme der weiblichen Genitalien. Beim Fetischismus geht es darum, den erotischen Impuls von den Genitalien auf einen anderen (ungefährlichen?) Teil zu lenken. Einige Fachleute glauben, daß der Fetischist Angst vor Frauen oder der weiblichen Sexualität habe. Andere spekulieren, daß er den Fetisch entwickelt, weil er Frauen nicht als ganze Menschen sehen kann. Er braucht die emotionale Distanz zu seiner Partnerin, um sich sicher zu fühlen. Indem er niemals wirklich Liebe mit *ihr* macht, hält er diese Distanz aufrecht. Diese Unfähigkeit zur Nähe hält ihn sexuell in einem Muster zwanghaften fetischistischen Verhaltens gefangen.

In bestimmten afrikanischen und indianischen Kulturen ist ein Fetisch ein heiliges Objekt oder ein Artefakt, ein Talisman mit spiritueller Kraft. Die Anbetung eines Fußes oder goldenen, langen Haares kann eine Möglichkeit sein, eine Frau auf ein Podest zu stellen, sie zu einer Heiligen zu erklären – eine andere Form der Distanzierung. In allen Jahrhunderten haben Männer ausgewählte Frauen auf diese Podeste erhoben. Der Fetischist führt die Frauen in neue, unerreichbarere Höhen, wenn er den Geschlechtsverkehr durch Fetischismus ersetzt.

An diese Definition des Fetischismus mußte ich denken, als ich eine Schlüsselszene des Filmes *Zeit der Unschuld* sah, ein Film nach dem gleichnamigen Roman von Edith Wharton. Daniel Day-Lewis, der die männliche Hauptrolle spielte, fiel Michelle Pfeiffer zu Füßen und küßte ihre Schuhe, dann weinte er und preßte dabei sein Gesicht an diesen Schuh. Die Geliebten waren natürlich vom Schicksal dazu verurteilt, ihre Vereinigung niemals zu vollziehen. Sie blieb für den Rest seines Lebens die perfekte Frau, die er niemals besitzen konnte. (In der Zwischenzeit gebar ihm seine Frau Kinder, pflegte ihn bei Krankheit usw.) Wie der Fetischist hat er in dieser Beziehung seine Geliebte vor der Lust bewahrt.

Was auch immer seine psychologischen Beweggründe sein mögen, der Fetischist kann eine Frau nur dann lieben, wenn sein Fetisch tatsächlich oder in seiner Vorstellung anwesend ist. Junge Männer können vielleicht die Illusion der »Normalität« aufrechterhalten, indem sie beim Liebemachen ihre Phantasie benutzen (verstärkt durch geheime Spiele mit dem Objekt oder Fotos des Körperteiles). Ältere Männer brauchen die Realität.

Wenn der Mann älter wird, braucht er immer mehr sexuelle Stimulantien, um sich sexuell zu erregen. Wenn der sexuell besessene Mann älter wird, braucht er in der Regel mehr von dem, was er wirklich mag, und kommt mit allem anderen nicht klar. An diesem Punkt geht die Ehe mit seiner Frau vielleicht auseinander. Genau das geschieht bei Ryan, dem Mann, den ich in Cincinnati treffen will.

»Wir haben seit sieben Monaten keinen Sex«, erzählt Ryan. »Lisa [seine Frau] möchte noch ein Baby. Wie kann sie ein Kind bekommen, wenn ich sie nicht lieben kann?«

Ryan und Lisa, beide 35, sind seit zehn Jahren verheiratet

und haben eine siebenjährige Tochter namens Liselle. Er hat eine gut florierende Praxis für Kinderheilkunde; sie ist erfolgreiche, freischaffende Werbegrafikerin. Sie haben sich kennengelernt, als beide auf die New York University in Manhattan gingen. Von außen besehen scheinen sie alles zu haben – vom Mercedes bis zum jährlichen Urlaub in Südfrankreich. Wer würde vermuten, daß diese schlanken und fitten Mittdreißiger ausgerechnet kein Sexleben haben?

»Am Anfang«, erzählt er weiter, »konnte ich mit ihr einigermaßen guten Sex machen. Sie wußte nicht, daß ich einen Fußfetisch habe. Ich weiß seit meiner Zeit in der Highschool, daß ich Fußfetischist bin. Ich habe ein Paar Ballettschuhe von meiner Freundin gestohlen und beim Masturbieren meinen Penis an ihnen gerieben.« Er fährt sich nervös mit einer Hand durch das dünner werdende blonde Haar. »Ich bin nicht stolz darauf. Ich weiß, daß da bei mir etwas grundfalsch läuft.

Was es auch ist, ich konnte es jahrelang gut verstecken. Ich habe Lisas ganzen Körper geliebt, jeden Teil von ihr geküßt und liebkost, damit sie nicht stutzig wurde, wenn ich ihre Füße küßte. Sie trug schwarze Strümpfe und hochhackige Schuhe, wenn ich sie darum bat. Meine Besessenheit war sicher in meinem Kopf verstaut.

Ich besitze Fetischmagazine, aber die bewahre ich in meinem Büro auf. Ich habe noch nie solche Dinge mit nach Hause genommen. Fetischmagazine haben die Beziehung zwischen mir und Suzanne zerstört, der Frau vor Lisa, die ich geheiratet hätte, wenn sie meine Sammlung nicht gefunden hätte.

Suzanne hatte einen Schlüssel zu meiner Wohnung, so daß sie hinein konnte, wenn ich spät dran war. Damals studierte ich Medizin und arbeitete in zwei Teilzeitjobs. Eines Nachts schnüffelte sie herum und fand meine Zeitschriftensamm-

lung. Ich werde niemals vergessen, wie ich mich fühlte, als ich durch die Tür kam und die Zeitschriften auf dem Boden verstreut liegen sah. Sie stand am Fenster, Tränen gerechten Zorns in den Augen, die Arme vor der Brust verschränkt und sah mich an, als sei ich ein Psychopath.
Sie verlangte eine Erklärung. Ich versuchte es, und ich sah sie nie wieder.«

Die Anzahl der Publikationen für Fetischisten ist für den Außenstehenden verblüffend groß. Ich habe ohne Mühe über 200 gefunden. Als der berühmteste Fußfetischist Amerikas, Marla Maples' Agent Chuck Jones, 1990 in seinem Büro verhaftet wurde, nachdem er mehrere Paar ihrer Schuhe gestohlen hatte, wurden von der Polizei auch Hefte des Hochglanzmagazins *Spike!* als Beweismittel beschlagnahmt. Ein Beamter, der mir erzählte, er habe sich informationshalber Fotos von Männern angeschaut, die Füße und Schuhe von Frauen küßten und leckten, war über einige andere Fotos sehr schockiert – von Frauen, die auf Männern standen und ihre hohen Absätze fest in Brustwarzen und Genitalien drückten. »Was hat das mit Sex zu tun?« wollte er von mir wissen.
Einige Fußfetischisten geben sich damit zufrieden, zu lekken, zu saugen und zu küssen, aber andere wollen auch, daß man sie zerquetscht, auf ihnen herumtrampelt, ihnen den Fuß in den Mund rammt oder geben sich Phantasien über Riesinnen hin. Fußfetischblätter zeigen selten den Oberkörper von Frauen und stellen den Fuß häufig auf dem Gesicht (oder irgendwo auf dem Körper) des Mannes dar. Die Zeitschrift *In Step* bringt eine regelmäßige Kolumne mit dem Titel »Die Riesin spricht«, illustriert mit dem Cartoon einer Riesin mit Pfennigabsätzen, die auf einen Miniaturmann einstampft.

»Es ist zu schade, daß die Gesetze der Physik und der Biologie es unmöglich machen, daß Riesenfrauen jemals wirklich kleine Männer dominieren!« schrieb ein Leser an die Riesin.

Sie antwortete unter anderem: »Vor einiger Zeit waren die Watussi, die größten Menschen der Erde, Todfeinde der Pygmäen, des kleinsten Volkes der Erde ... Die Watussi kannten eine Zeremonie, die sie ›maribu butu‹ nannten, wörtlich übersetzt ›Tritt des Elefanten‹. Bei diesem Ritual erniedrigten und verunglimpften die Watussi die gefangenen Pygmäen, die dann den größten Watussi-Mädchen übergeben wurden, damit diese sie zu Tode trampelten.«

Für einen Fußfetischisten ist das Pornographie. Eine Frau, die in der Wohnung ihres Geliebten über derartiges Material stolpert, hält ihn vermutlich für wahnsinnig.

»Nachdem ich diese wichtige Beziehung wegen meiner Zeitschriften verloren hatte, habe ich nie wieder welche bei mir zu Hause aufbewahrt. Lisa hatte keine Ahnung, daß mit mir etwas nicht stimmte. Vor einigen Jahren hatte ich einige sexuelle Probleme mit ihr, aber sie gab sich selbst die Schuld daran. Sie dachte, ich verlöre das Interesse an Sex, weil sie nicht mehr sexy sei. Sie wurde Mitglied in einem Fitneßstudio, hat sich operieren lassen und kaufte sündhaft teure neue Kleider und Dessous. Ich hatte immer mehr Schwierigkeiten, bei ihr eine Erektion zu kriegen. Ich bin Arzt. Ich hätte den Grund dafür kennen müssen.«

Wie die meisten Männer bemerkte Ryan, als er die Dreißig überschritten hatte, eine Veränderung seiner sexuellen Reaktionen. Der durchschnittliche Mann bekommt ein wachsendes Bedürfnis nach Berührung, nach mehr Streicheln, Küssen und Liebkosen. Ryan brauchte mehr von

Lisas Füßen. Das konnte er ihr nicht sagen, also fand er eine Lösung, die auch andere Männer wählen würden. Während sein Nachbar vielleicht eine Affäre beginnen würde, um die Sexualität neu zu beleben, nahm Ryan für zwei Abende pro Woche einen Job als Schuhverkäufer an. Lisa erzählte er, er leiste freiwillige Arbeit in einem Obdachlosenheim.

»Sie dachte, ich mache eine Art spirituelle Krise durch«, erzählt er. »Sie machte sich Sorgen, doch sie dachte, das ginge vorbei. Ich glaubte, wenn ich im Geschäft durch die Füße der Frauen erregt würde, könnte ich nach Hause gehen und mit Lisa Liebe machen. Es funktionierte. Wir hatten wieder ein Sexleben. Sie war so froh darüber, daß sie wegen des Obdachlosenheims nicht mehr meckerte.«

Dann kam ihre Cousine in den Schuhladen und sah Ryan zu Füßen einer anderen Frau. Sie kam zu dem ganz offensichtlichen Schluß: Ihre erfolgreichen Verwandten waren finanziell ins Schleudern geraten. Das Gerücht drang auch bis zu Lisa durch, die darüber entsetzt war.

»Ich mußte ihr alles erzählen. Sie war sprachlos. Lisa hatte noch nie von Fußfetischismus gehört. Sie hat versucht, mich zu verstehen. Als ich eine Therapie zurückwies, hat sie versucht, sich mit meinen Bedürfnissen zu arrangieren. Sie hat sich die Füße pediküren lassen und mir erlaubt, meine erotische Aufmerksamkeit auf ihre Füße zu lenken. Lisa hat alles getan, was sie konnte. Doch ich hatte mich selbst nicht in der Gewalt. Als ich einmal auf ihren Fuß ejakulierte, wurde sie hysterisch.

Sie sagte: ›Das war's. Sorg dafür, daß dir geholfen wird. Sofort.‹«

Er zog in Erwägung, eine Domina aufzusuchen, verwarf diesen Gedanken aber wieder.

»Ich konnte mir einfach nicht vorstellen, eine Prostituierte zu benutzen«, sagt er. »Jetzt wünschte ich, ich hätte es getan. Dann wären wir jetzt vielleicht nicht in solchen Schwierigkeiten.«

Nach seiner Einschätzung steht seine Ehe »auf der Kippe« – und ist nach Meinung seiner Frau »so gut wie vorbei«. Obwohl sie sich nicht mit mir treffen will, stimmt sie einem telefonischen Interview zu. Ich rufe sie wie von ihr gewünscht von einem öffentlichen Telefon in einem Restaurant an, während Ryan an einem Tisch wartet.

»Ich habe ihm eine Frist von sechs Monaten gesetzt«, sagt sie mit leiser, leicht brüchiger Stimme. »Wenn er bis dahin keine professionelle Hilfe gefunden hat, muß ich ihn verlassen. Letzte Woche habe ich ihn im Badezimmer erwischt, wie er an den Füßen unserer Tochter herumgefummelt hat. Unter diesen Bedingungen kann ich nicht bei ihm bleiben.«

»Ich habe nicht an Liselles Füßen herumgefummelt«, protestiert Ryan. »Ich habe sie nach dem Bad abgetrocknet. Sie war in ein großes, flauschiges Badetuch gehüllt. Mit einem kleineren Handtuch habe ich ihr Haar und ihre Beine und Füße abgerubbelt, damit sie nicht so tropfte.

Lisa ging sofort auf mich los. Sie sagte, ein siebenjähriges Mädchen könnte sich selbst abtrocknen, ich sollte nie wieder mit ihr ins Badezimmer gehen, ich würde ihr Bad als Entschuldigung benutzen, um mit ihren Füßen zu spielen.«

Er fährt sich wieder mit den Händen durch die Haare. »Ich würde meine Tochter niemals mißbrauchen. Das würde ich nie tun. Weiß Lisa nach all diesen Jahren denn gar nichts von mir?«

Die Frau oder Partnerin eines Fußfetischisten könnte sehr wohl das Gefühl haben, nichts über den Mann zu wissen, wenn er sie das erste Mal mit seinem sexuellen Geheimnis konfrontiert, nicht wahr? Durch meine Interviews mit Männern, Gesprächen mit Dominas und die Recherche für einen Zeitschriftenartikel über Ehen ohne Sex bin ich mit diesem Verhaltensmuster vertraut. Man kann sagen, daß die meisten Männer mit Fetischen ihren Frauen nichts davon erzählen und normalerweise Schwierigkeiten beim Sex haben, wenn sie älter werden. Ich könnte mir vorstellen, daß ein ziemlich hoher Prozentsatz männlichen Desinteresses am Sex seinen Ursprung im Fetischismus hat.

Wenn ein Mann das Interesse am Sex zu verlieren scheint, gibt seine Partnerin sich selbst die Schuld. Sie glaubt, daß sie ihn langweilt oder daß er sich von ihrem alternden Körper abgestoßen fühlt. Sollte sie lieber glauben, daß er einen geheimen Fetisch für ihre Füße oder für Latex oder Dessous hat? Nein. Sollte er seine Scham überwinden und sein langes Schweigen durchbrechen, um sich ihr anzuvertrauen? Nein. Wird sie ihn zurückweisen, wenn er es doch tut? Möglicherweise.

Die Hunderte von Männern, die der American Foot Fetish Society angehören, die 1990 gegründet wurde, um »die Anbetung von Füßen als Lebensstil zu etablieren«, stehen stolz zu ihrem fetischistischen Verhalten, wie ihr Präsident Bill Volkart sagt. Die Mitgliedschaft umfaßt das Recht, einen Newsletter zu beziehen und eine freie Anzeige für Männer sowie ein Gratisabo und unbegrenzt viele, kostenlose Anzeigen für Frauen. Auch einige Frauen stehen auf der Mitgliedsliste von AFFS. Die meisten sind Ehefrauen, die ihren Männern einen Gefallen tun. Nur wenige alleinstehende Frauen, Dominas ausgenommen, suchen aktiv Fetischisten, indem sie Anzeigen in den Newsletters schalten.

Eine dieser Frauen, eine 125 Kilogramm schwere Vierzigerin, sagt: »Ich bin vielleicht fett, aber ich habe wunderschöne

Füße. Wenn ein Mann meine Füße anbeten will, bitte sehr. Wie viele Rendezvous glauben Sie, würde ich sonst haben?«
Die Blätter und Selbsthilfegruppen wollen ihren Lesern und Mitgliedern das Gefühl vermitteln, ihr Fetischismus sei in Ordnung. Einige Männer fühlen sich gut dabei. Viele Männer nicht. Ryan ist weit davon entfernt, ein »stolzer« Fetischist zu sein. Warum läßt er sich nicht helfen?

»Ich glaube nicht, daß es für mich Hilfe gibt. Ich habe schon von Behandlungsprogrammen für Leute wie mich gelesen. Ich müßte vermutlich nach Baltimore in eine Klinik für sexuelle Störungen fahren [siehe letztes Kapitel]. Für jemanden in meinem Beruf ist das ein großes Risiko. Und obwohl ich meinen Ruf riskiere, gibt es keine Garantie, daß die Behandlung Erfolg hat.«
Ryan kann in seiner Kindheit keine Ursache für sein Verhalten als Erwachsener finden. Dennoch verbindet er frühe Erinnerungen an Frauenfüße mit sexueller Erregung, was die Fetischtheorie zu untermauern scheint, die der Psychiater und Forscher Alfred Binet entwickelt hat: Fetischismus wird weitgehend durch Assoziationen erworben. Wenn ein Junge in dem Moment eine Erektion bekommt, in dem er sich auf den Fuß einer Frau konzentriert, wird er den weiblichen Fuß immer mit sexueller Erregung in Verbindung bringen.
»Meine Eltern sind sehr kühl miteinander umgegangen, ebenso mit mir und meinem Bruder«, erzählt Ryan. »Es gab keinen Mißbrauch, weder körperlich noch sexuell oder seelisch. Zumindest nicht, daß ich es wüßte. Und ich habe versucht, mit meinem Bruder über unsere Kindheit zu sprechen, um zu sehen, woran er sich erinnert. Ich bin sicher, da gibt es nichts. Er scheint nie so recht zu verstehen, was ich will. Ich erinnere mich an eine Zeit, als ich noch krabbelte. Ich

erinnere mich, wie ich unter den Tisch kroch, als meine Mutter und ihre Freundinnen Bridge spielten. Ich weiß, daß ich erregt war. Ich erinnere mich an ihre Füße in den hohen Schuhen. Manchmal streifte eine der Frauen einen Schuh ab. Ich erinnere mich an diese Füße in seidenen Strümpfen, an die Art, wie sie rochen, und das Geräusch von Füßen, die sich gegeneinander rieben.

Ist Ihnen schon einmal aufgefallen, daß Frauen gerne ihre Füße aneinander reiben, wenn sie ihre hochhackigen Schuhe ausgezogen haben?«

Ähnliche erotische Kindheitserinnerungen an Füße habe ich bereits von anderen Fetischisten gehört. Doch jeder Mann war einmal ein Kind, das zu Füßen von Frauen herumgekrabbelt ist. Warum finden nur diese wenigen Männer Füße so verlockend?

Warum gerade Füße?

Einige Männer beharren darauf, ihr Fetisch sei gleichzusetzen mit den Vorlieben anderer Männer. Die Brust wird dabei am häufigsten erwähnt – und verspottet.

»Es gibt doch keinen Unterschied zwischen mir, der ich Füße schön finde, und anderen Männern, die Brüste schön finden«, beharrt ein Anwalt aus Chicago. »Unsere Kultur findet die Brust akzeptabel, das ist der einzige Unterschied. Glauben Sie, daß der durchschnittliche Amerikaner mit seiner Frau Liebe machen könnte, wenn sie ihre Brust entfernen ließe?«

Ein anderer Mann fragte mich: »Warum nicht Füße? Sie sind der erste Teil der weiblichen Anatomie, den wir genauer betrachten können, oder? Als ich ein kleiner Junge war, bekam ich eine Erektion, wenn ich an den Füßen meiner Mutter roch. Ich glaube, das ist normal.«

Warum Füße? Warum überhaupt ein Fetisch?

»Wenn man das wüßte, hätte man vermutlich keinen«, antwortete ein Mann, dessen Fetisch Gummi ist. »Ich schätze, man würde lieber so sein wie alle anderen, weil das einfacher ist. Ich habe meine Mutter einmal gefragt, ob sie Gummilaken in mein Bett gelegt hat, als ich ein Baby war. Sie verneinte das. Ich glaube, da irrt sie sich. Warum sonst Gummi? Ich weiß es nicht. Ich habe ihr übrigens nicht gesagt, warum ich das wissen wollte.«

Im Flugzeug von Cincinnati sehe ich einen Haufen Fetischblätter, -bücher und -newsletters durch.

»Nirgendwo sind das Heilige und das Profane so eng miteinander verwoben wie im Fetischismus, dessen sprachliche Form selbst aus dem Bereich der Religion stammt und dessen Praktiken oft in ausgeklügelten, manchmal ekstatischen Ritualen besteht«, meint hochtrabend ein enthusiastischer Beobachter der Fetischszene. Das erinnert mich an ein Lieblingsschlagwort der Generation, die jetzt in den Zwanzigern ist: Get a Life.

In *Leg Show* leckt ein kniender Mann die Wade einer Frau. In einer Zeitschrift für Gummifetischisten erzählt ein Mann von seiner frühen Erfahrung mit der Badekappe seiner Schwester, nachdem sie ihn in seinem Babypool allein gelassen hatte. Ein Mann spricht in einem Blatt für Männer, die Korsagen tragen, über den orgiastischen Moment, als er zum ersten Mal eine Corsage anlegte.

Die Werbeunterlagen für Diaper Pail Friends, »der größte Club der Welt für erwachsene Babys und Windeln«, enthält eine Bestelliste mit echten Windelgeschichten, einschließlich *In Windeln gelegt und erniedrigt* sowie *Tante Marys Baby*, in der die Tante ihren achtzehnjährigen Neffen zum Baby machte, wie sie es immer schon tun wollte. Beim Überfliegen der Liste stelle ich fest, daß dieses Tante-Neffe-Syndrom sehr häufig vorkommt. Dem Windelträger, der vorgibt, noch nicht lesen zu können, verspricht das Video *Turned into a Baby*. »Es wird Sie erregen, wenn die Frau Lee dazu zwingt, mitten im Restaurant in die Windeln zu machen ... in einer der aufregendsten Szenen, die je gefilmt wurden, werden Sie sehen, wie die Frau seine nassen Windeln direkt auf dem Boden der Damentoilette wechselt.«

Diese Windelträger sind, außer in ihren eigenen Augen, *seltsam*. Ein Mann erzählt, daß er die Windeln zur Arbeit trägt, weil er dieses Gefühl der Dicke liebt und die Freiheit, immer dann zu urinieren, wenn es ihm gefällt. Ein anderer beschreibt, wie aufregend es sei, seine Windel mit Hüftgürtel und Strümpfen unter seinen weiten Hosen beim Einkaufen zu tragen. Beide Männer wundern sich, daß »es niemandem auffällt«, wie sie aussehen. Kommt jemand nahe genug, um es zu bemerken? Könnte der schwache Geruch nach Urin Beobachter auf Distanz halten?

Ich lege das Material über den Windelfetisch ganz unten in den Stapel. Die Fußblätter bilden den größten Teil an Publikationen für Fetischisten. In einem Blatt beschreibt ein Fußfetischist, wie er mit vier Jahren bei den Nachbarn spielte und von einem anderen Jungen »niedergeschlagen wurde, der dazu die Mokassins auszog und seine Füße an meinem Gesicht rieb. In jenem Moment wußte ich: Das ist es, was ich vom Leben will.«

Mehrere Blätter enthalten Vorworte, die vorsichtigen Optimismus über die wachsende Akzeptanz fetischistischer und anderer außerhalb der Norm stehender sexueller Praktiken ausdrücken.

»Vor fünfzig Jahren kämpfte der Mann dafür, überhaupt ein Sexleben zu haben, und versuchte noch nicht, seine Bedürfnisse durchzusetzen«, sagt ein Meinungsmacher unter

der Überschrift »Die Tür zum Schuhschrank steht einen Spaltbreit offen.«
Als ich den Haufen Papier wieder in meine Tasche stopfe, bemerke ich, daß der Mann mir gegenüber mich neugierig beäugt.
»Entschuldigen Sie«, sagt er, »Habe ich Sie nicht schon einmal in der *Geraldo-Show* gesehen?«

Eine Woche später finde ich auf meinem Anrufbeantworter eine Nachricht von Ryan. Er und Lisa sind dabei, einen Waffenstillstand auszuhandeln, bei dem sie einwilligen will, daß er einmal pro Woche eine Domina besucht, wenn er dadurch mit ihr wieder Sex haben kann.
»Wenn das funktioniert, werden wir uns nicht scheiden lassen, sondern noch ein Baby bekommen. Kennen Sie Dominas in der Gegend, die sich auf Fußfetischismus spezialisiert haben? Ich will nicht zu einer x-beliebigen Frau gehen.«
Ich rufe Zena an, weil sie vielleicht jemanden in Cincinnati kennt. Sie kann mir zwar nicht helfen, verspricht aber, ihre Fühler auszustrecken. In der Zwischenzeit will sie ihm, falls er es wünscht, eines ihrer Videos schicken.
»Es gibt nicht viele gute Fetischvideos«, sagt sie. »Viele Männer geben 90 Dollar oder mehr für ein Video aus, in dem höchstens ein oder zwei Minuten Fußfetischismus zu sehen sind. Ich habe den Bedarf erkannt und meine eigenen Videos gemacht.« Im Hintergrund erinnert ihre lesbische Freundin sie daran, daß sie zu spät zu einer Verabredung kommen. »Ich muß gehen«, sagt Zena. »Lassen Sie mich wissen, wie es mit diesem Burschen weitergeht. Diese Typen tun mir leid. Was sie durchmachen ...«
Und die Frauen? frage ich mich im stillen. Was machen sie durch ...

DREIZEHNTES KAPITEL

Die Veränderung des eigenen Geschlechts

NEW YORK

»Ich habe mir schon einmal die Haare entfernen lassen«, vertraut Carl mir an. »Vom Hals bis zu den Knöcheln mit Wachs, sogar mein Schamhaar. Das tat weh. Es war natürlich nicht nötig, die Schamhaare zu entfernen. Ich wollte einfach mal spüren, was Frauen fühlen, wenn sie ihre Scham für einen Geliebten enthaaren.«
Carl ist 35, heterosexuell, Investmentbroker. Wir haben uns zu einem Cappuccino im Café des Angelika-Theaters auf der West Houston getroffen, nach dem Film *Orlando* (nach dem gleichnamigen Roman von Virginia Woolf). Orlando, der Held/die Heldin, wacht eines Morgens auf und stellt fest, daß er/sie das andere Geschlecht angenommen hat.
»Dieselbe Person, überhaupt kein Unterschied. Nur ein anderes Geschlecht«, stellt er/sie fest.
Nach unserem Imbiß gehen Carl und ich zu seinem Privatunterricht, Miss Veras Pensionat für Jungen, die Mädchen werden wollen. In den großen Städten des Landes gibt es überall ähnliche Kurse oder Privatunterricht für Transvestiten. Carl hat in Kursen in Philadelphia, Los Angeles, Chicago und San Francisco die Kunst des Schminkens und des Frisierens gelernt sowie das Tragen von Unterhosen. Laut Carl ist Veronica Vera die beste. Heute wird er rasiert,

gewachst, in eine Corsage geschnürt, frisiert und geschminkt, während ich zuschaue.

»Ihre Klasse ist die lustigste«, sagt er begeistert. »Sie hat einen wunderbar theatralischen Flair. Hier habe ich bessere Schminktips bekommen als sonstwo.«

Carl sieht wirklich *androgyn* aus.

In den siebziger Jahren wurde das Wort »androgyn« überstrapaziert, um Mick Jagger, weibliche Models ohne Hüften und mit dünnem kurzem Haar zu beschreiben und Kleidung für beide Geschlechter zu vermarkten. Dieses Wort erinnerte stets an den weibischen Jungen, der nicht so sehr asexuell, sondern eher präsexuell war. Trotz Jaggers schlängelnder Bewegungen auf der Bühne – und vermutlich auch dahinter – vermittelte er doch nicht die Aura eines potenten *Mannes.* Nur die Lippen und die Zunge versprachen Sexfreuden für Erwachsene.

Carl ist kein weibischer Junge. Er ist ein sexuelles Chamäleon, das in der Verkleidung beider Geschlechter erotisch anziehend wirkt.

»Für jemanden wie mich gibt es keinen Platz auf dieser Welt«, sagt er und umfaßt fest und männlich seine Kaffeetasse. »Transvestitismus wird heute offener und leichter akzeptiert als früher. Doch die akzeptierten Transvestiten sind auffallende Entertainer, keine echten Menschen.«

In den achtziger Jahren war das Androgyne als Marketingmethode passé, und Homosexuelle in Frauenkleidung wurden modern. Chili Pepper aus Chicago zum Beispiel trat in jeder größeren Talkshow auf, und zwar mehr als einmal. Dustin Hoffman war in dem Knüller *Tootsie* »als Frau ein besserer Mann, als er je als Mann gewesen war«. Madonna lernte von RuPaul, dem singenden Transvestiten, und von anderen Jungen, die ein Mädchen sein wollten, wie man richtig posiert – eine Subkultur, die mit dem Dokumentarfilm *Paris is Burning* (1990) einem breiten Publikum zugänglich gemacht wurde.

In den neunziger Jahren stehen die Transvestiten und Lesben auf den In-Listen. Der Film *The Crying Game*, ein Kassenschlager von 1992, handelt von einer Liebesgeschichte zwischen einem Heterosexuellen und einem Transvestiten und zog wesentlich mehr Publikum an als nur die erwarteten Kunstfreunde. Bisexualität ist, solange weiblich, noch heißer.

Lesben sind auf dem Cover von *Newsweek* erschienen. Die Präsidentin der National Organization for Women, Patricia Ireland, hat öffentlich zugegeben, eine weibliche Geliebte *und* einen Ehemann zu haben. Die Geschlechtsveränderung in unserer Zeit feiert die Frau, nicht den Mann. Carl hat recht.

»Haben Sie die da bemerkt?« fragt er. Er neigt seinen Kopf leicht zu einer allzu vornehm gekleideten Frau – Mann? –, die an der Bar auf ihren Milchkaffee wartet. Wenn ein Mann als Frau gekleidet geht, ist heute das politisch korrekte Pronomen *sie.* »Ich finde sie echt gut. Ich glaube nicht, daß sie, außer mir, jemand bemerkt hat. Ich denke, sie geht als echt durch. Wenn sie ohne Probleme an diesen Teenagern vorbeikommt, ist sie gut. Teenagern entgeht nicht viel. Sie schauen dauernd andere Frauen an, schätzen sie ab, prüfen ihr Make-up.«

»Durchgehen«, nicht erkannt werden – oder besser noch als Frau bewundert werden – ist das erklärte Ziel der Transvestiten. Sie wollen sich unter Menschen bewegen, während sie wie Frauen gekleidet sind, ohne verwirrte Blicke zu ernten oder von den Leuten verunglimpfend angestarrt zu werden, die wissen, was sich unter ihrem Make-up und der Perücke verbirgt. In einer anspruchsvollen Stadt wie New York, in der man sehr gut sein muß, wenn man nicht erkannt werden will, betrachtet sich der durchschnittliche Transvestit als erfolgreich, wenn die Person, die ihn abschätzt, nicht mehr als ein kurzes Aufflackern des Erkennens zeigt, wenn ihre Augen sich treffen.

Jeder, der unterhalb der 23ten Straße in Manhattan wohnt, hat einen Transvestiten in der Nachbarschaft oder sogar im selben Haus. In meinem Haus heißt der TV (=Transvestit) Joanna. Wir haben uns am Briefkasten oder im Waschkeller schon äußerst nett unterhalten. Einmal fiel ihre lange blonde Perücke zu Boden, als sie Handtücher aus der Waschmaschine zog. Ich sah zur Seite. Und ein anderes Mal, als sie in vollen Putz gekleidet war, wurde sie in einen lautstarken Streit mit einem Polizisten auf der Straße vor dem Haus verwickelt und vergaß, auf ihre Stimme zu achten, die normalerweise sehr tief ist. Wie gebannt verfolgte ich die Konfrontation von meinem Fenster im vierten Stock aus, während gleichgültige New Yorker vorbeihasteten, ohne sich darum zu kümmern.

Im Angelika-Café sehe ich prüfend den Transvestiten an, den Carl so bewundert, während sie mit ihrem Milchkaffee zu einem Tisch uns gegenüber geht. Sie ist beinahe 1,80 Meter groß und hat große Hände und Füße, aber sie bewegt sich auf ihren acht Zentimeter hohen Hacken genauso leichtfüßig wie eine Frau. Das blonde Haar ist ganz eindeutig eine Perücke. Aber nichts an ihr ist unstimmig. Sie könnte durch eine Menschenmenge laufen, ohne von den anderen wegen ihres Adamsapfels angestarrt zu werden.

»Sie ist gut«, sage ich. »Sind Sie so gut?«

»Besser.« Er lächelt breit. »Darling, Sie sollten mich im kleinen Schwarzen sehen.« Er streckt seinen Arm zu mir aus, beugt sein Handgelenk und wedelt mit der Hand. »Zum Sterben schön«, unterstreicht er seine Worte und gibt sich glücklich ein wenig tuntenhaft.

»Darauf möchte ich wetten«, necke ich ihn und schätze ihn von Kopf bis Fuß ab; ganz offensichtlich genießt er das. Carl, ungefähr 1,75 Meter groß, mit naturblondem Haar, schlanken Hüften und ohne Bauch, ist mit seinen sanften Gesichtszügen und nur leichter Gesichtsbehaarung wie geschaffen für Frauenkleider. Das ist offensichtlich, obwohl er einen klassischen weißen Baumwollpullover, den er in die Baumwollhose gesteckt hat, und Slipper ohne Socken trägt. Lässige Männerkleidung.

»Ich habe genau Größe 36«, sagt er. »Wie viele Frauen können das von sich behaupten?«

»Was ist mit den anderen Mädchen bei Miss Vera? Sehen sie genauso gut aus wie Sie?«

»Sehen Sie selbst«, antwortet er selbstbewußt, »aber ich glaube nicht. Nein. Miss Vera selbst hat mir zugeflüstert, daß ich die hübscheste sei.«

Diese schnodderige Art verschwindet sofort bei meiner nächsten Frage. »Wie lange kleiden Sie sich schon in Frauenkleider?«

Die Erinnerung an Muttis Reaktion auf seine Liebe zu Frauenkleidern macht ihn traurig.

Transvestitismus ist anerkannt, wenn man ein Star ist wie RuPaul oder mit der Avantgarde herumhängt. In der amerikanischen Mittelschicht, wo Transvestiten immer noch im verborgenen leben, werden sie weitgehend wie die Freaks betrachtet, die mehrmals pro Jahr bei Donahue auftreten. Ihre Großmutter kennt sie, was nicht heißt, daß sie auch persönlich einen kennen möchte, und schon gar nicht möchte sie erfahren, daß *Sie* einer sind. Unserer Gesellschaft scheint nicht klar zu sein, daß wir uns diskriminierend verhalten, wenn wir zwar Frauen in Männerkleidung akzeptieren, aber nicht Männer in Frauenkleidung. Seit

Katharine Hepburn in den vierziger Jahren Hosen trug, wurde deswegen keine Frau mehr geächtet. Als Diane Keaton in *Annie Hall* großräumige, in Schichten getragene Männerkleidung zeigte, schuf sie einen Trend. Ist dies auch Dustin Hoffman mit seinem Film *Tootsie* gelungen?

Die meisten Menschen nehmen immer noch fälschlicherweise an, alle Transvestiten seien schwul. Schwule »Drag Queens« takeln sich normalerweise auf, um sowohl Weiblichkeit als auch die Haltung der Heteros gegenüber Homosexuellen zu verspotten. Die überwältigende Mehrheit der Transvestiten ist heterosexuell. Selbst wenn sie manchmal beim Sex Damenunterwäsche tragen, machen sie Sex als Mann. Wie die Mehrheit der Männer ziehen sie bei der Liebe den Geschlechtsverkehr vor.

Warum sollte sich ein heterosexueller Mann in Frauenkleider hüllen?

Das Tragen von Frauenkleidern ist eine Form fetischistischen Verhaltens. Männer, die sich verkleiden, werden durch weibliche Kleidung, Make-up und Perücken sexuell erregt. Wie bei anderen Fetischen kennt niemand den Grund dafür. Fachleute nehmen an, daß der Transvestit in seiner Jugend durch Frauenkleidung, Dessous oder Make-up sexuelle Erregung erfahren hat und daher Erregung mit diesen Dingen assoziiert. Manche Männer, die auf diese Weise erregt werden, geben sich damit zufrieden, sie bei Frauen anzusehen. Andere, Transvestiten, müssen sie selbst tragen.

»Das bringt meine weibliche Seite zum Ausdruck, die ja da ist, ob ich nun Lippenstift und BH trage oder nicht«, erzählte mir ein Mann. »Ich glaube, daß jeder Mensch eine weibliche und eine männliche Seite hat. In den meisten Männern ist die weibliche Seite weniger ausgeprägt als bei mir.«

»Ich liebe das Gefühl von Make-up auf meiner Haut, von Seide und Satin«, meint ein anderer. »Weibliche Dinge sind sinnlicher als männliche, und ich bin ein sehr sinnlicher Mensch.«

Das Wort *Transvestit* kommt aus dem lateinischen trans (hinüber [zum »anderen Ufer«]) und vestis (Kleidung), doch Anfang des zwanzigsten Jahrhunderts wurde es zunächst benutzt, um Mitglieder der schwulen Subkultur Berlins zu bezeichnen. Diese Männer, die zum Großteil in Clubs auftraten, kleideten sich als Frauen. Durch die Geschichte hindurch gab es in vielen Kulturen Transvestitismus. Die Cheyenne nannten ihre Krieger, die Tierhäute trugen, die für die Frauen gemacht waren, *Berdaches* und glaubten, daß sie über Liebeszauber und große Heilkräfte verfügten. In unserer heutigen Gesellschaft werden Transvestiten entweder zum Star erhoben oder sind Gegenstand von Vergnügen oder Spott.

»Es ist schwer, nicht über einen großen Mann in einem Seidenteddy zu lachen, es sei denn, man weint gerade«, sagte eine Frau, die ihre Hochzeit absagte, als sie ihren Verlobten dabei erwischte, wie er Damenunterwäsche trug. Eine andere Frau sagte die Hochzeit ab *und* ging zu seiner Wohnung, von der sie noch den Schlüssel hatte, und zündete die Truhe mit seinen Frauenkleidern an. Auch seine Kunstgegenstände und eine kleine, teure Sammlung von Erstausgaben gingen in Rauch auf.

Einige glückliche Transvestiten haben Ehefrauen, die ihre zweite Natur akzeptieren. In diesen Beziehungen wird die Zeit, die ein Mann verkleidet verbringen oder das Geld, das er für Frauenkleider und Zubehör ausgeben darf, oft ausgehandelt. Eine Frau erzählte mir, sie könne nur mit ihm leben, wenn er sich nicht öfter als einmal pro Woche verkleide. Eine andere fand, die Kosten seiner »Besessenheit von allem Weiblichen« machten ihr mehr Sorgen als die Sache an sich.

»Er will dauernd neue Dinge kaufen«, sagt sie. »Ich verstehe nicht, warum er nicht mit seiner Garderobe zufrieden sein kann. Schließlich trägt er diese Sachen nur zu Hause. Wenn ich die ganze Zeit zu Hause wäre, würde ich nicht so viele Kleider brauchen.«

Manche Frauen gestatten ihren Männern sogar, während der Liebe Dessous zu tragen, zumindest zeitweise.

»Das macht ihn an, nicht mich«, erklärte eine Frau. »Manchmal lasse ich ihn diese Mädchensachen während der Liebe tragen. Es gibt Dinge, die mir gefallen, die aber ihm nicht soviel Spaß machen, wie Cunnilingus. Wir tun uns da gegenseitig sexuell einen Gefallen.«

Ein Paar sandte mir ein Foto, das beide zusammen zeigte. Seine Perücke war genauso gestylt wie ihr Haar. Sie trugen das gleiche schwarze Kleid und die gleichen schwarzen Pumps und Perlen – sogar ihr Lächeln war identisch. »Können Sie erkennen, wer von uns beiden wer ist?« war auf die Rückseite gekritzelt. Sie sahen sich sehr ähnlich, und die Ähnlichkeit wurde durch den Schatten eines Schnurrbartes auf *ihrer* Oberlippe unterstrichen.

Eine andere Frau, die seit zehn Jahren verheiratet war, entdeckte die andere Seite ihres Mannes, als sie ihn erwischte, wie er seine Seidenhöschen wusch. »Ich bin froh, daß wir dieselbe Kleidergröße haben. Sonst wäre es viel schlimmer. Wir haben soviel Spaß zusammen, da kann ich darüber hinwegsehen.«

»Ich habe angefangen, mich mit den Kleidern meiner Mutter zu verkleiden, als ich drei oder vier Jahre alt war«, erzählt Carl. »Die Kinderfrau fand es niedlich. Meine Mutter nicht, also mußte ich alles wieder ausziehen und in ihren Schrank tun, bevor sie von der Arbeit nach Hause kam. Sie kam vor meinem Vater heim. Damals war es ungewöhnlich, wenn eine Mutter arbeitete, und meine war leitende Angestellte. Ihre Abendkleider gefielen mir am besten. Sie hatte einige großartige Sachen aus Seide, aus Stoffen, die sie und mein Vater aus Indien mitgebracht hatten.

Wenn ich meine Augen schließe, kann ich beinahe spüren, wie gut sie sich anfühlten.« Er schließt seine Augen, leckt sich über die Lippen, lächelt rätselhaft und sieht mich dann wieder an. »Ich erinnere mich auch an Gefühle von Schuld und Scham. Scham ist ein körperliches Gefühl. Ich wußte, daß diese Sache für einen Jungen falsch war, weil meine Mutter es ekelerregend fand, nicht schlecht, sondern *ekelerregend*. Wenn sie mich in ihren Sachen erwischte, sah sie mich immer an, als habe sie den Mund voller Zitronen.«

Wie die meisten Transvestiten kämpfte Carl in seiner Jugend gegen den Drang, Frauenkleider zu tragen, an. In der Highschool trug er gelegentlich die Kleider seiner Mutter, wenn beide Eltern am Abend ausgingen. Eines Abends kamen sie früher nach Hause, und so war er gezwungen, ihre Kleider in seinem Schrank zu verstecken und in die Dusche zu springen, um das Make-up abzuschrubben, während sie schon die Treppen heraufkamen. Danach trug er nie wieder Kleider seiner Mutter.

»Ich frage mich immer noch, ob sie etwas geahnt hat«, sagt er. »Ihren seidenen Abendanzug konnte ich erst am nächsten Abend zurücklegen. Hat sie bemerkt, daß er fehlte? Hat sie meinen Geruch an ihren Sachen wahrgenommen? Mütter können ihren Nachwuchs am Geruch erkennen, oder? Ich werde mich ihr gegenüber nie so recht wohl fühlen, weil ich mich immer fragen werde, ob sie es weiß.«

In seinen vier Jahren an der University of Michigan verkleidete sich Carl nicht als Frau. Wie viele Transvestiten versuchte er, diese Angewohnheit loszuwerden, so wie andere Menschen aufhören wollen zu trinken oder Drogen zu nehmen. Es handelt sich dabei um ein gemeinsames Verhaltensmuster und nennt sich »Reinigung«, wenn die Kleider und das Make-up weggeworfen werden und der Mann alles tut, um seine Männlichkeit zu beweisen.

»Ich habe Gewichte gestemmt. Ich habe mit vielen Frauen gevögelt. Ich habe sogar an einer Gruppensexorgie teilgenommen.

Und als ich zum ersten Mal in meinem Leben allein lebte, begann ich wieder, mich zu verkleiden. Ich fühlte mich schuldig, einsam und schämte mich. Wenn ich mich verkleidete, fühlte ich mich super. Doch später, wenn ich meine Kleider weggeschlossen – ich bewahrte sie hinter Schloß und Riegel auf – und mein Make-up abgewaschen hatte, war mir ganz schlecht. Ich war ein Perverser. So nannte ich mich damals. Aber ich konnte nicht damit aufhören.«

Obwohl er gerne heiraten und Vater werden würde, ist Carl immer noch Single, weil er bislang keiner Frau genügend vertraut hat, ihr sein Geheimnis anzuvertrauen.

»Manchmal stelle ich mir vor, wie es wäre, wenn ich für eine Frau meinen Schrank öffnete und ihr meine Sachen zeigte. Ich stelle mir vor, wie sie in die Hände klatschen und sagen würde: ›Wie hübsch. Wirst du sie für mich tragen?‹

In Wirklichkeit würde sie kreischend in die Nacht davonrennen – und am nächsten Tag meinen Chef anrufen und ihm alles erzählen. Zum Teufel, vermutlich würde sie sogar Mom anrufen.«

Bei einem Happening der International Gender Foundation im Philadelphia Hilton & Towers im August 1993 trat Carl zum ersten Mal als Carole an die Öffentlichkeit. Als

Vorbereitung für dieses Ereignis hatte er seit März mehrere Kurse in verschiedenen Städten besucht. (»Ich war gerade zu Besuch bei meiner Mutter und ihrem neuen Ehemann, als ich die Anzeige für Schminkunterricht für Männer las. Mein Gott, ich möchte gar nicht, daß meine Mutter so großen Anteil an dieser Geschichte hat.«) Auf dem Seminar »Haarentfernung von A bis Z« traf er Lisa (Leonard), die ihm von Veronicas Pensionat erzählte, der »wichtigste Kontakt«, den Carl je geknüpft hat.

»Bei dem Happening habe ich viel gelernt«, sagt er. »Die meisten Transvestiten kämpfen gegen ihre Wünsche an und versuchen, sich zu ändern, bis sie zwischen 35 und 45 sind. Dann sagen sie sich: ›Oh, zur Hölle, das ist ein Teil von mir‹, und lernen, damit umzugehen. Ich habe einige Männer kennengelernt, die mit dem Gedanken gespielt haben, sich umzubringen. Ein Bursche versuchte es, nachdem seine Freundin ihn verlassen hatte, weil sie ihn mit ihrer Unterwäsche erwischt hatte.

Ich war einer der wenigen, die niemals verkleidet an die Öffentlichkeit gegangen waren. Bei dem Happening sagte man mir, daß Verkleiden *zu Hause* nicht zähle. Um meines Selbstwertgefühls willen mußte ich verkleidet nach draußen gehen. Ich weiß nicht, ob ich das jemals ohne Miss Veras Hilfe fertiggebracht hätte.«

Veronica Vera ist eine der wenigen Frauen auf der Welt, die in die Hände klatscht und ruft »Wie hübsch. Trägst du das für mich?«

Ich lernte Veronica während meiner Zeit bei *Forum* kennen, als sie gerade ihren besten Freund heiraten wollte, der an Aids starb. Er wollte seiner Familie eine Ehefrau präsentieren, und er wollte nicht alleine sterben. Sie ist eine charmante, intelligente und mitfühlende Frau, die in mehreren

»Filmen für Erwachsene« mitgespielt, einige produziert und bei einigen Regie geführt, für Robert Mapplethorpe Modell gestanden und vor der Meese-Kommission für Pornographie ausgesagt hat. Früher einmal, in einem anderen Leben, hat sie mit Aktien gehandelt. Gemeinsam mit ihrer besten Freundin, der Performancekünstlerin und früheren Pornodarstellerin Annie Sprinkle, hat sich Veronica mit verschiedenen Formen sexueller Transformation beschäftigt, zum Beispiel hat sie Unterricht für Frauen gegeben, die im Schlafzimmer wie ein Pornostar aussehen möchten. In dem Pensionat, das sie immer »die Akademie« nennt, hat sie ihre wahre Berufung gefunden.

Veronica sieht mit ihrem langen, dicken brünetten Haar und dem üppigen Dekolleté, das aus Goldlamé oder Leopardenhaut oder einem heißen pinkfarbenen Kleid herausquillt, jünger aus als 46; sie ist eine Glamourqueen von unbestimmbarem Alter. Außerdem sieht sie aus wie die Art Frau, die sich ein Mann als Vorbild erwählen würde, der aussehen will wie eine Frau. Das ist auch gut so, denn viele ihrer Studenten, die die Akademie verlassen, zeigen durch die Wunder von Make-up und langen dunklen Perücken mehr als nur eine vorübergehende Ähnlichkeit mit Veronica.

»Fünf Prozent der amerikanischen Männer sind Transvestiten oder wollen es sein«, sagt Veronica mit Nachdruck. Sie bereitet sich in ihrer Studiowohnung an der Eighth Avenue im Bezirk Chelsea in Manhattan auf eine Privatstunde mit Carl vor; es ist seine zweite Stunde. »Es gibt Bedarf für eine Akademie. Männer wollen sich nicht *einfach nur verkleiden.* Sie wollen so gut aussehen wie Frauen.«

Veronica berechnet 300 Dollar für ihre Privatstunden einschließlich Anweisungen zum Anziehen, Sitzen, Stehen und Gehen und eine Schminkstunde mit Paulette Powell, einer anerkannten Kosmetikerin. Es gibt preiswertere Gruppensitzungen und einige teure Extras wie ein Tag »Fototherapie« mit Annie Sprinkle für 1000 Dollar und ein Wochenendausflug in die Weiblichkeit für 2000 Dollar, der einen Mann dazu berechtigt, mit Paulette und Veronica einzukaufen, zu Mittag zu essen, zu Abend zu essen und abends in verschiedene Clubs zu gehen. Er bezahlt natürlich die Rechnungen, wenn ihn Veronica vielleicht auch zu ein oder zwei Drinks einlädt. Alle Gebühren werden bar bezahlt – mit *neuen* Banknoten – und Miss Vera in einem pinkfarbenen Umschlag überreicht.

»Männern, die bereit sind, meine Wohnung zu putzen, gewähre ich Teilstipendien. Sie müssen dann während der Arbeit die Uniform eines Hausmädchens tragen.«

Sie gründete die Schule 1990, nachdem ein Freund sie gebeten hatte, ihm zu zeigen, wie man sich als Frau bewegte.

»Er blieb das ganze Wochenende verkleidet. Wir haben alles zusammen unternommen. Ich habe ihm beigebracht, wie man Make-up und Dessous kauft. Ich habe ihm mit Wachs die Haare entfernen lassen. Es war so lustig, da wußte ich, das wollte ich als nächstes tun.«

Sie schaltete in der Zeitschrift *Transvestian* eine Anzeige und versprach Männern Hilfe, »das sinnliche Vergnügen zu erleben, eine Frau zu sein«. In den ersten zwei Jahren antworteten über 300 Männer, zum größten Teil zwischen 35 und 45 Jahre alt. Ungefähr 80 Prozent von ihnen sind heterosexuell und glücklich verheiratet und setzen sich aus so unterschiedlichen Berufsgruppen wie Geschäftsführern, Polizisten und Bauarbeitern zusammen. Einige von ihnen haben ihre Frauen mitgebracht. Die meisten, so gesteht Vera zu, versuchen, ihr »weibliches Ich« vor ihren Frauen oder Freundinnen zu verbergen. Sie können nur Kleider

tragen, die ihre Brust- und Beinbehaarung verdecken, denn eine Haarentfernung steht nicht zur Disposition.
»Wenn ein Mann auf die Vierzig zugeht, kämpft er nicht mehr gegen seine Bedürfnisse an«, erzählt sie. »Und wie alternde Frauen macht auch er sich mehr Gedanken darüber, wie er besser aussehen kann, jünger.«
»Besser für andere Männer?« frage ich.
»Nun, so ist das, wenn man eine Frau ist, oder?«
»Warum sollte ein heterosexueller Mann sich für andere Männer schön machen?« Ich bleibe hartnäckig, denn diese Frage wurde mir von den Männern, mit denen ich gesprochen habe, nicht zu meiner Zufriedenheit beantwortet.
»Einige Männer erzählen mir, sie seien in der wirklichen Welt hetero, aber wenn sie sich verkleiden, geht alles. Es gibt keine klar Trennlinie zwischen schwul und hetero. Sie erinnern sich doch an die Kinsey-Skala, oder? Er dachte, Homosexualität lasse sich in verschiedene Gradstufen einteilen, beginnend bei eins mit der völlig heterosexuellen Person bis zur völlig schwulen Person am anderen Ende, mit vielen Graustufen dazwischen.«
»Haben diese Männer im Graubereich Sex mit anderen Männern, wenn sie verkleidet sind?«
Sie zuckt vielsagend mit den Achseln.

»Ich habe nicht das Bedürfnis nach Sex mit anderen Männern«, beharrt Carl.
Er sitzt zwischen mir und Veronica, mit einer Kerze in der Form einer Frau in der Hand. Veronica schickt alle ihre Schüler zu Magickal Childe, einem Geschäft für okkulte Gegenstände in Chelsea, wo sie eine Kerzenfrau (1,75 Dollar) kaufen müssen, die zu Beginn des »Transformationsrituals« angezündet wird. Die Kerze ist blau und steht in hübschem Kontrast zur knallpinkfarbenen Ausstattung

des Zimmers. Überall hängen Fotos von als Frauen verkleideten Männern. Weihrauch brennt. Es duftet wie im Vestibül eines indischen Restaurants.

»Bei dem Happening redeten zwei Männer davon, Sex mit anderen Männern gehabt zu haben, während sie verkleidet waren«, sagt Carl. »Nur zwei. Einer sagte, er habe sich schon immer vorgestellt, von einem Mann in einer Bar abgeschleppt zu werden. Er ging mit einem Burschen nach Hause, den er in einer Transvestitenbar in Los Angeles kennengelernt hatte. Er sagte, es sei eine Katastrophe gewesen. Seine Phantasievorstellung einer Frau mit Penis habe sich in die Realität dieses haarigen, schwitzenden Mannes verwandelt. Glücklicherweise war der andere Mann genauso enttäuscht.

Die größte Wunschvorstellung war für die meisten, daß eine Frau sie so akzeptierte, wie sie waren. Jeder will mit seiner Frau im Bett kuscheln, beide in Nachthemden aus Satin gehüllt.« Er sah mich kläglich an. »Ich weiß, was Sie denken. Nur in euren Träumen, Jungs, in euren Träumen.«

Ich bleibe während der Privatstunde, zu deren Anfang Carl auf die Knie geht. Er zündet die Kerze mit der Bitte an, »alle weiblichen Energien in mir zu befreien«. Veronica berührt ihn am Kopf und nennt ihn »Carole«.

»Carole, ich will, daß du dich entkleidest und diese schwarzen Unterhöschen anziehst«, sagt sie.

Ich kann nicht anders, ich bemerke, wie außerordentlich gut Carole ausgestattet ist, als sie in die seidenen »Schaumgummihöschen« steigt, eine Mischung aus G-String und elastischem Suspensorium, das die männlichen Genitalien an den Körper binden soll.

Sie zieht scheu die Augenbrauen hoch, als Veronica sagt:

»Miss Carole ist so aufgeregt, weil sie sich anzieht, nicht wahr?«

Es ist nur allzu offensichtlich: Carole schwillt an.

Veronica massiert Caroles ganzen Körper, bevor sie die Haare mit Sicherheitsrasierklinge, elektrischem Rasierer und Enthaarungscreme entfernt. Carole, jetzt ganz weich von den Wangen bis zu den Knöcheln, nimmt eine Dusche und kommt in einem schwarzen Seidennachthemd zurück. Sie sitzt gehorsam still, während Miss Paulette ihr Make-up auflegt, angefangen mit einer dicken Schicht Grundierung. Für meinen Geschmack zuviel irisierender blauer Eyeliner. Hellroter Lippenstift, sehr hübsch. Als nächstes kommen die Unterwäsche, ein ausgestopfter schwarzer Spitzen-BH, Hüftgürtel und Strümpfe. Die Perücke, die die drei auswählen, ist lang und blond. Als Carole sie aufsetzt, ist die Umwandlung beinahe perfekt. Ich muß nach unten auf die ausgestopfte Unterhose blicken, um sicher zu sein, daß Carl noch da ist.

Carole hat ihre eigenen Kleider mitgebracht, die geschmackvoller sind als die Auswahl in Veronicas Schrank. Carole sieht in ihrem einfachen schwarzen, knielangen Strickkleid (vorne geschlitzt), langen Ärmeln, geradem Ausschnitt und acht Zentimeter hohen Pumps einfach umwerfend aus. Ich halte nach der Beule Ausschau, doch sie ist kaum wahrnehmbar. Das Kleid bildet im Bereich der Scham ein sanftes V, das die Augen auf die Beine lenkt, und Carole hat ganz erstaunliche Beine.

»Was meinen Sie?« fragt sie. »Würden Sie mich auf der Straße als Mann erkennen?«

Nein, das würde ich nicht.

»Ich würde Sie küssen, aber unser Lippenstift würde verschmieren«, antwortet sie und wirft mir statt dessen übertriebene Küsse durch die Luft zu.

Einige Wochen später treffen Carl und ich uns erneut auf einen Cappuccino im Angelika-Café, wo er gerade zum zweiten Mal den Film *Orlando* gesehen hat. Sein Haar wächst wieder nach.

»Meine Brust tut weh«, jammert er. »Ich hatte schon daran gedacht, sie weiterhin zu rasieren, aber wenn ich das tue, kann ich mich nicht mit Frauen treffen. Es gibt da eine Frau, mit der ich gerne ausgehen würde. Ich warte nur noch darauf, daß meine Haare wieder länger werden.«

Falls er eine Frau findet, die seine Lust am Verkleiden akzeptiert, würde er dann mit ihr gerne in der Verkleidung Liebe machen?

»Ich glaube nicht. Meine schönste Phantasie ist die, daß wir beide schick angezogen zusammen in die Stadt gehen wie zwei Mädchen. Wir würden mit Männern flirten. Vielleicht würden wir so tun, als seien wir Schwestern oder lesbische Mädchen. Dann würden wir gemeinsam nach Hause kommen. Ich würde meine Kleider ausziehen. Wir würden zusammen duschen und dann unglaublich heißen Sex haben.

Aber man kann nie wissen. Vielleicht will ich eines Tages auch in der Verkleidung Liebe machen. Jetzt würde es mir schon reichen, von einer Frau akzeptiert und geliebt zu werden, auch wenn ich verkleidet bin.«

VIERZEHNTES KAPITEL

Wenn ein Partner nie genug ist

TEXAS

Die Kondome werden zusammen mit den Appetithäppchen auf silbernen Tabletts serviert. In Schalen aus Bleikristall liegen Latexkondome, feucht oder trocken, geriffelt, in vielen Farben, in Normal- und Übergrößen. Es gibt Kondome mit Mintgeschmack, Kondome mit Noppen und Kondome, die mit Nonoxynol 9 behandelt wurden, das dazu dienen soll, durch Geschlechtsverkehr übertragbare Krankheiten zu verhindern. In jeder Schale liegt eine andere Sorte. Auf den Tabletts, die wie die Speichen eines Rades von den mit Kondomen gefüllten Schalen ausstrahlen, liegen Shrimps am Spieß, dünne Scheiben Paté auf Baguette, Früchte und Käse auf Pickern und andere Hors d'œuvres.

»Keine Lammhaut«, flüstert mir der Gastgeber, ein reicher Unternehmer, ins Ohr. »Lammhaut wirkt nicht gegen durch Geschlechtsverkehr übertragbare Krankheiten.«

Wir sind auf einer Safer-Sex-Party. Mit wenigen Ausnahmen sehen die Teilnehmer so aus, als hätten sie bereits an derartigen Gruppenereignissen teilgenommen, als man noch Kokain, und nicht Kondome, mit Käsecrackers und Kaviar verteilte – vielleicht waren sie sogar schon damals dabei, als man noch Marihuana und billigen Rotwein herumreichte, ohne silberne Tabletts und gemietete Kellner.

Willkommen bei einer Orgie im Amerika in der Zeit nach Aids. Wenn Sie geschmeidige, glänzende, junge Körper und ineinander verschlungene Körperteile erwartet haben, dann werden Sie enttäuscht – obwohl sich die meisten der Leute hier *sehr gut* gehalten haben. Doch auch der unangenehme Bursche mit dem grauen Bart, der Sie an der Hotelbar nicht in Ruhe gelassen hat, ist hier, und er wird sich ausziehen.

Einige Monate vor dieser Party habe ich den Gastgeber Greg im Le Trapeze kennengelernt, einem Sexclub in der East 27th Street in New York, wo Paare gegen eine Eintrittsgebühr von 90 Dollar in der Öffentlichkeit mit Fremden Sex machen können. Jedem Paar wird am Eingang kostenlos ein Kondom überreicht. Alleinstehende Männer haben keinen Zutritt, und das Personal verbringt anscheinend viel Zeit damit, die Köpfe und Paarungen zu zählen, um sicherzustellen, daß Männer und Frauen gleich stark vertreten sind. In New York City gibt es ungefähr fünfzig Sexclubs, die beinahe legal betrieben werden, ungefähr zwei Drittel davon sind Schwulenclubs. Die Behörden wissen von der Existenz der Clubs und machen regelmäßig ein großes Geschrei darum, doch niemand glaubt, daß in nächster Zeit etwas passieren wird – vor allem nicht im Le Trapeze, das von den Fans als bester Club für Heterosexuelle betrachtet wird. Hierher kommen Menschen, die nur gelegentlich ihre Partner tauschen, ebenso wie Paare, die es gemeinsam vor Publikum treiben wollen. Einige von ihnen sind tatsächlich jung, geschmeidig und strahlend.

Ich hatte dem Türsteher 100 Dollar Schweigegeld gezahlt, damit ich mit den Gästen im Vorraum reden konnte, der mit Holz verkleidet war und von einem verspiegelten Diskoball beleuchtet wurde. Hier nahmen Paare einen Drink an der Bar, bevor sie ins »Spielzimmer« gingen, in dem Kleider nicht gestattet waren und frische Handtücher zur Verfügung standen. Von der Lounge konnte ich die Wanne sehen, die von wandhohen Spiegeln eingefaßt war, in der man zehn Personen sehen konnte: eine atemberaubend kurvenreiche Blondine unter Dreißig und neun weniger attraktive nackte Männer und Frauen, die alle über 35 zu sein schienen, zwei der Männer waren sogar bis zu 20 Jahre älter. Greg, 49, ein großer, gutaussehender Mann, stand mit seiner dritten Frau Catherine, ebenso groß und gutaussehend, in der Lounge. Sie sahen aus wie ein Paar, das einen enormen Appetit auf Essen, Trinken, Aufregung und Sex hatte.

Ich stellte ihnen genau dieselbe Fragen wie allen anderen: Warum sind Sie hier? Das jüngere Paar, mit dem ich zuvor gesprochen hatte, antwortete: »Wir wollen uns eine kleine, saubere Sünde gönnen. Man kann sehr gut erkennen, wenn jemand Aids hat.«

»Hier trifft man Leute«, meinte Greg. »Keine Penner. Diese Leute haben Geld, einen Collegeabschluß. Wir kommen dreimal pro Jahr nach New York, und dann kommen wir hierher zum Spielen. Wir haben immer gute Menschen kennengelernt. Hier können wir auf ungefährliche Weise Spaß haben.«

»Wie können Sie wissen, daß es ungefährlich ist?« wollte ich wissen. »Sie wissen überhaupt nichts über diese Leute, ihr Sexleben oder ihre Drogengeschichten. Auch anständige Menschen können Krankheiten haben, die durch Geschlechtsverkehr übertragen wurden.«

»Wir bestehen immer auf Kondom«, sagte Catherine und warf ihre volle Mähne aus gesträhnten Haaren mit beiden Händen hinter die Ohren. Ihre Nägel waren fünf Zentimeter lang und hellrot lackiert. Ich hätte darauf gewettet, daß sie mit diesen Nägeln in der Hitze des Gefechts absichtlich über viele Rücken kratzt. »Aber sehen Sie sich um. Das hier sind keine Drogenkonsumenten. Und an der Tür werden sie sorgfältig ausgesucht. Es gibt keine schwulen Männer. Sex zwischen Männern ist nicht erlaubt.«

Greg und Catherine gingen wieder ins Spielzimmer, in dem riesige Matratzen lagen und eine Wendeltreppe zu kuscheligen Eckchen führte, in denen man ein wenig für sich sein konnte, »wenn man das will«.

Nachdem sie außer Hörweite waren, ergriff ein Mann in mittleren Jahren neben mir das Wort. »Zuerst tragen alle ein Kondom. Gegen Ende des Abends benutzen sie keine mehr. Wenn die Leute sauber aussehen, nimmt man es einfach nicht.«

»Warum kommen Sie mit Ihrer Frau hierher?«

»Sie ist nicht meine Frau«, sagte er und zeigte auf die jüngere Frau neben sich. Sie hatte brünettes, kurzes und stacheliges Haar, der Schnitt der Saison für bisexuelle Frauen. »Aber es gefällt uns, weil mit diesem Ort keine emotionalen Lasten verbunden sind. Alles ist ganz leicht. Keine emotionalen Bindungen, nur Vergnügen. Wollen das nicht die meisten Menschen?«

Ich wollte gerade gehen, als Greg, nur mit einem Handtuch bekleidet, wieder an die Bar kam und mir seine Karte gab. »Wenn Sie mal in Texas sind«, sagte er. »Rufen Sie mich an. Wir geben private Safer-Sex-Partys. Sie sollten mal sehen, wie es ist, wenn die Landbevölkerung die Partner tauscht.«

Jetzt in Texas sitze ich allein im Medienraum und sehe mir Bänder von Orgien an, als mich ein Paar fragt, ob es sich zu mir setzen darf. Sie sehen aus wie Ende Dreißig, Anfang Vierzig. Sie ist groß, in ihren hochhackigen Sandalen beinahe 1,80 Meter. Er ist einige Zentimeter kleiner. Sie sind sonnengebräunt und sehen wohlhabend aus. Ich bitte sie zu mir. Auf der Leinwand machen ein Mann und drei Frauen oralen Sex. Die Frau sitzt auf der einen Seite neben mir, der Mann auf der anderen. Oh, oh. Etwas an dieser Szene erinnert mich an den Abend, als mich ein Paar bat, es in einem S/M-Club in Los Angeles zu dominieren.

»Ihr Kleid ist wundervoll«, sagt sie und streichelt den Ärmel meines schwarzen Spitzenminikleides. »Ganz New York.«

»Ich liebe diese Strümpfe«, sagt er, fährt mit einer Hand mein Bein hinunter und nimmt sie dann eilig fort. »Schwarze Strümpfe sehen großartig aus. Wissen Sie, was ich hasse? Weiße Unterhosen. Hier sieht man so viele Frauen in weißen Unterhosen. Wenn man auf Krankenschwestern steht, ist das in Ordnung.«

Sie lacht ihn entzückt an und versucht, ihr Haar über die Schultern zu werfen, das sich jedoch wegen des vielen Haarsprays nicht werfen läßt. Ich sehe auf ihre Hand, die auf meinem Arm liegt. Sie nimmt sie weg.

»Ich liebe Ihre Brüste«, sagt er. »Sie haben wundervolle Brüste.«

»Wie lange suchen Sie sich schon andere Partner?« frage ich.

»Warum ziehen Sie nicht Ihr Kleid aus?« fragt er zurück.

»Gene«, tadelt sie. »Sei nicht so direkt!« Sie legt wieder ihre Hand auf meinen Arm. Ihre Nägel sind lang und orangefarben lackiert. An ihrer linken Hand funkelt ein riesiger Diamant. »Wir möchten gerne, daß Sie mit uns spielen«, sagt sie mit kehliger Stimme. »Sie können nicht über diese Dinge schreiben, wenn Sie sie nicht einmal ausprobieren, oder?«

»Es wäre so, als wollten Sie über das Skifahren schreiben, ohne je Ski gefahren zu sein«, sagt Gene.

Ich erzähle ihnen, daß mein Verleger sich von mir schriftlich hat bestätigen lassen, daß ich an keiner der Aktivitäten teilnehme, über die ich berichte.

»Aus rechtlichen Gründen?« will er wissen. Ich nicke bestätigend. »Diese verdammten Anwälte ruinieren noch unser Land. Einige meiner besten Freunde sind Anwälte, aber trotzdem. Das ist die verdammte Wahrheit. Sie zerstören unsere individuellen Rechte.«

Laut Aussage der North American Swing Club Association – der nordamerikanischen Vereinigung von Swinger-Clubs –, Sitz Kalifornien, spielt sich »auf dem Land« allerhand Partnertausch ab. Auf dem Land gibt es mehr als 200 Swinger-Clubs, von Kleinstadtorganisationen, die sich im Hinterzimmer einer Bar treffen, bis hin zu New Horizons, einem vierzehn Morgen großen »Freizeitpark« für Swinger vor den Toren Seattles, in dem es unter anderem eine Nachbildung eines texanischen Bordells der Jahrhundertwende gibt. Das Durchschnittsalter der Mitglieder beträgt 45 Jahre. Der Geschäftsführer Robert McGinley schätzt, daß es drei Millionen amerikanische Swinger gibt – mit steigender Tendenz. Er betont, daß die Anzahl »seit 1980 stetig steigt«.

Verschiedene Newsletters und Zeitschriften bringen Paare über Kleinanzeigen miteinander in Kontakt, wenn sie nicht Mitglied eines Clubs werden wollen. Die New Yorker Autorin Judy Walters, die einen Newsletter herausgibt, behauptet, es gebe »Tausende und Abertausende von Paaren, die den Partner tauschen. Das ist nicht etwa aus der Mode gekommen, nur weil die Medien nicht mehr darüber schreiben.«

»Swapping« oder »Swinging« bedeutet, mit anderen Partnern (außer dem eigenen) sexuelle Beziehungen einzugehen – mit der ausdrücklichen Zustimmung des Partners oder der Partnerin. Manchmal tauschen die Paare die Partner, machen in verschiedenen Räumen Sex oder treffen sich zu verschiedenen Zeiten. Manchmal machen die vier auch gemeinsam Sex. Oft veranstalten kleine Gruppen Hauspartys oder private Orgien.

In den sechziger und siebziger Jahren wurden den Swingern und ihren Clubs viel Aufmerksamkeit von den Medien geschenkt. Seit dem Auftreten von Aids und der häufigen Verbreitung anderer – durch Geschlechtsverkehr übertragbarer – Krankheiten stellten die Verlage ihre Geschichten über Partnertausch ein. Wir Medienleute neigen zu der irrigen Annahme, daß die Menschen aufhören, etwas zu tun, sobald wir nicht mehr darüber schreiben.

»Nun, was meinen Sie?« fragt Greg und zeigt mit ausschweifender Geste auf seine 36 Gäste. »Sind das anständige Menschen? Da haben Sie Ärzte, Anwälte, Zahnärzte, die Crème de la crème. Habe ich es Ihnen nicht gesagt?«

»Ja, das haben Sie«, stimme ich zu und nehme ein winziges Chilihäppchen vom Tablett eines Kellners. Zu viel Sauerrahm. »Sind alle verheiratet?«

»Zwei oder drei Paare leben so zusammen, aber die Mehrheit ist verheiratet. Familiensinn.« Er lacht. Seine Augen lachen nicht. Hat er deshalb keine Augenfalten? »Ich war ein Bush-Mann, verstehen Sie?«

»Zum zweiten Mal verheiratet?«

»Ich weiß nicht, wie viele zum zweiten Mal verheiratet sind.« Er runzelt kurz argwöhnisch die Stirn. »Welchen Unterschied macht das? Versuchen Sie, daraus eine soziologische Studie mit negativem Unterton zu machen? Ich mag Sie, Baby« – wieder dieses Lächeln –, »so etwas wollen Sie doch gewiß nicht tun.«

Ehe der Abend vorbei ist, werde ich entdecken, daß elf der

fünfzehn verheirateten Paare in der zweiten, dritten oder vierten Ehe leben. Manche waren schon während ihrer ersten Ehe Swinger, andere nicht. Nur wenige glauben, daß der Partnertausch zu ihrer Scheidung beigetragen hat. Greg beispielsweise sagt, seine beiden Ehen vor Catherine seien aus alltäglicheren Gründen gescheitert: Sie haben sich in entgegengesetzte Richtungen entwickelt, sie hat zuviel von seinem Geld ausgegeben, seine Kinder mochten ihre Kinder nicht und so weiter.

»Ein Mann muß betrügen«, sagt Greg und führt mich durch die Grüppchen von Gästen hindurch zur Terrasse, die auf einen Garten »im englischen Stil« hinausgeht. Im natürlichen Licht kann ich die winzigen Narben in seinen Augenwinkeln sehen, die mir verraten, daß er sie hat liften lassen; das erklärt auch, warum seine Haut so glatt und eben ist, unberührt von seinem Lächeln. »Heutzutage muß vielleicht auch eine Frau betrügen. Warum sollte man es dann nicht gemeinsam tun? Keine Geheimnisse, keine Lügen, keine emotionalen Verstrickungen mit anderen Menschen. Swinging kann die Ehe zusammenhalten.«

»Sind Sie nicht eifersüchtig, wenn Catherine mit einem anderen Mann zusammen ist? Sehen Sie dabei zu?«

»Gelegentlich verspürte ich leichte Eifersucht, aber das ist gut so. Eifersucht ist erregend. Wenn ich eifersüchtig auf Catherine bin, werde ich geil wie der Teufel auf sie.«

Ich registriere seine Körpersprache. Er steht mit leicht gespreizten Füßen und bewegt bei bestimmten Schlüsselworten wie »geil« und »sexuell« seine Hüfte leicht vor- und rückwärts.

»Manchmal sehe ich zu. Das hängt vom Szenario ab, davon, was alle wollen.« Er nimmt mich bei den Schultern und dreht mich sanft um, so daß ich mit dem Gesicht zu den Doppeltüren stehe, die ins Haus führen. Seine Hände sind stark, sein Parfüm mit Zitrusnote frisch. Unter seinen weißen Leinenhosen ist er offensichtlich gut ausgestattet. »Sehen Sie das Paar unter dem Georgia-O'Keefe-Bild? Jeanie und Ted.«

Jeanie, die sich eng an ihren Mann schmiegt, ist in einen glänzenden grünen Hosenanzug aus Seide gehüllt, der gut zu ihrer toupierten Frisur aus rotbraunen Haaren paßt. Diese Frauen haben alle toupierte Haare, die Farben ihrer Kleider sind auffallend und ihre Körper nicht fett, jedoch nicht so trainiert wie die Körper der Frauen in New York oder Los Angeles. Sie und Ted sehen sehr gepflegt aus, wohlhabende Vierziger. Er scheint verärgert, vielleicht wegen ihrer Bedürftigkeit, die sie so offensichtlich zur Schau stellt.

»Sie ist eine sehr heiße kleine Nummer, aber manchmal eine Narzißtin.« Greg läßt eine Hand auf mir liegen, so daß seine Finger über meine Schulter meinen Rücken hinunterhängen und sein Handgelenk flach auf meinem Schulterblatt liegt. Ich kann seinen Pulsschlag spüren. »Sie mag es nur mit einem Mann, während die Tür offensteht und ihr Mann vorbeikommen und zusehen kann. Er darf nicht im Türrahmen stehen. Das törnt sie ab, wenn er dasteht und zusieht. Sie will, daß er einen schnellen Blick erhaschen kann. Doch sie will nie, daß sonst noch jemand mitmacht. Nur sie und ein Mann, keine Frauen. Sie macht es nicht mit Frauen.«

»Das ist Ihre Definition einer Narzißtin?«

»Sicher. Jemand, der sich so auf sich selbst konzentriert, daß er nichts mit anderen teilen will.« Er legt seine Hand unter mein Kinn und dreht es leicht herum. »Die Frau neben dem Ficus, Shelley, ist genau das Gegenteil; je mehr, um so lieber. Shelley mag es, wenn ihr ganzes Bett voll ist, Frauen und Männer, Schwänze in ihrer Hand, ihrem Mund, ihrer Muschi.«

»Ihrem Arschloch?«

»Das machen wir nicht in Gruppen.« Er scheint sich leicht angegriffen zu fühlen. »Das hat so einen gewissen Beigeschmack.«

Catherine kommt durch die Doppeltüren zu uns herübergeschwebt; in ihren weißen Pluderhosen mit der bunten, durch einen Gürtel zusammengehaltenen Tunika sieht sie strahlend schön aus. Sie trägt goldene, hochhackige Sandalen, die an einer anderen Frau vermutlich billig wirken würden. An Catherine sind sie wunderbar. Greg nimmt seine Hand nicht weg. Wenn sie nicht beide Swinger wären, er wäre es sicher. Dann würde er mir später vermutlich seine Karte mit seiner privaten Büronummer zustecken und flüstern: »Ruf mich an, *bitte.*« Wenn sie nicht beide Swinger wären, würde er sie betrügen.

»Zeigst du ihr die ›Heavy Hitters‹?« fragt sie ihn.

»Heavy Hitters« sind Paare, die mit anderen Paaren so oft zur Entspannung Sex machen, wie es in ihren Terminkalender paßt. Wenn sie nicht zu einer größeren Gruppe wie der gehören, die Greg und Catherine organisieren, gehen sie oft in Clubs. Die privaten Gruppen kontrollieren ihre Mitgliedschaft und bitten neue Mitglieder häufig, eine Bescheinigung über einen HIV-Test vorzulegen. Einige, wie eine Gruppe von zwölf Paaren in Minneapolis, unterschreiben eine Einverständniserklärung, mit Leuten außerhalb der Gruppe keinen Sex zu haben und sich einmal im Jahr einer ganzen Reihe von Tests auf durch Geschlechtsverkehr übertragbare Krankheiten zu unterziehen, einschließlich HIV. Sie sagen, es sei »selbstverständlich«, daß alle ihre Partner sorgfältig auswählen und zu jeder Zeit Safer Sex praktizieren.

In Anbetracht ihrer starken Promiskuität sind die Swinger,

mit denen ich gesprochen habe, nicht besonders gut über sexuell übertragbare Krankheiten informiert. Über 90 Prozent wußten zum Beispiel nicht, daß Chlamydien – die Nummer eins der Geschlechtskrankheiten in den USA – von einem von drei sexuell aktiven Erwachsenen in sich getragen wird, bei den meisten Männern und Frauen keine Symptome zeigt, sowohl bei Männern als auch bei Frauen der Hauptgrund für Unfruchtbarkeit ist und bereits sowohl beim Vorspiel als auch durch oralen Sex übertragen werden kann. Ein Kondom bietet keinen hundertprozentigen Schutz gegen sexuell übertragbare Krankheiten.

Eine Gruppe von Swingern in San Francisco wiederum hat den Schutz vor allen Eventualitäten auf die Spitze getrieben. Während ihrer Safer-Sex-Partys haben die Spieler kaum noch Geschlechtsverkehr, auch nicht mit Kondomen. Beim gegenseitigen Masturbieren tragen sie Plastikhandschuhe. Küssen ist verboten. Oraler Sex wird mit kondomverhüllten Penissen oder mit Vaginen durchgeführt, die mit Folien geschützt sind. Die meisten Partybesucher sind Voyeure. Sie achten kaum auf die wenigen, die sich gegenseitig masturbieren.

Gregs Gruppe mißbilligt die Gegenwart von »Tickets«, Zuschauern, die nicht die Absicht haben, mitzumachen. Gelegentlich bleibt ein Mitglied vielleicht sitzen, um nur zuzusehen, aber oft geschieht das nicht. (»Manchmal, wenn eine Frau sehr stark ihre Tage hat, will sie nicht mitmachen, auch nicht bei einem besonders dicken Schwanz. Prämenstruelles Syndrom vielleicht? Aber sie kommt mit, damit ihr Mann eine schöne saubere Muschi lecken kann.«) In den Clubs ist das Zuschauen jedoch üblich. Bis zu einem Drittel der Leute, die den Eintritt zahlen, wollen gar nicht spielen.

»Ich würde sagen, alle in dieser Gruppe machen es so häufig wie möglich« sagt Jeanie stolz.

Wir stehen vor einer Schlafzimmertür und schwatzen, während zwei nackte Paare auf dem großen Bett »Action machen«. Schwarze Satinlaken sind auf den Boden geglitten, wo sie wie das Wasser eines Sumpfes schimmern. Eine Mischung aus teuren Parfüms, Schweiß und Latex weht zu uns herüber. Eine Blonde mit schönen Beinen kniet neben einem Mann und hat seinen Penis im Mund. Er massiert mit einer Hand ihre Brust und streichelt die Genitalien der jüngeren Brünetten mit der anderen Hand. Der vierte Spieler, ein Mann, dringt von hinten in die Brünette ein. Ich kann nicht erkennen, ob er ein Kondom trägt, aber der Mann, der Fellatio genießt, trägt keines. Ich weiß nicht, wer mit wem verheiratet ist.

»Sehen Sie gerne zu?« fragt Jeanie. Sie sieht gerne zu. Ihre Augen fliegen zwanghaft zwischen mir und dem Bett hin und her. »Das ist besser als ein Film, nicht wahr?«

Der Mann, der mit der Brünetten Geschlechtsverkehr hat, packt fest ihre Hüften und stößt heftig in sie hinein. Sie stützt sich mit beiden Armen auf und stößt mit gleicher Kraft zurück. Die Blonde scheint ihren Mund im selben Rhythmus über dem Penis des anderen Mannes auf und ab zu bewegen.

»Wie lange sind Sie und Ted schon Mitglied dieser Gruppe?«

»Zwei Jahre. Ted hat Greg vor vier Jahren durch den Job kennengelernt.« Sie sieht auf das Bett. »Greg sagte, er habe so ein Gefühl, wir seien vom gleichen Schlag, aber er mußte warten, bis er Ted besser kannte, bevor er ihn fragen konnte.«

Wieder wirft sie einen Blick auf das Bett. Durch die Modulation ihrer Stimme und den Blick in ihren Augen wird mir plötzlich klar, daß der Mann mit den Händen in beiden Frauen ihr Mann Ted ist. Ohne seine Kleider hatte ich ihn nicht erkannt. Während wir zusehen, beginnt er, an den Brustwarzen der Brünetten zu saugen. Ein Schweißtropfen rollt über ihre Brust in seinen Mund.

»Manche Leute wären beleidigt, wenn Sie sie für Swinger hielten, obwohl sie keine sind«, sagt Jeanie. »Ted und ich waren noch nie zuvor in einer solchen Gruppe. Wir haben gelegentlich die Partner getauscht, in einem Club in Los Angeles oder New York oder mit einem Paar, das wir auf Reisen kennenlernten oder so. Das hier gefällt uns viel besser. Wir kennen die Leute und vertrauen ihnen. Wenn man sich mit Fremden einläßt, muß man vorsichtig sein. Einmal haben wir ein Paar getroffen, das wir durch eine Kleinanzeige in *Screw* kennengelernt haben. Sie waren verrückt – nun, er zumindest. Er wollte Ted in den Hintern ficken. Nun, Sie wissen, was das bedeutet. Das würde Ted natürlich niemals tun, unter keinen Umständen. Wir waren mit diesem Paar in unserem Haus, das so ähnlich ist wie das von Greg und Catherine, sehr abgelegen. Dieser Mann trank, und wir hatten Angst, er würde meinen Mann vergewaltigen. Nun, sie gingen Gott sei Dank bald, aber es hätte furchtbar werden können.«

»Wessen Idee war das?«

»Wessen Idee war was?« Ihre Augen heften sich wieder auf das Bett, wo die vier ihre Positionen verändern.

»Das erste Mal die Partner zu tauschen.«

»Oh, seine. Ich war nicht so begeistert davon.« Sie sieht wieder mich an. »Viele Frauen hier werden Ihnen erzählen, daß es die Idee ihres Mannes war, wenn sie ehrlich sind. Ich halte es nicht für sehr wahrscheinlich, daß Frauen anregen, die Partner zu tauschen. Sie schreiben für Frauenzeitschriften. Sie wissen, was ich meine. Frauen haben schon genug

Schwierigkeiten, mit ihren eigenen Ehemännern in ihren eigenen Schlafzimmern zum Sex zu kommen.

Ted schlug vor, wir sollten es mal probieren. Ich war sehr nervös bei dem Gedanken. Ich wußte, daß er und seine erste Frau sich wegen Sex getrennt hatten. Er traf sich mit einer anderen, und sie hat ihn erwischt. Ganz tief innen dachte ich, daß ich ihn halten könnte, wenn ich mitmache. Ich war auch sehr nervös bei dem Gedanken, mit Männern, die ich nicht kannte, Sex zu machen. Würden sie von meinem Körper abgetörnt? Er ist nicht perfekt. Vom Ehemann erwartet man, daß er einen trotzdem will, aber wie ist das mit den Männern anderer Frauen?

Wie ein kleines Kind bat er mich immer wieder darum. Schließlich tat ich es. Und wissen Sie was? Ich hatte viel Spaß. Es war lustig. Ich bin immer noch nicht so hemmungslos wie die anderen Frauen. Einen Vierer wie den hier möchte ich nicht machen.« Ihre Augen wandern wieder zum Bett hinüber. Ted ist in die Blonde eingedrungen, die mit angewinkelten, weit gespreizten Beinen auf dem Rücken liegt. Sie greift nach seinem Hintern und schiebt ihn tiefer in sich hinein. Er kreischt begeistert auf.

»Nicht jetzt. Vielleicht eines Tages. Ich habe gelernt, niemals nie zu sagen. Sie haben ja keine Ahnung.

Es gibt da etwas, das sie über die Frauen, über die meisten von ihnen, wissen sollten.« Sie senkt ihre Stimme. »Sie tauschen in beiden Richtungen die Partner.« Sie neigt ihren Kopf in Richtung Bett, wo die Blonde schreit *O Gott, o Gott, ja, ja, ja, ich komme.* »Diese beiden da, sie sind bisexuell, nicht, daß es mir was ausmachte, aber ich bin es nicht. Deshalb mag ich es nur mit einem Mann auf einmal. Wenn man einen Vierer macht, muß man auch den Mund einer Frau am Körper dulden.«

Wir stehen lange genug an der Tür, daß die vier Menschen

auf dem Bett mehrere Male ihre Positionen verändern – und daß jede Frau mindestens einen Orgasmus hat. Sie erinnern mich an ein Kaleidoskop, das immer wieder neue Muster zeigt, jedes genauso interessant oder uninteressant wie das Muster zuvor oder danach. Als ich gehe, sitzt die Blonde triumphierend rittlings auf Jeanies Mann und masturbiert sich gerade mit einer Hand, während sie auf ihm reitet.

Später laden mich die beiden Frauen, die mit Ted im Bett waren, ein, mit ihnen in einem der sechs Badezimmer einen Joint zu rauchen. Nora, eine hochaufgeschossene Brünette Ende Dreißig, sitzt auf dem Klodeckel. Sie zündet den dicken Joint an, inhaliert tief und gibt ihn an Jerrilyn weiter, die auf einer mit Samt überzogenen Bank hockt. Jerrilyn ist ebenfalls Ende Dreißig. Noras dickes Schamhaar ist verfilzt. Sie trägt ihre Nacktheit fröhlich und ungeniert zur Schau, aber Jerrilyn, deren Körper kompakt und stramm ist, fühlt sich weniger behaglich. Sie wirft ein grünes Badetuch um, nachdem sie den Joint an mich weitergeben hat.

»Du solltest das Bidet benutzen«, sagt Jerrilyn zu Nora.

»Ich hätte Kondome benutzen sollen«, gibt sie zurück, und beide lachen.

Das Badezimmer ist größer als ein typisches Studioapartment in Manhattan, in Grün, Gold und Schwarz gehalten. Die Marmordusche, Grün mit Schwarz, könnte vier Erwachsenen Platz bieten. Pflanzen hängen von der Decke und bekommen durch riesige Fenster und zwei Oberlichter genügend Licht zum Leben.

»Das hier ist Gregs Badezimmer«, sagt Nora. »Es spiegelt die Vorstellung seines Innenarchitekten von Männlichkeit wider. Was haltet ihr davon?«

»Sein Innenarchitekt sollte alles über seine Männlichkeit wissen«, spottet Jerrilyn.

»Macht es Ihnen Spaß, zu Partys wie dieser hier zu gehen und Ihre Kleider anzubehalten?« will Nora wissen. »Ich würde mich wirklich daneben fühlen.«

»Eine Autorin, die Ende der siebziger Jahre für ein Stadtmagazin über Swinger schrieb, erzählte mir, sie habe damals nicht widerstehen können, an den Spielchen teilzunehmen«, erwidere ich.

»Und dann war da natürlich Gay Talese«, sagt Jerrilyn und bezieht sich auf den Autor, der einige Sexualpraktiken für *Thy Neighbor's Wife* gesammelt hat.

»Vielleicht bin ich einfach gehemmter«, sage ich.

»Ich hatte auch eine Zeitlang Schwierigkeiten, mich in der Swingerszene gehenzulassen«, erzählt Jerrilyn und nickt mitfühlend. »Mein Ehemann wollte es. Ich war wirklich neugierig, wie es wohl wäre, es mit einer Frau zu treiben, also machte ich mit. Zuerst habe ich nur pro forma mitgemacht und die Orgasmen vorgetäuscht. Ich habe Nora und ihren Mann in die Gruppe gebracht, denn, ganz ehrlich, wenn es schon mit Frauen sein mußte, wollte ich mit Nora Sex haben.«

»Ich habe auch so getan als ob, als ich hier neu war«, sagt Nora. »Wenn man so tut als ob und sich ins Geschehen wirft, wird man langsam erregt, und schließlich macht es wirklich Spaß.«

Jerrilyn nickt. Der Joint geht wieder herum. Sie erzählen mir von ihren ersten Ehemännern, Bauarbeiter und Polizist, die beide langweilig waren und sie anödeten. Nach der Scheidung ernährte Jerrilyn sich und ihre beiden Kinder, indem sie abends als Cocktailkellnerin arbeitete; tagsüber ging sie aufs College. Nora, die ihre beste Freundin wurde, nachdem sie sich bei einem Elternabend kennengelernt hatten, arbeitete in verschiedenen Jobs, während sie ihren MBA machte. Sie waren zusammen, als sie ihre zweiten Ehemänner bei einer Weinprobe bei Jerrilyns Kinderarzt kennenlernten, der versprochen hatte, den Frauen einige akzeptable Männer vorzustellen.

»Dieses Mal mußte ich es anders machen«, meint Nora. »Ich glaube, Jerrilyn würde dasselbe sagen.« Jerrilyn nickt zustimmend. »Dieses Mal haben wir uns zwei hohe Tiere geangelt. Wir werden diese Burschen glücklich machen. Und haben wir nicht Glück, daß es sie glücklich macht, wenn sie uns im Bett mit anderen Partnern sehen?«

»Was halten Sie von Catherine?« fragt Jerrilyn, vielleicht um das Thema zu wechseln, doch um ehrlich zu sein, ich argwöhne, es liegt daran, daß Catherine wirklich der Mittelpunkt der Gruppe ist. Catherine wird von mehr Mitgliedern begehrt als Greg.

»Catherine hat Charisma«, antworte ich.

Robert McGinley, der Geschäftsführer der North American Swing Club Association, schätzt, daß 50 bis 75 Prozent der weiblichen Swinger bisexuell sind. In Swingergruppen und Clubs werden bisexuelle Kontakte zwischen Frauen gefördert. (Zwei Frauen bei der Liebe zu beobachten, ist die Lieblingsphantasie der Männer. Bildliche Darstellungen von zwei Frauen sind die beliebtesten Beiträge im *Penthouse.*) Männliche Bisexualität ist in den Clubs und in den meisten Gruppen jedoch nicht gestattet.

McGinley behauptet, es sei nicht wahrscheinlich, daß Swinger Aids bekommen, weil »männliche Bisexualität unter Swingern extrem selten vorkommt«. Als in einer Gruppe in Minnesota letztes Jahr zwei Frauen HIV-positiv waren, verkündete er öffentlich, sie hätten Kontakt mit bisexuellen Männern »außerhalb der Gruppe« gehabt. Mit anderen

Worten, sie hätten sich nicht infiziert, wenn sie nur mit den Leuten ihrer Gruppe gespielt hätten.
»Ich verabscheue den Ausdruck ›Safer Sex‹, weil er so tut, als gebe es am Sex etwas Gefährliches«, sagt er.
Solange nur die Frauen ihren Partner tauschen, so glauben Swinger, ist alles in Ordnung.

»Was halten Sie von Jeanie?« fragt mich Catherine.
Wir liegen auf der Terrasse in Korbstühlen. Die Nachtluft ist sanft und kühl, nicht kalt, aber Catherine hat mir einen Seidenschal gegeben für den Fall, daß ich friere. Hinter uns ertönen allerlei Geräusche aus dem Haus, ruhiger Jazz, das leise Summen von Gesprächen, gelegentliches Stöhnen und Ächzen, hin und wieder übertönt von einer männlichen Stimme, »Ja, Baby, komm« oder »Ja, Baby, ich komme.«
»Sie ist wundervoll«, antworte ich.
»Hm. Sie muß noch lockerer werden, aber ich glaube nicht, daß das je geschieht. Greg sagt, er würde Jeanie zu gerne mit einer Frau sehen, aber ich sage ihm, unmöglich, träum von etwas anderem. Sie hat Angst. Glauben Sie, daß sie insgeheim eine Lesbe ist?«
»Haben Sie es mit anderen Frauen gemacht?«
»Natürlich, viele Male. Warum nicht? Das ist einfach eine weitere Möglichkeit, sich gut zu fühlen.«
Sie streckt ihren Arm zu mir aus. Ihre Hand reicht nicht bis zu mir. »Sehen Sie, ich spiele Sex genauso, wie ich Tennis spiele. Hart. Ich komme richtig ins Schwitzen. Ich kann mit Frauen genausogut spielen wie mit Männern.«
»Warum sind Sie dann verheiratet?«
»Warum nicht? Mit Greg verheiratet zu sein ist das Beste, was mir passieren konnte. Glauben Sie, ich könnte das alles hier ohne ihn haben? Ich führe ein großartiges Leben.«

Wir sitzen einige Minuten lang in einvernehmlichem Schweigen, bis Greg zu uns stößt.
»Ich habe heute Videos gemacht«, sagt er. »Ich finde, ihr solltet hereinkommen und sie euch ansehen. Ich habe einige großartige Sachen auf Band.« Catherine und ich folgen ihm hinein. »Ich bringe Euch ins Medienzimmer, dann muß ich mich um Jeanie kümmern.«
Er wendet sich an Catherine und verzieht das Gesicht, dasselbe Gesicht, das ich bei so manchen Partys auf den Gesichtern anderer Ehemänner gesehen habe, wenn sie einen Großteil der Zeit vertieft in Gesprächen mit Schwiegereltern oder ihren Geschäftspartnern verbringen mußten. Sie lacht, ein lautes, perlendes Lachen.
»Jeanie mag ihn am liebsten.«
»Macht es Ihnen etwas aus?«
»Warum sollte es?«
Catherine klopft ihm zärtlich auf die Schulter, als er zu Jeanie geht, die mit offenen Armen auf ihn wartet, ihre Lippen feucht und leicht geöffnet.

FÜNFZEHNTES KAPITEL

Bodypiercing

LONG ISLAND, NEW YORK

»Ich mußte meinen Nabel fünfmal piercen lassen, bis es hielt«, erzählt Lauren sachlich, als sei der Zyklus von Piercing/Infektion/Abstoßung des Piercing/Piercing eine wichtige Sache, wie eine Prüfung; entweder man schafft es irgendwann oder bekommt keinen Versuch mehr zugestanden. »Man kann sehen, wo es nicht gehalten hat«, sagt sie und zeigt mit einem langen, magentaroten Nagel auf die erhabenen Narben in ihrem Bauchnabel. Die Narben umgeben einen goldenen Ring in dem Piercingloch, das schließlich »gehalten hat«.

Ihr Bauch ist rund und fest, ein wenig schwer. Dehnungsstreifen erzählen wie schillernde Straßenkarten die Geschichte dieses Bauches. Wildes schwarzes Haar ganz unten hat dieselbe Farbe wie ihr Haupthaar.

»Bauchnabel sind schwierig«, sagt Blade. Er ist der begnadete Piercer, der in einer Limousine von Manhattan hergebracht wurde, um bei Laurens Freundin Dina die Klitoris zu piercen. »Der Nabel heilt besonders schwer. Die Haut ist dick und widerstandsfähig. Dieser Bereich wird durch Kleidung gereizt. Fast sollte man es im Sommer machen, wenn man sechs Wochen lang nur in kurzen Tops und Bikinis herumlaufen kann.« Er untersucht Laurens Nabel, wobei seine Finger sanft die Haut glattziehen. »Sieht aus, als sei es innen ganz gut, aber drumherum scheint sich eine Infektion zu bilden. Siehst du die Rötung?«

»Hat mal jemand einen Spiegel?« fragt sie.

Eine Brünette mit Ringen durch die Augenbrauen und einem dicken goldenen Stift in der Nase gibt Lauren eine Puderdose. Lauren betrachtet ihren Nabel. Hinter uns dreht jemand das Licht der Halogenlampe heller.

»Ja, ich sehe es«, sagt sie, aber Blade ist schon dabei, die gepiercten Brustwarzen eines jungen Mannes zu inspizieren.

Diese Piercings scheinen ganz neu zu sein. Zwei dicke, silberne Ringe sind in fettes, rotes, geschwollenes Fleisch gebettet. Blade ist umgeben von weiteren jungen Männer, die dem Experten ihre Piercings zeigen wollen. Keiner in diesem Zimmer mit etwa 20 Menschen ist älter als 25, und alle haben einen anderen Körperteil als ihre Ohrläppchen durchstochen.

»Warum haben Sie Ihren Nabel piercen lassen?« frage ich Lauren.

»Ich finde, es sieht heiß aus, sexy.« Sie schließt die Puderdose, gibt sie der kleinen Brünetten zurück und schließt den Reißverschluß ihrer Jeans. »Auch wenn es sonst keiner sieht, weiß ich, daß es da ist, und das reicht. Ich fühle mich sexy, auch wenn es nicht zu sehen ist. Mir gefällt, wie es aussieht. Das macht mich an. Als nächstes will ich meine inneren Schamlippen piercen lassen, einen Ring auf jeder Seite.« Sie sieht sich im Zimmer um, erkennt vertraute Gesichter und zeigt auf eine Frau. »Meine Freundin Leanne hat ihre piercen lassen, ohne Probleme.«

»Sind Sie nicht ein wenig nervös, Ihre Schamlippen durchbohren zu lassen, nach all den Problemen mit dem Nabel?«

»Ein wenig schon, aber ich will es einfach. Ich stelle mir vor, wie es ist, wenn die Ringe drin sind. Man könnte sie immer spüren, immer wissen, da ist etwas. Beim Gehen und so.« Ihre großen dunklen Augen, umrahmt von schwarzem Eyeliner, funkeln. »Nach außen kann man dies oder das sein, die Mutter eines Kindes, die Frau von irgend jemandem, aber man selbst weiß, da drinnen ist man anders, und das ist heiß.«

Lauren ist 22, Mutter einer dreijährigen Tochter, Anastasia, genannt »Stasia«, deren Großeltern väterlicherseits heute abend auf sie aufpassen. Wir sind in Laurens Wohnung: zwei Schlafzimmer, beigefarbene Teppiche, Küche und Badezimmer in europäischem Stil (mit weißen Kacheln, weißen Schränken und Armaturen im Badezimmer), in der Küche weiße Vorrichtungen und Schränke, die mit hellem Holz abgesetzt sind. Fotos von Stasia, einer dunklen Schönheit mit riesigen Augen und runden Wangen, stehen auf dem noch unfertigen Bücherregal aus dem Barnes-and-Noble-Versandhaus, neben einem halben Dutzend Liebesromanen und einer CD-Sammlung. Das Wohnzimmer ist fünf mal sechs Meter groß, mit einem neuen Sofa mit Blumenmuster in Grün- und Blautönen und passenden Sesseln, Kaffeetischchen und Stühlen aus echter Eiche – ganz der Geschmack ihrer Mutter.

Laurens geschiedene Mutter, Immobilienmaklerin, hat im vergangenen Jahr ungefähr 200 000 Dollar verdient und hat die Möbel gekauft, sie bezahlt auch Laurens Rechnungen. Lauren arbeitet nicht, ist heute ebenfalls von ihrem Mann George, 32, geschieden, mit dem sie vier Jahre lang zusammen war und der ihr pro Monat 200 Dollar für das Kind schickt. Sie hatte George geheiratet, weil er ihr half, vom Kokain loszukommen, als sie 18 Jahre alt war; dann schwängerte er sie. Sie hat sich von ihm scheiden lassen, weil er »langweilig« war.

»Wenn er von dieser Party wüßte, er würde sich in die Hose

scheißen«, sagt Lauren. Sie sieht sich nach ihren Freunden und Bekannten um. »Ich bin die einzige, die einen Mann *hatte* und ein Kind.« Sie hält inne und verschränkt nachdenklich ihre Arme über der Brust, den Blick zu Boden gerichtet. »Ich habe das Gefühl, viel versäumt zu haben. Ich meine, ich hatte niemals eine Kindheit.

Meine Mutter sagt, ich hätte *immer* nur in der Kindheit gelebt. Sie ist echt auf Georges Seite, wissen Sie, obwohl er niemanden braucht. Seine Eltern halten mich für eine unfähige Mutter.«

Junge Menschen machen Löcher an Stellen in ihren Körper, die ihre Eltern sich niemals hätten durchstechen lassen. Wenn man über Dreißig ist, versteht man vermutlich nicht, warum diese Modeerscheinung, die in der S/M-Gemeinde aufgekommen ist, auf Mädchen übergegriffen hat, die ohne Nasenringe wie normale Mädchen aussehen, die sich für einen Stadtbummel in Grungekleider gehüllt haben – oder auf Jungen, die ihre Rebellion durch purpurfarbene oder grüne Haare unterstreichen oder andere, schmerzlose Dinge, die ihre Eltern abscheulich finden. Irgendeinen Körperteil – außer Ohrläppchen – durchstechen zu lassen, ist schmerzhaft, manchmal außerordentlich schmerzhaft. Mit Piercings herumzulaufen schafft neue Herausforderungen im täglichen Leben, wie zum Beispiel mit einem Stift in der Zunge zu essen, mit Ringen im Schambereich oder an den Hoden zu sitzen, durch Metalldetektoren zu gehen, ohne am Flughafen peinliche Zwischenfälle heraufzubeschwören.

Warum ist eine Generation derart an der Verstümmelung ihres Körpers interessiert?

Gesellschaftskritiker behaupten gerne, der Trend habe mit *Modern Primitives* begonnen, einem Buch von V. Vale und Andrea June aus dem Jahr 1989, herausgegeben von Re/Search Publications (bekannt für qualitativ hochwertige Taschenbücher über außergewöhnliche Themen). *Modern Primitives* porträtierte Mitglieder der Subkultur – Männer und Frauen, die gepierct, tätowiert, gescarred und gebrandmarkt waren – oft mit extremen Resultaten. Diese Menschen, als »Pioniere der Körpermodifikation« bezeichnet, behaupteten, sie seien von primitiven Stämmen inspiriert worden, wie den Sadhus aus Indien und den Ndebeli aus Südafrika. Dieses Buch wurde seitens der Avantgardepresse mit sehr viel Aufmerksamkeit bedacht.

Nur einer von den zwanzig Leuten in Laurens Wohnzimmer hatte je davon gehört. Ich kann nur schwer glauben, daß ein größerer Prozentsatz von jungen Menschen, die sich Nase und Ohren, Augenbrauen und Oberlippen durchstechen sowie Metallringe durch Brustwarzen, Nabel und Genitalien ziehen lassen, von einem Buch motiviert wurde, das bei B. Daltons oder Waldenbooks nicht zu haben ist. Warum dann also?

»Sie sehen es«, meint Blade. »Axl Rose hat einen Brustwarzenring. Man sieht gepiercte Körperteile auf den Covers von CDs oder auf den Bildern der Beiheftchen. Einige der Männer und Frauen, die in Madonnas Buch *Sex* auftauchen, sind gepierct. Die Kids kommen aus den Vorstädten nach San Francisco oder Los Angeles oder Manhattan und sehen, daß die Mädchen, die in den Boutiquen oder Bäckereien arbeiten, ihre Augenbrauen, Nasen, Lippen durchstochen haben. Eines der Mädchen aus dem Gebäckladen in meiner Nachbarschaft hat elf Piercings. Das gehört einfach zu dieser Generation.«

Mit 29 gehört Blade kaum noch dazu, aber er hat eine ewig junge »Aura«, sagt er. Mit seinen kräftigen Gesichtszügen und dem dünner werdenden dunklen Haar, das er zu einem Pferdeschwanz gebunden trägt, strahlt er Autorität aus. Seine Hände sind zwar groß, aber gleichzeitig weich, sanft und ruhig, die Hände eines Chirurgen; aber in diesen Händen oder in seinem Gesicht liegt kein Mitgefühl. Vermutlich bekommt er einen tollen Kick, wenn er Nadeln durch das Fleisch treibt.

»Und dann diese Verbindung zu S/M.« Er nickt feierlich. »Vergessen Sie nicht die Verbindung zu S/M. Selbst, wenn die Leute nicht genau wissen, worum es bei S/M geht, törnt sie das Gefühl von Schmerz doch ein wenig an, die Vorstellung, daß sie Teil von etwas Dunklem und Aufregendem sind und daß sie irgendwie gekennzeichnet sind. Piercing ist mehr als Rebellion, es ist sexuelle Rebellion. Ihre Generation hatte die freie Liebe. Diese Generation hat Aids. Was sollen sie tun? Können sie soviel ficken wie ihre Eltern, ohne sich bis Dreißig umgebracht zu haben? Nicht sehr wahrscheinlich, oder?

Sie piercen sich.«

Blade, der bei der Gauntlet Inc. ausgebildet wurde, einer Kette von Piercingsalons mit Hauptsitz in Kalifornien, arbeitet sozusagen »freiberuflich«. Er ist ein »Herr« in der S/M-Subkultur und besitzt einen Kerker im East Village, wo er Piercings mit Schmerzen vorführt, leicht, mittelstark, oder stark. Viele seiner New Yorker Kunden sind junge, gut ausgebildete Leute, Anwälte, Buchprüfer, Banker, die 30 bis 50 Dollar zahlen für den geheimen Thrill, zu wissen, daß sich unter ihrem weißen Hemd oder der Bluse etwas Unerwartetes verbirgt, während sie sich ansonsten den Erfordernissen ihrer Firma anpassen. Er bedient außerdem eine Reihe von Mitgliedern von Studentenverbindungen der New York University, Columbia, und anderer Schulen, Jungen, die »Piercings benutzen, um Mädchen zu bekommen und ihre Eltern zu ärgern«.

»Können Sie sich vorstellen, was die Leute zu Hause denken, wenn der Junior im Urlaub heimkommt und mit nacktem Oberkörper durch das Haus läuft und an seiner Brustwarze hängt ein Ring?« Er lacht. »Das Unbehagen, das es bei den Eltern hervorruft, ist das bißchen Schmerz wert. Mit einem Ohrring kann ein Junge Mama und Papa nicht mehr ärgern, weil Mama und Papa selbst Freunde haben, die Ohrringe tragen.«

Blade organisiert auch »Szenen« zum Preis ab 100 Dollar aufwärts, wie zum Beispiel die S/M-Hochzeit letztes Wochenende, bei der er die Klitoris der Braut sowie den Penis des Bräutigams piercte.

»Ich habe ihm den Prinz Albert gemacht, zur Zeit das beliebteste Penispiercing. Es wird an der Wurzel der Eichel durch die Harnröhre gezogen. Das geht schnell und verheilt problemlos. Einige Männer sagen, es erhöhe für beide Partner das sexuelle Vergnügen.«

»Braut und Bräutigam konnten in jener Nacht aber keinen Sex machen, oder?«

»O nein«, er lacht rauh. »Vier oder sechs Wochen lang nicht. Diejenigen unter den Leuten, die eine Infektion bekommen, haben nicht gewartet, bis alles ausgeheilt ist.«

Blade hat mit Dina ihr Piercing bereits besprochen, weil er sicher sein wollte, daß sie genau wußte, was sie jetzt und später erwartet, wenn alles ausgeheilt ist. Er hat ihr gesagt, wie sich die Nachsorge gestalten soll und wie lange sie warten muß, bevor sie masturbieren oder Geschlechtsverkehr haben kann. Sie weiß, so versichert er mir, »worauf sie achten muß«, und so wird sie ihm sagen, wenn irgend etwas schiefläuft.

»Man kann gar nicht genug betonen, daß die Leute zu einem Piercer gehen sollen, der weiß, was er tut. Jeder kann sich ein Schild vor die Tür hängen. Man braucht keine Genehmigung von den Behörden. Ich sterilisiere meine Nadeln, benutze sie nur einmal und werfe sie dann weg. Unsterile Nadeln können Aids, Hepatitis und andere Krankheiten übertragen. Ich habe ein Sterilisiergerät im Kerker, und ich trage stets Chirurgenhandschuhe.« Er grinst. »Bei mir ist es wie beim Arzt, mit einer Ausnahme. Keine Narkose. Ich pierce niemanden, der vorher ein Schmerzmittel nimmt. Man muß den Schmerz spüren, um sich das Piercing zu verdienen. Sonst läuft man mit einem Ring herum, der Dinge über einen aussagt, die gar nicht stimmen.«

Während sich die meisten mit ein oder zwei Piercings zusätzlich zu den Ohrlöchern zufriedengeben, werden manche, wie Blade es ausdrückt, zu »Piercing-Junkies«. Sie lassen sich ein neues Piercing machen, um einen neuen Lebensabschnitt zu markieren, wie einen Geburtstag oder das Ende oder den Anfang einer Beziehung.

»Manche erfinden einfach irgendeinen Grund. Danach zeigen sie auf die Piercings und sagen: ›Das habe ich an dem Tag gemacht, als mir klar wurde, daß mein Vater ein Arschloch ist.‹ Sie sagen zu mir, sie erheben damit Anspruch auf ihren eigenen Körper und ihr eigenes Leben. Ein Mädchen ließ sich am Hochzeitstag ihrer Mutter die Brustwarzen piercen. Es war die fünfte Ehe ihrer Mutter.«

Er hat beispielsweise eine 21jährige Kundin, die 25 winzige Ringe in ihren Ohren hat, doppelt gepiercte Brustwarzen – ja, das heißt, zwei Ringe pro Warze –, gepiercte Schamlippen, Klitoris, Nabel, Lippen, Augenbrauen und Zunge.

»Jetzt will sie einen Stift durch ihre Lippe haben.« Er zuckt mit den Achseln, als sei er der Meinung, sie ginge vielleicht ein wenig weit damit. Tut sie das? Er zuckt wieder die Achseln und ist wohl nicht bereit, so etwas auf Band zu sprechen.

»Was passiert, wenn es keinen Platz mehr für neue Piercings gibt?« frage ich.

»Branding«, hat er überraschend schnell als Antwort parat. »Das sieht man bereits an der Westküste. Ich glaube, es ist nur eine Frage der Zeit, bis Branding genauso akzeptiert wird wie Tätowierungen.«

»Branding«, wiederhole ich. »Mit heißen Eisen?« Er nickt heftig. »Macht man das nicht mit Kälbern?«

»Dasselbe Prinzip, allerdings brennt man Muster oder ähnliches in die Haut, indem man die Brandwunden schichtweise anbringt. Man kann hören, wie das Fleisch zischt. Der Geruch ist ganz schön happig, wie ein verkohltes Stück Fleisch, oder manche Leute sagen, wie Speck, der in der Pfanne brutzelt. Vielleicht kommt es auch darauf an, wie fett man ist.

Oder Cutting«, fährt er fort. »Sie markieren sich selbst mit Messern. Ein Mädchen, das letzte Woche in meinen Laden kam, sagte, sie schneide sich, weil sie mit dem Blut ihre Emotionen rauslasse. Sie hat Messerspuren auf ihren Schenkeln und auf dem Bauch. Ein anderes Mädchen öffnet immer wieder denselben Schnitt. Sie baut sich eine dicke Narbe auf ihrem Arm auf.«

Blade entschuldigt sich, weil er sich auf das Ritual des Piercings vorbereiten will, das, wie er zugibt, eine »gemäßigtere« Version des Rituals sein wird, das er in seinem eigenen Kerker vorführt. Dina möchte ein paar Schmerzen, aber keine Todesqualen erleiden. Sie will ihren Freunden zeigen, was sie aushalten kann, und es wird Blades Aufgabe sein, ihre Vorstellung zu unterstützen, ihr echten Mumm zu verleihen. Dinas Eltern, Mitglieder der wohlhabenden Künstlergemeinde, haben Häuser in Manhattan, den Hamptons und Paris. Sie machen gerade Urlaub in der

Schweiz, und Dina hat Blade erzählt, sie könne ruhig »Narben zurückbehalten«. Er hat nicht die Absicht, sie mit Narben nach Hause zu schicken, sondern nur mit einem neuen Metallteil an ihrem Körper.

»Leanne will mit Ihnen sprechen«, sagt Lauren und berührt leicht meinen Arm. »Sie möchte interviewt werden.«

Leanne steht allein in einer Ecke zwischen zwei Drachenbäumen. Sie ist nicht viel größer als die Pflanzen, dünn und schmächtig auf natürliche Art, nicht durch Magersucht hervorgerufen. Ihr hellbraunes Haar ist toupiert, gesprayt und um ihren Kopf drapiert, die jüngere Version der Helmfrisur, die vermutlich ihre Mutter trägt. Sie streckt ihre Hand aus. Durch die fleischige Haut zwischen Daumen und Zeigefinger ist ein kleiner Stift getrieben. Die Haut ist gerötet und entzündet. Ich wappne mich, damit ich nicht zusammenzucke, als ich ihre Fingerspitzen berühre.

»Ich habe dreizehn Piercings«, erzählt sie; und zählt sie für mich auf. Zwei in den Brustwarzen, zwei in den Schamlippen, eines im Nabel, eines in der Hand, sechs in den Ohren. »Ich möchte mindestens noch einmal so viele.«

Warum?

»Das ist meine Art, anders zu sein.« Ich sehe mich im Zimmer um. *Alle* hier tragen Schwarz und stecken voller Metall. Anders als wer? »Ich bin ein Individuum. Ich sage: ›Das ist mein Körper.‹ Er gehört weder meinen Eltern noch meinem Freund. Er gehört mir. Verstehen Sie?«

»Piercing ist ein Symbol«, sagt der schlanke junge Mann hinter mir. Ich drehe mich zu ihm um. Seine Ohrläppchen sind weich, unberührt, aber winzige goldene Ringe bilden die Form seiner Augenbrauen nach. »Piercing symbolisiert Freiheit und Kontrolle über uns selbst. Das Leben ist gefährlich, wissen Sie. Man könnte an Aids oder so sterben. Das Leben ist schmerzhaft. Die Menschen verletzen dich, und man hat keine Kontrolle über das, was sie mit einem machen können.

Ich lebe im selben Gebäude wie die japanische Studentin, die letztes Jahr getötet wurde. Sie wurde niedergestochen, als sie ihren Schlüssel aus der Tasche holte. Sie starb auf dem Boden der Eingangshalle, bevor ihr jemand helfen konnte.

Das hier, meine Piercings, kann ich kontrollieren. Ich entscheide, wann und wo und wie ich Schmerzen haben möchte; und das Beste ist, daß ich von meinen Schmerzen etwas habe. Ich habe diese exzellenten Piercings.«

Er streckt seine Zunge heraus, um mir die kleine Hantel zu zeigen, die er dort trägt. Sie ist mit Speichel bedeckt. An einem Ende hängen weiße, breiige Spritzer. Er hat Kartoffelpüree gegessen oder Weizenbrei.

»Dieses hier und sieben in jeder Braue«, sagt er. »Das ist bislang alles. Ich will bald auch meine Brustwarzen, den Nabel und die Nasenflügel machen lassen.« Brustwarzen, Nabel und Nasenflügel sind die drei Stellen, die am häufigsten für nichttraditionelle Piercings benutzt werden. »Ich habe mit meiner Zunge angefangen, das war ungewöhnlich. Ich habe noch nie jemanden kennengelernt, der dort angefangen hätte.«

Warum haben Sie das getan?

»Ich habe im Fernsehen eine Frau mit gepiercter Zunge gesehen. Mir gefiel der Überraschungsmoment, wenn sie ihren Mund öffnete. Sie waren auch überrascht, nicht wahr? Ich habe es an Ihrem Gesicht gesehen. Sie waren sogar hier überrascht, wo Sie Piercings erwarten.«

Ich wende mich wieder an Leanne. »Wollen Sie deshalb weitere Piercings? Um Freiheit und Macht zu symbolisieren?«

»Ich schätze schon«, antwortet sie. »Mir gefällt einfach, wie sie aussehen und sich anfühlen, und ich will noch mehr haben. Das macht mich ja nicht zu einem Freak, wissen Sie. In dieser Gesellschaft wäre ich, na ja, wunderbar, wenn ich 300 Paar Schuhe hätte. Vielleicht würde ich gerne 300 Piercings haben. Dafür ist mehr nötig, als eine Unterschrift auf einer Kreditkartenquittung. Es sollte etwas über einen Menschen aussagen.«

Ich wandere durch das Zimmer und sammle Meinungen über die Psychologie des Piercings. Männer und Frauen nennen dieselben Gründe, Freiheit – *sexuelle* Freiheit –, Macht, anders sein, Teil von etwas sein, den Körper für sich beanspruchen. Verschleiert tauchen auch Bezüge zu sexuellem Mißbrauch in der Kindheit auf. Sind sie mißbraucht worden? Keiner behauptet das von sich. Als Kinder unserer Talkshow-Gesellschaft folgern sie, daß hinter allem irgendwie Mißbrauch in der Kindheit steckt, ob man sich daran erinnert oder nicht. Und über allem schwebt das Thema Machismo (auch bei den Frauen). Ja, es tut weh, es tut schön weh. Echte Männer und Frauen beißen auf den Schmerzensstab. Schmerzen sind sexy.
»Piercing ist eine Möglichkeit, eine Verbindung zu afrikanischen Ritualen herzustellen«, meint Todd, ein blasser, nordisch-blonder Typ, der wohl kaum afrikanisches Blut in den Adern hat. »In Afrika ist Piercing Teil bestimmter Rituale, die zur Mannwerdung nötig sind. Das Piercing ist wie ein Emblem der Männlichkeit.«
»Dennoch sind Piercings unter Weißen häufiger anzutreffen als unter Schwarzen«, wende ich ein.
»Nun, sie haben den Kente-Stoff und all so was. Schwarze mögen es nicht, wenn man ihren Stoff trägt.«
»Es gibt einen Unterschied zwischen Menschen, die ihre Genitalien, und denen, die ihre Gesichter piercen lassen«,

meint Kirsten, neunzehn. »Ich war in San Francisco und habe Männer und Frauen gesehen, die so viel Metall in ihren Gesichtern hatten, daß man sie im Sonnenlicht kaum ansehen konnte. Sie wollen etwas aussagen. Viele Leute verstecken ihre Meinung, indem sie sich nur die Brustwarzen oder Genitalien piercen lassen. Das sind S/M-Typen, die versuchen, in der Welt als normal angesehen zu werden. Die haben gepiercte Schamlippen, sehen aber im Gesicht aus, als könnten sie in einem Film über Miss America mitspielen.«

Während ich zwei Jungen zuhöre, die ernsthaft erklären, warum intensive elterliche Zurückweisung nichts mit dem zu tun hat, was sie hier tun, kommt Blade vorbei.

»Ich bin ein Teil der Phantasie dieser Kids«, flüstert er mir ins Ohr. »Ich mache sie wahr. Ich kontrolliere sie.«

Vor ungefähr zehn Jahren hörte ich beinahe dieselben Worte von einer Stripperin, als ich einen Bericht über den Club schrieb, in dem sie arbeitete. Sie sagte, sie kreiere und kontrolliere die Phantasien ihres Publikums.

»Haben Sie Dina gefragt, warum sie das hier tut?« will Kirsten wissen. »Ich glaube, sie macht es aus ganz falschen Gründen.«

Vier Köpfe, zwei männliche, zwei weibliche, nicken zustimmend. Dinas Gründe – die Gruppe durch ihren Mut zu beeindrucken – werden hinter ihrem Rücken in Frage gestellt. Ich schaue quer durchs Zimmer zu Dina hinüber, eine wohlgestaltete Rothaarige in schwarzen Lederhosen, schwarzen Lederstiefeln und einem Top, das aussieht wie ein knapper BH, der ihre Brüste hebt und wie ein Angebot an die Welt zur Schau stellt. Sie ist ganz nervös vor Aufregung, wie sie da an ihrer Dose Heineken nippt.

»Welches sind die falschen Gründe?«

»Sie tut es, um ihrem Freund einen Gefallen zu tun«, antwortet der nordische Typ, der so angetan von afrikanischen Ritualen ist. »Er stellt sich vor, wenn sie ihre Klitoris piercen läßt, wird sie zu seiner Sexsklavin.« Alle Augen wandern zu dem Freund, einem Mann Anfang Zwanzig mit teigigem Gesicht, fettigem, braunem Haar, das er aus dem Gesicht gekämmt trägt. Mit seinen 1,72 Metern ist er kleiner als Dina. »Er spricht von Lederkultur, aber er gehört nicht wirklich dazu.«

»Aber er läßt sich seinen Schwanz nicht piercen, oder?« schnaubt eine junge Frau. »Er will, daß sie es tut, damit er sieht, wie es ist, weil er ein Jammerlappen ist und sich selbst nicht traut.«

»Er glaubt, weil er siebzehn Ringe im Ohr hat, ist er ein Gott«, sagt Kirsten. »Fuck him.«

Als merke er, daß wir über ihn reden, blickt er durch den Raum zu uns herüber, dann sieht er schnell zur Seite.

Das Ritual beginnt. Dina, die ihre Kleider bis auf den Leder-BH und die schwarzen, ledernen Armbänder ausgezogen hat, wird auf einen langen Klapptisch gebunden, den jemand aus der Waschküche der Mutter entliehen und im Kofferraum eines Mietwagens mitgebracht hat. Ihre Beine sind gespreizt und nach oben gebunden, die Knie gebeugt wie bei der Geburt eines Kindes. Sie zittern leicht. Ihre Brustwarzen sind hart, ihr Atem geht flach. Eine Hängelampe über ihrem Genitalbereich gibt Blade das nötige Licht. Ihr Schamhaar ist hellbraun, nicht rot wie ihr Kopfhaar. Wir stehen um den Tisch herum, wir alle halten eine Kerze in der Hand.

Blade klatscht mit einer Wildlederpeitsche leicht über Dinas Brüste, Bauch und innere Oberschenkel. Sie stöhnt leise. Er fragt, ob sie sich wohl fühlt, sie bejaht. Er streift ein

Paar Chirurgenhandschuhe über, stößt die Schamlippen auf und dringt in ihren Körper ein, bis die kleine rosa Klitoris zu sehen ist. Flink wischt er die Klitoris und die darüberliegende Hautfalte mit einem Wattebällchen ab.
»Nicht bewegen«, befiehlt er. »Du mußt stillhalten, während ich das hier mache.«
Sie nickt, und ihr Freund, der mit den siebzehn Ohrlöchern, legt seine Hände auf ihre Schultern und lehnt sich über den Tisch, um ihr in die Augen zu sehen. Sie zuckt zusammen, als Blade die Nadel vertikal durch die Hautfalte stößt. Ein Tropfen Blut quillt hervor. Er läßt der Nadel einen kleinen goldenen Ring folgen, der noch mehr Blut hervorruft und Dina einen Schrei abringt. Dann wischt er den Bereich um das Piercing herum wieder ab, und schon ist es vorbei. Einige Schreie und Jubelrufe durchbrechen die Stille.
Blade und der Freund lockern die Bänder, die sie an den Tisch fesseln, und helfen ihr aufzustehen.
»Fühlt sich großartig an«, lächelt sie schwach.
Eine Stunde später dankt sie mir für mein Kommen. »Es tut höllisch weh, aber ich bin froh, daß ich es gemacht habe. Es pocht ganz schön da unten. Ich will das. Ich hatte das Gefühl, es für mich tun zu müssen. Heute bin ich zur Frau geworden.«

Ich fahre mit fünf Leuten nach Manhattan hinein, die ins Limelight wollen, um die Vorstellung der S/M-Gruppe Genitorturers aus Miami zu sehen. Einer der fünf ist der Sohn eines Paares, das in Woodstock dabei war. Ich frage meine Mitfahrer, ob sie sich selbst als sexuelle Outlaws sehen. Jubeln, Freudenschreie, Buhrufe erfüllen die Luft. Aber ja.
Am nächsten Tag rufen sie mich an, um mir zu erzählen,

was ich verpaßt habe: Die Gruppenmitglieder trugen Ledermasken, viele verschiedene Schmuckstücke in ihren zahlreichen Piercings und sonst so gut wie nichts. Ein Mitglied der Band urinierte ins Publikum. Ein Freiwilliger aus dem Publikum machte bei der Leadsängerin Cunnilingus. Eine Frau, die wie eine Domina angezogen war, trieb sich einen Stift durch die Zunge. (Das Loch war ohne Zweifel schon vorher da, sagte mein Informant.) Auf der Bühne wurde ein Penis gepierct. Ebenso eine Klitoris.
Und wir hielten Ozzy Osbourne für wild und verrückt, als er während seiner Konzerte lebenden Fledermäusen den Kopf abbiß.
Wie war die Musik? will ich wissen.
Nichts Besonderes.

FÜNFTER TEIL

DIE MEINUNG DER THERAPEUTEN

SECHZEHNTES KAPITEL

Arbeit mit Abartigen

SAN FRANCISCO

»Die Frage ist nicht, ob es ›normal‹ ist, sondern ob es ein Problem darstellt«, meinte Bernie Zilbergeld, Sextherapeut in San Francisco und Autor des Buches *The New Male Sexuality* zu Beginn meiner Recherchen.

»Normal« ist ein statistischer Begriff, der definiert, was typisch oder durchschnittlich ist – und zwar lediglich mittels Zahlen. Für dieses Buch betrachtete ich jene Sexpraktiken als »außerhalb der Norm« liegend, von denen die Mehrheit der von Forschern befragten Menschen aussagt, sie nicht zu praktizieren, zumindest nicht regelmäßig. »Normal« ist ein wertfreier Begriff. Zahlen haben keinen moralischen Beigeschmack. Sie sind einfach da. Wenn neun von zehn befragten Menschen Erdnußbutter mögen, ist dann der zehnte unmoralisch? Nein. Dennoch liegt seine Einstellung zu Erdnußbutter außerhalb der Norm.

Therapeuten nehmen in der Regel gegenüber der Sexualität ihrer Patienten eine wertfreie Haltung ein. Sie sagen, Sex ist ein Problem, wenn er illegal ist (sich in der Öffentlichkeit nackt zeigen, Sex mit Minderjährigen), zwanghaft (mehrmals am Tag masturbieren und dadurch die Arbeitsleistung einschränken) – oder wenn die eigenen Vorlieben in der Beziehung zum Partner Probleme mit sich bringen. Sind Sie ein Fußfetischist und Ihre Frau liebt es, sich ausschließlich an den Zehen nuckeln zu lassen, haben Sie kein Problem.

Das Problem dieser Sichtweise liegt darin, daß sie stillschweigend Auspeitschungen, Verstümmelungen und Beziehungen billigt, in denen grausam Gewalt angewendet und vielleicht auch mißbraucht wird, und zwar unter dem Deckmantel von »Spielen«, in denen es um Dominanz und Unterwerfung geht. Niemand ergreift Partei gegen zerstörerisches, aber einvernehmliches Verhalten im Namen des Sex – außer extrem moralistische Kritiker von rechts, die Art von Leuten, die sehr wohl zumindest teilweise für die Existenz derartiger Verhaltensweisen mitverantwortlich sind.

»Ich ermutige meine Patienten, das Wort ›normal‹ zu vergessen und sich statt dessen auf das zu konzentrieren, was sie und ihre Partner für ihr Sexleben wünschen«, meinte Zilbergeld.

Andere Therapeuten sind derselben Ansicht. Einige meiner Interviewpartner, besonders in Kalifornien, gaben sogar zu, selbst an Sexualpraktiken teilzunehmen, die weit außerhalb der Norm liegen. Zwei Therapeuten, ein Mann und eine Frau, die aus verschiedenen Teilen des Landes kommen und in dominanten bzw. unterwürfigen Beziehungen leben, spielen beide die unterwürfige Rolle. Der Mann ist ziemlich aktiv in der S/M-Szene seiner Gemeinde und dadurch ein Experte für S/M-Paare, die seinen Rat suchen.

Ist das in Ordnung?

Ich glaube nicht. Auch viele Therapeuten sind dieser Meinung, doch wollen sie nicht öffentlich dazu Stellung nehmen, aus Furcht, voreingenommen und repressiv zu erscheinen. Sobald der Kassettenrecorder jedoch abgestellt ist, geben diese Therapeuten normalerweise in den letzten fünf Minuten ihre Meinung offen zum besten.

Ich besuchte Isadora Alman – Therapeutin und Autorin, landesweit bekannt durch ihre Zeitungskolumne »Fragen Sie Isadora«, die in Wochenzeitungen wie *The San Francisco Bay Guardian* und *The Village Voice* erscheint – weil ich hoffte, sie würde vielleicht offener sprechen. Isadora, geistreich, gebildet und in Therapeutenkreisen respektiert, zieht nach eigener Einschätzung weit mehr alternativ lebende Menschen an als üblich, da sie für ihre unvoreingenommene Haltung bekannt ist.

Am Telefon erzählte sie mir von einem Paar, das sie um Beratung gebeten hatte. Sie waren beide Dominas in einer lesbischen Beziehung und hatten Probleme, die sich aus ihrer Arbeit, nicht aus ihrer persönlichen Beziehung heraus ergaben.

»Sie stritten sich über Dinge wie ›Du sterilisierst nie die Dildos, und ich tue das immer‹.

Sie wußten, ich würde mich nicht mit Nebensächlichkeiten aufhalten. Ich würde ihre Probleme genauso ernst nehmen wie die eines Paares, das sagt: ›Du kaust immer Kaugummi, während ich schreibe‹, oder ›Du reinigst niemals das Katzenklo‹.«

Vielleicht zieht sie nur deshalb so viele dieser Leute an, weil sie in San Francisco praktiziert, wo man gelegentlich auf den Gedanken kommt, es sei alternativ, in einer heterosexuellen, monogamen Ehe mit Kindern zu leben.

Auf dem Weg zu ihrem Haus erstelle ich im Taxi eine Liste von Fragen.

Kann man sich eingehend mit S/M beschäftigen und gesund sein?

Kann man eine gesunde, intime Beziehung leben, wenn man Fetischist ist oder mit einem Fetischisten zusammenlebt?

Wie sieht es mit Swingern aus? Piercern? Transvestiten?

Gibt es ein psychologisches Profil des durchschnittlichen Transvestiten, Dominanten, Unterwürfigen usw.?
Kann man Beziehungen wie diese ohne Probleme eingehen und wieder auflösen?
Ist das Verhalten progressiv? Wenn er zum Beispiel die Partnerin zunächst ein wenig peitscht, wird er es immer fester tun?
Wie behandeln Sie Leute, die in solchen Beziehungen leben?
Haben Sie eine Vorstellung davon, wie weit diese Verhaltensweisen verbreitet sind?
Und, eine Frage, die vermutlich niemand beantworten kann: Warum floriert der dunkle S/M in dieser wunderbaren Stadt mit ihren großartigen Ausblicken, die an jeder Ecke zu bewundern sind?
Es wird eine übertrieben ehrgeizige Liste.

Isadora entschuldigt sich für den Kater, der auf den großen, weichen schwarzen Ledersessel klettert und an mir schnüffelt. Sie bietet mir an, ihn auszusperren. Er küßt mich. Ich sage, der Kater kann bleiben. Sie sitzt mir gegenüber in einem ähnlichen Sessel, legt die Füße auf die schwarze Lederottomane zwischen uns. Sie trägt Ballettschuhe und bequeme Kleidung. Ich trage 8 Zentimeter hohe Pumps und ein Kostüm mit Minirock. Ich werfe meine Schuhe von mir und lege ebenfalls meine Füße hoch. Der Kater macht es sich zwischen uns bequem und behält mein Aufnahmegerät im Auge. Isadora ist warmherzig, scharfsinnig, lustig, und sie scheint Sex zu genießen. Ich mag sie sofort.
Zuerst sprechen wir über S/M-Beziehungen. Ist es ihr Ziel, den Menschen zu helfen, diese Beziehungen zu beenden?
»Mein Ziel ist das Ziel der Klienten«, antwortet sie so

sorgfältig, wie Experten sprechen, wenn ihre Worte veröffentlicht werden sollen. »Es ist sicher nicht meine Sache, ihnen zu sagen, welche Ziele sie haben sollen. Manch einer möchte vielleicht die eigene Beziehung neu überdenken oder sie beenden, oder man möchte verschiedene Spiele spielen, einer möchte dies, der andere das. Beide Partner müssen mir erzählen, was sie wollen, ihre Ziele besser formulieren, damit ich ihnen helfen kann, sich darauf zu konzentrieren und darauf, was sie dem anderen zu geben bereit sind. Aber ich entscheide nicht für sie, welche Ziele sie haben.«

»Und wenn Sie sich einem Paar gegenübersehen, das in einer Beziehung mit hartem S/M lebt? Wenn sie sagen, sie wollten ihre Beziehung intensivieren, was tun Sie?«

»Wenn sie Ziele haben, die ich nicht unterstützen kann, lasse ich es sie wissen und schlage ihnen einen anderen Therapeuten vor. Wenn zum Beispiel Person eins sagen würde, sie möchte Person zwei besitzen, nicht nur im Schlafzimmer, sondern auch außerhalb, und Person zwei ist damit einverstanden – dann würde ich immer noch sagen müssen: ›Das kann ich nicht unterstützen. Lassen Sie mich Ihnen einige andere Fachleute empfehlen.‹« Sie hält inne. »Ich würde nicht sagen: ›Das ist ekelhaft; und damit will ich nichts zu tun haben!‹«

Wir brechen in entzücktes Gelächter aus.

Isadora ist in der Lage, die Probleme eines Paares mit seinem Fußfetischismus oder mit ihrem Bedürfnis, sich den Hintern versohlen zu lassen, genauso zu betrachten wie die Probleme eines Paares, das sich um Geld oder die Verteilung der Haushaltspflichten streitet. Das alles sind Themen, über die gesprochen werden muß. Sie werden nicht moralisch gewichtet.

Sie verweist Menschen, die Sex mit Kindern oder Tieren haben oder haben möchten sowie Exhibitionisten an Therapeuten, die »sich sowohl mit dem Gesetz als auch mit der Psychologie auskennen«. Sie behandelt keine Patienten, die in illegale Aktivitäten verstrickt sind. Doch einvernehmliche Hinternversohler, Dominante und Unterwürfige, Fußfetischisten – sie alle könnten ihre Patienten sein.
»Ich versuche, die exotischeren Aspekte der Situation zurückzustellen, weil sie wirklich nicht das Thema sind, und versuche, auf das Grundproblem zu kommen. Oft besteht es darin, einen Partner zu finden oder von dem vorhandenen Partner das zu bekommen, was man haben will.«
Diskussionen über die Gründe dieses Verhaltens überläßt sie den Anhängern Freuds. Wenn ich gehofft hatte, die Antwort auf die Frage »Warum?« zu finden, habe ich mich geirrt. Vielleicht ist das »Warum?« auch eher der Ansatz einer Journalistin, nicht der einer Therapeutin.
»Mich interessiert nicht, wie die Leute zu ihren Vorlieben gekommen sind. Ich bin keine Analytikerin. Ich glaube nicht, daß man verstehen muß, woher Bedürfnisse kommen, um den Zielen der Patienten gerecht zu werden. Die Auslöser verlieren sich in den Nebeln der Zeit. Wir können nie genau sagen, warum etwas so oder so ist. Und selbst wenn man weiß, warum man durch dieses oder jenes angemacht wird, was hilft es uns?
Ich habe einen lieben Freund, der sich von dicken Beinen angezogen fühlt. In unserer Gesellschaft werden dicke Beine nicht als sexy angesehen. Er glaubt, seine Vorliebe erklären zu können. Seine Mutter, eine polnische Immigrantin, war beinahe Fünfzig, als er geboren wurde. Seine ersten Erinnerungen gehen auf die Zeit zurück, als er noch ganz klein war und zu Füßen der Mutter und ihrer Freundinnen herumkrabbelte. Er erinnert sich, wie aufgeregt er

war, wenn er in ihrer Nähe war, ihr Parfüm roch, ihre Stimmen hörte, ihre fetten Beine ansah. Er schließt, daß sein Verlangen daher rührt. Vielleicht hat er recht. Aber vielleicht hatte auch seine Lehrerin in der dritten Klasse dicke Beine, und er hat es einfach vergessen. Vielleicht hatten die polnischen Frauen gar keine dicken Beine. Wir wissen es nicht. Na und? Wenn seine Vorliebe für dicke Beine kein Thema für ihn ist und er keine Schwierigkeiten hat, Frauen mit dicken Beinen zu finden, welche Bedeutung hat es da, warum er sie mag?«

Für Isadora lautet die wichtigste Frage: Fühlen Sie sich wohl mit Ihrer Sexualität? Finden Sie Befriedigung? Liegt das, was Sie wollen, innerhalb der gesetzlichen Grenzen?

Ich erzähle ihr von Lisa, verheiratet mit Ryan, dem Arzt und Fußfetischisten. Sie will ein Baby. Sie haben keinen Sex gehabt, seit er auf ihren Fuß ejakuliert hat. Sie findet seinen Fußfetisch ziemlich abstoßend. Das ist keine grundsätzliche Frage. Das ist das, was Isadora ein »Partnerschaftsthema« nennt.

Was kann Lisa tun?

Nehmen Sie diese Frage aus dem sexuellen Umfeld heraus. Isadora spricht mit der Stimme, die sie für ihre Patienten reserviert hat. Das sollte ich inzwischen doch verstanden haben, oder?

»Was wäre, wenn Sie mit einem Mann verheiratet wären, der nur Austern ißt? Ist das ein Problem? Inwieweit berührt diese Ernährungsweise Sie? Wenn Sie mit ihm nur in einem Austernlokal essen gehen könnten, dann könnte das zum Problem werden. Wie groß wäre dieses Problem?«

Sehr groß. Einen Mann, der nur Austern ißt, fände ich furchtbar langweilig. Und was, wenn er sie roh äße? Der Anblick roher Austern dreht mir den Magen um.

Lisa will Sex, das heißt Cunnilingus, Fellatio, Geschlechtsverkehr. Sie will während des Geschlechtsverkehrs vom Samen ihres Mannes befruchtet werden. Bis zu einem gewissen Punkt ihrer Ehe konnte er ihr geben, was sie wollte. Jetzt kommt er nur noch bis zu ihren Füßen. Kann man wirklich erwarten, daß sie das nur als »Partnerschaftsthema« bezeichnet und ohne Vorurteile darüber spricht?

Isadora behauptet, das sei möglich.

»Sie sagt: ›Ich bekomme nicht, was ich will.‹ Kann er es ihr geben? Kann sie es woanders bekommen? Würde es ihm etwas ausmachen, wenn sie außerhalb der Ehe Sex hätte? Würde es ihr etwas ausmachen? Was, wenn sie das Baby eines anderen Mannes bekommen würde? Wenn die beiden einmal über ihre Möglichkeiten nachdenken, dann werden sie erkennen, was akzeptabel ist und was nicht. Die meisten Paare glauben, alles würde besser, wenn der andere sich verändert. Sie müssen jeden Aspekt ihrer Beziehung beleuchten und fragen, ob es einen Weg gibt, das Gute daran zu retten.

Das ist schwierig, wenn Sex das Problem ist. Wenn etwas anderes ein Problem bereitet, können Paare leichter eine Lösung sehen. Sex ist sehr belastet. Es ist einfach, da Vorurteile zu haben.«

Ich erzähle, daß Ryan beschlossen hat, eine Domina aufzusuchen, in der Hoffnung, nach den Sitzungen Sex mit seiner Frau haben zu können.

Wenn keine Domina, wen dann? Je mehr man von den Schönheitsnormen der Gesellschaft oder den Normen für sexuelles Verhalten abweicht, fährt Isadora fort, je mehr Schwierigkeiten hat man, einen angemessenen Partner zu finden.

»Sex bedeutet für die meisten Menschen Geschlechtsverkehr, nicht Oral- oder Analsex oder gegenseitige Masturbation, sondern *Geschlechtsverkehr.* Andere Praktiken sind Vorspiel oder abartig. Ist der Geschlechtsverkehr für sie nicht das Hauptereignis am Sex, haben sie weniger Gelegenheiten, ihre Bedürfnisse zu befriedigen als der ›Durchschnittsmensch‹.«

Ihre Schwierigkeiten werden noch dadurch erhöht, daß ungewöhnliche Wünsche ungern eingestanden werden. Wieviel schwieriger ist es, etwas zu finden, wenn man sich nicht zu sagen traut, was man sucht?

»Nur wenige Leute lachen, wenn man zehn Kilo Übergewicht hat, aber wenn man gern an Zehen nuckelt oder Windeln trägt, ja, dann lachen sie. Wer würde es wagen, sich selbst der Lächerlichkeit preiszugeben? Wer würde es wagen, die Zurückweisung eines Menschen zu provozieren, den man mag, mit dem man das Bett teilen will?«

Wie findet man also einen Partner?

»Es gibt nur zwei Möglichkeiten. Man geht dorthin, wo gleichgesinnte Menschen sind, in S/M-Clubs oder Selbsthilfegruppen, oder man schaut in die Seiten der Newsletters für Fetischisten. Oder man verschweigt seine Wünsche und geht einfach in die Welt hinaus, sucht sich einen Liebespartner und hofft, ihn überzeugen zu können, diese Wünsche zu akzeptieren. Das ist riskant.«

Es ist traurig. Niemand, mit dem ich gesprochen habe, benutzt das Wort *traurig* für diesen Zustand. Ist *traurig* ein Urteil?

Sprechen wir nicht über Männer, wenn wir über Abartigkeiten sprechen? »Nein«, antwortet Isadora. Das überrascht mich, denn bei den Fachleuten ist es beinahe ein Kredo, daß abweichendes sexuelles Verhalten fast nur bei Männern anzufinden ist. Wir Frauen, abartig? Man findet keine

Frauen, die Männer dafür bezahlen, daß sie ihnen den Hintern versohlen.

»Ich glaube, das wäre anders, wenn es für die Frauen ungefährlicher wäre«, meint Isadora und lächelt über meine Verblüffung. »Es gibt keine Garantie, daß Frauen diese Dinge ohne Gefahr tun können. Männer laufen nicht so schnell Gefahr, vergewaltigt oder körperlich überwältigt zu werden. Natürlich, auch für den Mann gibt es körperliche Risiken, aber lange nicht so viele. Sicherheit ist ein enorm wichtiger Faktor. Selbst wenn sie den Wunsch verspürt, sich den Hintern versohlen oder sich fesseln zu lassen, muß eine Frau doch wirklich vorsichtig sein, bevor sie diesen Wunsch einem Mann mitteilt.

Frauen brauchen die Sicherheit einer längeren Beziehung zu einem Mann, dem sie vertrauen, bevor sie ihre ›abartigen‹ Seiten erkunden können, wenn Sie so wollen. Wenn eine Frau sich in einer Beziehung wohl fühlt, kann man sehen, wie ihre Sexualität aufblüht, in welcher Form auch immer.«

Aber Frauen sind keine Fetischistinnen, beharre ich. Wie kann sie das erklären? Der Kater schlägt gelangweilt nach dem Aufnahmegerät.

»Männer sind mehr daran gewöhnt, über ihre spezifischen sexuellen Bedürfnisse nachzudenken«, antwortet Isadora und ermahnt den Kater mit einem Stirnrunzeln, das er jedoch ignoriert. »Ein typischer Mann sagt: ›Ich will Brüste, Körbchengröße C, mit rosa Warzenhof.‹ Oder: ›Ich will eine Frau mit langen Beinen.‹ Die Person, die dahintersteht, ist zweitrangig, die gewünschten Merkmale gehen vor.

Frauen ziehen in der Erotik bestimmte Körperteile oder Praktiken vor, weil sie jemanden kennen, der ihre erotischen Gefühle durch diesen Teil oder diese Praktik zum Vorschein gebracht hat. Sie kommen über die Person dazu. Sie sagten, daß Sie große Penisse mögen. Mochten Sie sie

schon, bevor Sie Sex mit einem Mann hatten, der einen großen Penis hatte?«
»Nun, wie hätte ich es da schon wissen können?«
Sie lacht.
»Ich mag auch mittelgroße. Ein kleiner an einem exzellenten Liebhaber ist ebenfalls gut.«
»Sehen Sie, Frauen sehen zuerst den Menschen, dann den Körperteil.«
»So. Männer machen Frauen also abartig. Wollen Sie das sagen?«
»Nein, das will ich nicht sagen.«

Ist dieses Verhalten gesund oder nicht? Wir sind um diese Fragen herumgeschlichen, ohne sie deutlich auszusprechen. Kann Fetischismus gesund sein? Gruppensex? Transvestitismus? Piercing? Gibt es Normen für geistige oder sexuelle Gesundheit, die auf diese Verhaltensweisen angewendet werden können?
»Auf professioneller Ebene benutze ich lieber das Wort ›untypisch‹ als ›gesund‹. Ich sage, ein Verhalten ist ›nicht so weit verbreitet‹, das klingt weniger voreingenommen. Doch persönlich habe ich ziemlich stark ausgeprägte Vorlieben und Abneigungen.
Wenn es um S/M-Themen geht, fällt es mir manchmal schwer, objektiv und unvoreingenommen zu bleiben. Ich habe viele Vorurteile gegen Menschen, die derartige Dinge tun. Echte Vorurteile.«
»Ich habe dieselben Vorurteile.«
»Da bin ich sicher. Das merke ich Ihnen an«, antwortet sie freundlich. »Es gibt da einige wunderbare Menschen, die ich in vielen Dinge bewundere, besonders in San Francisco; Menschen, die in der S/M-Arena spielen. Was sie tun, ist mir unerklärlich. Ich kenne auch Menschen, die gerne

Skilaufen. Ich verstehe nicht, warum Menschen, die kübelweise Geld ausgeben für sperrige Ausrüstungen, die sie herumtragen und lagern müssen, sich bei schlechtem Wetter ihren Hintern abfrieren möchten – und das noch Spaß nennen. Ich verstehe nicht, wie Menschen sich den Hintern versohlen oder sich piercen oder erniedrigen lassen können – und das Spaß nennen. Ich kann sagen: ›Du fährst gerne Ski. Ich finde das seltsam, aber ich liebe dich trotzdem.‹ Ich kann sagen: ›Du läßt gerne deinen Penis quälen. Ich finde das seltsam. Aber ich weiß nicht, ob ich dich trotzdem liebe. Es ist einfach *schwieriger,* dich zu lieben.‹
Das ist mein persönliches Vorurteil.«

Warum? Darauf komme ich immer wieder zurück. Warum?
»Ich versuche, diese Frage auszuklammern«, antwortet Isadora.
»Ich schlage mich immer noch mit diesen Fragen herum: Warum, wie, was bedeutet es«, sage ich ein wenig aufgebracht. Ich fühle mich, als sei sie meine Therapeutin. Und gegenüber der Therapeutin darf man Frustration zeigen. »Warum tun die Leute sich selbst und anderen diese schmerzhaften Dinge an? Warum sollte sich eine schöne, junge Frau den Körper an verschiedenen Stellen auf schmerzhafte Weise piercen lassen? Wie kann jemand die Erniedrigung ertragen, ganz zu schweigen von dem körperlichen Unbehagen, sich einem anderen Menschen zu unterwerfen? Was sagt dieses Verhalten über diese Menschen und ihre Familien und vielleicht auch unsere Gesellschaft aus?«
»Ich kümmere mich nicht um das Warum«, wiederholt sie. »Das führt zu nichts.«
»Ich kann das nicht einfach außer acht lassen, wenn ich

zum Beispiel mit einem Paar spreche, wie kurz vor diesem Interview. Sie leben in einer S/M-Beziehung ...«

»In einer S/M-Beziehung oder praktizieren sie nur S/M?«

»Sie beschreiben es als ›S/M-Beziehung‹. Er hat zu mir gesagt: ›Sie wird Ihnen erzählen, wie ihr diese Erfahrung gefällt. Das ist nur ihr *Gefühl.* Ich werde Ihnen sagen, wie es *ist.*‹«

»Ich wäre versucht gewesen, ihm in die Eier zu treten.«

»Genau. Manchmal ist es schwierig, die journalistische Distanz aufrechtzuerhalten.«

Ich erzähle ihr von einem Paar, das mir berichtet hatte, an einem typischen Wochenende ertrage sie, nackt bis auf ihre Gurte und die Brustwarzenklammern, drei oder vier »Disziplinsitzungen«. Werden daraus mit der Zeit vier oder fünf oder noch mehr Sitzungen? Könnte sich die Beziehung jemals verändern, so daß sie weniger oder gar nicht mehr diszipliniert würde? Ist es möglich, daß sie Boden wiedergewinnt, den sie verloren hat (wobei *verloren* mein Wort ist)?

Wie andere Therapeuten ist auch Isadora der Meinung, daß es keine festgefügten Verhaltensmuster gibt. Vielleicht wird die Frau es einmal leid sein und den Partner verlassen – oder er verläßt sie. Einer von beiden könnte sich in einen neuen Partner verlieben. Oder das Verhalten eskaliert. In den meisten Fällen passiert das nicht. Isadora vergleicht S/M mit Marihuanarauchen. Die meisten Leute, die gelegentlich Marihuana rauchen, machen immer so weiter – oder hören ganz damit auf. Wie viele Marihuanaraucher wechseln zu Heroin über?

»Unter sorgfältiger Berücksichtigung Ihrer und meiner Vorurteile, würde ich sagen, daß einer von beiden vielleicht eine Therapie machen und aus dieser Sache herauswachsen sollte«, meint sie. »Sie und ich könnten, ganz privat, ohne Aufnahmegerät, sagen: ›Sie gesundet langsam und braucht diesen Mist nicht mehr.‹«

»Ich würde sagen: ›Sie ist dieses Arschloch endlich losgeworden.‹«

»Privat würde ich auch sagen, daß eine Frau, die beschließt, diese Art der Beziehung nicht länger zu tolerieren, einen gesunden Schritt nach vorne macht. Ich würde es als gesunden Schritt nach vorne unterstützen. Er würde einfach sagen, sie hätten nicht zusammengepaßt, und würde sich eine andere kaputte Frau suchen, die bereit wäre, diesen Unsinn mitzumachen.

Oder vielleicht würde er auch beschließen, damit aufzuhören. Er könnte eine gleichberechtigtere Beziehung haben wollen und sie an einen anderen Herrn verlieren. Oder vielleicht würde er beschließen, er habe das Sagen, weil er in Wirklichkeit der Untergebene sei.«

»Ich habe mit einem Mann gesprochen, der bei Frauen der Boß war«, erzähle ich. »Jetzt glaubt er, er habe herausgefunden, daß er bei Männern der Untergebene ist.«

»Vielleicht für den Augenblick; und vielleicht macht er noch eine Metamorphose durch. Sexuelle Vorlieben sind wandelbarer als manche Leute glauben. Selbst die allgemeine Orientierung ist in gewissen Grenzen offen für Veränderungen. Aber man hat mir schon mal gesagt, ich sei eine große Optimistin.«

Langsam habe ich also herausgefunden, was sie über diese S/M-Selbsthilfegruppen denkt. Sollte dieses Verhalten von Gruppen unterstützt werden? Sie sitzen den ganzen Abend herum und sprechen über Sex und die Themen, die damit zusammenhängen. Ist diese Art der Unterstützung nötig?

»Ich kann mir nicht vorstellen, daß ganz normale Menschen den ganzen Abend zusammensitzen und darüber reden, wie sie Sex machen«, werfe ich ein. »Bedeutet das, Sex ist im Leben dieser Menschen vorherrschender als in unserem?«

»Ja, und das vielleicht nicht ganz freiwillig. Dicke Frauen reden in Selbsthilfegruppen darüber, wie es ist, dick zu sein. Man wird kaum blonde Frauen finden, die darüber reden, wie es ist, blond zu sein. Fettsein ist von unserer Gesellschaft zum Problem erklärt worden. Blondsein nicht. Blonde Frauen haben keinen Grund, in Gruppen über ihre Haare zu sprechen.

Menschen, die auf S/M stehen, reden darüber, weil sie ständig als ›eigenartig, krank, gestört‹ abgestempelt werden. Um Unterstützung zu finden und sich selbst zu bestätigen, suchen sie Gruppen gleichgesinnter Menschen auf. Vielleicht definieren sie sich selbst nicht durch sexuelle Ausdrucksmöglichkeiten. Vielleicht werden sie von anderen so definiert. Das behaupten zum Beispiel Schwule. Sie sagen, schwul sein bedeute mehr als nur Sex, aber die Menschen hielten sie nur für ›Schwanzlutscher‹. Wenn diese Leute mit Freunden zusammenkommen, ist S/M vermutlich nicht das einzige Thema.

Outlaws werden von der Gesellschaft gemacht, in der sie leben.«

Der Kater schmeißt mein Aufnahmegerät herunter; und Isadora hält inne, während ich es vom Boden aufsammele und an einer sicheren Stelle auf einem Tischchen unterbringe.

»Ich stimme Ihnen zu, daß es merkwürdig klingt, wenn Menschen sich vornehmlich durch ihre Art des Sex definieren«, fährt Isadora fort. »Ich habe Freunde, die auf S/M stehen und sagen, S/M sei ihr Lebensstil. Ich bin heterosexuell, aber ich sage nicht, daß Penis und Vagina meinen Lebensstil prägen.«

Weibliche Unterwerfung ist der unangenehmste Aspekt einvernehmlichen Sadomasochismus. Mir als Frau macht S/M angst. Ich mache mir Sorgen um die Sicherheit und das Wohlergehen einiger Frauen, die ich getroffen habe. Auch männliche Unterwürfige gefallen mir nicht. Es macht mich krank, zu sehen, wie jemand der eigenen Erniedrigung zustimmt oder Schmerzen als etwas bezeichnet, das »liebevoll zugefügt« wird. Aber männliche Unterwürfige scheinen sich nicht in derselben Gefahr zu befinden wie Frauen. Männer haben in der Gesellschaft mehr Macht als Frauen.

»Ein weiterer Punkt, der einigen Frauen angst macht, ist, daß weibliche Unterwerfung nicht ›politically correct‹ ist«, führt sie aus. »Ich kann Ihnen gar nicht sagen, wie viele Briefe ich von Frauen bekomme, die S/M-Phantasien haben. Diese Phantasien sind ziemlich weit verbreitet. Wenn eine Frau diese Phantasien hat, die nicht in ihre politische Ideologie passen, fühlt sie sich schuldig oder hat Angst. In der heutigen Kolumne geht es um eine Frau, die ganz heiß wird bei der Vorstellung, zur Unterwerfung niedergerungen zu werden. Sie liebt es, weil sie weiß, daß sie verlieren wird.«

Sie greift nach einer Kopie der Kolumne und reicht sie mir. Die Schreiberin fühlte sich wegen ihrer Wünsche beschämt, schuldig. Isadora beruhigte sie.

Eine Phantasie sei nicht dasselbe wie Begierde. Wir alle stellten uns manchmal vor, vergewaltigt zu werden. Selbst Männer hätten gelegentlich diese Phantasie. Über Unterwerfungsphantasien würde sie sich keine Gedanken machen. Die Brustwarzenklammern aber tatsächlich anzulegen sei etwas anderes. Da würde sie sich Sorgen machen, wohin das führen könnte.

Da sie über das Warum nicht reden möchte, versuche ich, Isadora dazu zu bringen, einige Grenzen zu ziehen. Wie weit ist zu weit? Wann merkt man, daß man zu weit gegangen ist? Sie ist geschickt mit verbalen Tricks. Wir haben kein Problem damit, die Beschneidung der Klitoris zu verdammen, die Entfernung der Klitoris, die in Afrika, dem Fernen Osten und anderen Teilen der Welt praktiziert wird. Warum stehen wir dann dem Piercing der Klitoris so neutral gegenüber, das, wie mir ein Arzt erzählte, zu Infektionen und Vernarbungen führen kann, zu Entstellung und zum Verlust sexueller Empfindungen?

»In unserer Kultur hat Schmerz mit Weiblichkeit zu tun, mit der Tatsache, ein Sexobjekt zu sein«, sagt sie und führt als Beispiel Korsagen an, BHs mit Stützdrähten und plastische Chirurgie.

»Sie tragen hohe Schuhe. Ich trage immer nur flache Schuhe, weil hohe Absätze weh tun. Tun Ihnen Ihre Füße nicht weh?«

»Ich liebe hohe Schuhe.«

»Warum lieben Sie sie?«

»Sie geben mir das Gefühl, sexy zu sein. Größer. Mächtiger.«

»Aber sie schmerzen.«

»Manchmal.«

Ich sehe auf meine Schuhe hinunter, die auf dem Boden liegen. Es handelt sich um italienische Slingpumps, schwarz mit grünen Absätzen. Ich liebe sie. Manchmal tun mir die Füße weh, wenn ich sie trage. Sind meine Schuhe ein Symbol weiblicher Unterwerfung, die ich bereitwillig akzeptiere? Wo liegen die Grenzen?

In zehn Minuten hat Isadora den nächsten Termin. Ich

schalte das Aufnahmegerät aus und streichle den Kater, der dankbar schnurrt. Wir erzählen uns noch einige Geschichten über Katzen. Mein Enkel, Opus, ist ein Kater. Ich ziehe meine hohen Absätze wieder an, klaube meine Sachen zusammen und umarme Isadora zum Abschied.

SIEBZEHNTES KAPITEL

Die dysfunktionale Perspektive

BALTIMORE

»Ich war beinahe fünf Jahre lang in der S/M-Szene aktiv«, erzählt Linda, »aber S/M hat mein Leben von frühester Kindheit an beeinflußt. Ich habe meine Barbiepuppen gefesselt und in der Bücherei die Bücher ausgeliehen, in denen Hinternversohlen, Auspeitschen, Prügel mit Rohrstöcken vorkommen, wie zum Beispiel in *David Copperfield.* Meine Mutter hüllte mich in Rüschen und Spitzen, und die Leute sagten, ich sähe aus wie ein Püppchen; und in meinem Himmelbett habe ich nachts in meine Brustwarzen gekniffen, um den Schmerz zu spüren. Seit zwei Jahren habe ich mein Verhalten geändert, aber ich spüre immer noch die Wirkung des S/M in meinem Leben. Ihm gehören meine Erinnerungen, und einige davon berühren immer noch meine Phantasien.

Man entscheidet sich nicht, S/M zu mögen und zu praktizieren. S/M ist immanent vorhanden.«

Linda, eine kleine Brünette Ende Dreißig, willigte ein, mich in Baltimores Einkaufszentrum Inner Harbor zu treffen, wenn sie geschäftlich in der Stadt sei. Sie ist Anwältin im Mittleren Westen, hat in mehreren größeren Städten gelebt und an zwei Orten an Aktivitäten von S/M-Gruppen teilgenommen. Da sie Repressalien früherer Gefährten befürchtet, will sie nicht deutlicher werden.

»Ich glaube nicht, daß einer von ihnen mir körperlichen Schaden zufügen würde«, sagt sie und zündet sich eine Zigarette an.

Wir sitzen an einem Nachmittag in der Woche in dem lichtüberfluteten Restauranthof in der obersten Etage des Einkaufszentrums. Einige Meter von uns entfernt sitzen zwei junge Frauen mit Krabbelkindern. Ich kann meine Augen kaum von ihnen abwenden und frage mich, ob eines dieser unschuldigen Babys in einigen Jahren Barbiepuppen zusammenschnüren wird.

»Diese Leute könnten mir sehr wohl andere Probleme machen, zum Beispiel meine Partner oder meine guten Klienten über meine Vergangenheit informieren.« Sie zieht wütend an ihrer Zigarette. »Außer meinem Mann weiß niemand, daß ich einmal aktive sexuelle Masochistin war.

S/M-Leute halten sehr eng zusammen und sind sehr davon überzeugt, daß das, was sie tun, großartig ist. Doch eine Art von Hilfe kann man bei einer S/M-Selbsthilfegruppe nicht bekommen – Hilfe auf Besserung. Sie halten sich für gut. Einmal habe ich eine Gruppe unterwürfiger Frauen und dominanter Männer gefragt, ob sie in ihrer Beschäftigung nicht etwas potentiell Gefährliches oder Krankes sähen. Sie gingen auf mich los. In jener Nacht fesselte mich mein Herr in unserem Schlafzimmer, verband mir die Augen, knebelte mich und schlug mich fünfzigmal mit der Peitsche. Dann machte er Cunnilingus, während ich immer noch gefesselt war, bis ich kam, um mir zu beweisen, daß ich genau das wollte.

Über normale Menschen machen sie sich lustig.« Sie kaut auf ihrer Unterlippe herum und schaut schnell zur Seite, als fürchte sie, ich könne mich angegriffen fühlen, wenn ich höre, daß S/M-Anhänger sich über meine Art, Sex zu machen, amüsieren. »Gott sei Dank bin ich jetzt normal.

Wenn ich neben meinem Mann einschlafe, nachdem wir liebevoll miteinander geschlafen haben, spreche ich ein kleines Gebet zum Dank dafür, daß ich einen Weg gefunden habe, einen Orgasmus zu bekommen, ohne mich vorher prügeln lassen zu müssen.«

Zwei der führenden Autoritäten des Landes für Paraphilie und ihre Behandlung stimmen Linda zu, daß »S/M immanent ist«. Dr. Fred Berlin, Direktor des National Institute for the Study, Prevention and Treatment of Sexual Trauma an der Johns-Hopkins-Universität in Baltimore, gilt bei vielen als Nachfolger von John Money, dem international anerkannten Therapeuten, der die Forschungsabteilung an der Hopkins-Universität gründete, die schließlich zu diesem Institut führte. Zwar hat sich Money von seinem Universitätsposten »zur Hälfte zurückgezogen«, doch hält er in den USA und der ganzen Welt viele Vorlesungen zum Thema Paraphilie, ihre Gründe, ihre Behandlung. Sowohl Money als auch Berlin sind sich darüber einig, daß das Interesse an S/M, Fetischismus und anderen Absonderlichkeiten wohl schon in der Kindheit geprägt wird.

Money prägte den Begriff »Lovemap« – Liebeslandkarten –, um den Prozeß der Prägung zu beschreiben, der bestimmt, welche sexuellen Vorlieben und Präferenzen wir als Erwachsene haben werden. Diese Lovemap ist das »persönliche Bild oder die Schablone im Kopf, die unseren Idealliebhaber und das ideale Programm sexualerotischer Aktivitäten mit diesem Liebhaber enthält«. Jeder hat eine Lovemap, genauso einzigartig wie ein Fingerabdruck. Money nennt das »sowohl eine Fundgrube als auch ein Ausdruck unserer sexualerotischen Ordnung«. Er behauptet, diese Lovemaps von Anhängern abweichender Praktiken seien in frühester Kindheit irgendwie »verwüstet« worden.

Niemand weiß genau, wie diese Prägung vor sich geht. Doch es weiß auch niemand, wie und warum wir zu den sexuellen Wesen werden, die wir letztlich sind. Da die Geldmittel für sexuelle Forschungen in diesem Land begrenzt sind, wissen wir zu diesem Zeitpunkt der Menschheitsgeschichte weniger darüber, als wir vielleicht wissen müßten.

Die meisten Forscher glauben, daß Menschen, die sich für S/M interessieren, mit extrem negativen Ansichten über Sex aufgewachsen sind. Sie haben gelernt, daß Sex schlecht ist, eine Sünde, schmutzig. Vielleicht wurden sie bestraft, als sie ihre eigene Sexualität entwickelten. Dennoch wird nicht jedes Kind, das fürs Masturbieren bestraft wurde oder in einer Familie aufwuchs, die dem Sex negativ gegenüber stand, zu einem Masochisten oder Sadisten oder Fetischisten. Warum wird ein Kind aus einer Familie, in der Kinder mißbraucht werden, zum Sadisten oder Masochisten, die anderen aber nicht? Die Fachleute wissen es nicht. Sie können auch nicht erklären, warum einige Anhänger abweichender Praktiken sich nicht an Mißbrauch in ihrer Kindheit oder an die negative Einstellung ihrer Eltern zur Sexualität erinnern können.

Viele meiner Interviewpartner beschreiben ihre Lustgefühle aus frühester Kindheit in Verbindung mit dem Zufügen oder Ertragen von Schmerzen, mit Füßen oder Leder, Satin oder Gummi. Die erotischen Erinnerungen mancher meiner Gesprächspartner gehen bis an die Wiege zurück, was ich allerdings nicht für besonders glaubwürdig halte. Ein Windelträger behauptet, er könne sich an die Erektionen erinnern, die er als Kleinkind in Windeln gehabt hat.

Sein Geständnis veranlaßte einen meiner Freunde, dem ich diese Geschichte erzählte habe, zu der Bemerkung: »Heute lesen wir, daß die Erinnerung an Mißbrauch in der Kindheit auch falsch sein kann, manchmal provoziert von Therapeuten. Glaubst du, daß dieser Windelmann sich an seine Erektionen als Baby erinnert oder daß er das nur glaubt, weil die Burschen aus seiner Selbsthilfegruppe ihm diese Erinnerungen eingeredet haben?«

»Solange ich denken kann, haben Frauenfüße mich erregt«, erzählt Bob, der wie Linda eingewilligt hat, mich in Baltimore zu treffen, um darüber zu sprechen, was er als »Genesung« vom Fußfetischismus bezeichnet. »Ich erinnere mich an kleine Mädchen in Lackschuhen und weißen Socken und mit gerüschten Blusen und an Highschoolmädchen in Slippern ohne Socken und in flachen Schuhen mit Kniestrümpfen. Absätze, o Gott, ich erinnere mich, wie die Mädchen begannen, höhere Absätze zu tragen.«
Für Linda und Bob, die sich nicht kennen, ist Baltimore eine wichtige Stadt, denn beide sind hier im Johns-Hopkins-Institut gegen ihre, wie sie es nennen, »sexuellen Dysfunktionen« behandelt worden.
Bob, der vor kurzem seinen vierzigsten Geburtstag feierte, suchte vor zwei Jahren Hilfe, weil er und seine Frau ein Kind wollten. Seine Geschichte unterschied sich ganz entschieden von denen, die ich bis dahin gehört hatte. Sie lernten sich auf einem Flug von Los Angeles nach New York kennen, waren zwei Wochen lang stürmisch verliebt, wobei sie weiterhin in zwei Städten lebten, hatten während dieser Zeit keinen Sex und heirateten in San Diego. In den Flitterwochen in Cabos San Lucas entdeckte sie, daß er ein Fußfetischist war.
»War die Tatsache, daß Sie in diesen zwei Wochen keinen Sex hatten, für Ihre Frau kein Hinweis, daß da etwas nicht stimmen konnte?« will ich wissen.
»Wir beide führten gerade sehr wichtige Verhandlungen

für unsere Firmen, bei denen viel auf dem Spiel stand, das heißt, wir waren total gestreßt und hatten einen vollen Terminkalender. Wir waren uns auch einig, daß wir uns den Sex für unseren Hochzeitstag aufsparen wollten. Wir kommen beide aus streng christlichen Familien. Es erschien uns genau richtig.«

»Dennoch«, beharre ich, »wenn ein reifer Mann einer Frau einen Heiratsantrag macht, ohne diese Frau jemals körperlich geliebt zu haben, hat er dann keine Gründe für seine Eile?«

»Sie haben recht«, gesteht er zu. »Ich hatte meine Gründe. Um ganz ehrlich zu sein, sie hatte auch einige Probleme mit Sex. Vielleicht hatte sie ihre eigenen Gründe. Wir waren beide froh, uns selbst einzureden, wir seien zu moralisch, um gleich miteinander ins Bett zu hüpfen.«

Seine Frau Kelly, zum Zeitpunkt der Heirat 39 Jahre alt, hatte bei der Liebe noch nie einen Orgasmus gehabt. Kein Mann hatte bei ihr jemals Cunnilingus gemacht. Und sie hatte auch nie Fellatio ausprobiert. Ihre sexuelle Unsicherheit und der Mangel an Erfahrung für eine Frau ihres Alters trugen vermutlich dazu bei, daß sie so wild auf die Heirat war.

»Wir waren eine dysfunktionale Einheit, die auf einen Anschluß wartete«, lacht er. »Die Flitterwochen waren eine Katastrophe. Sie erwartete, daß all ihre romantischen Vorstellungen wahr werden sollten. Ich sollte plötzlich ein Prinz sein, der ihr schlafendes Begehren weckt. Ich weiß nicht, was sie sich von mir erwartete. Ich hatte einige Partnerinnen gehabt, genug Frauen, um zu wissen, was sie von der Anbetung ihrer Füße halten. Warum dachte ich, daß es diesmal anders wäre?

Ich sagte zu ihr, ich wolle sie baden, ihre Haare waschen und ihre Füße pediküren, bevor wir Liebe machten. Sie war entzückt, doch dann dauerte die Pediküre zu lange. Ich brauchte eine Stunde, um ihre perfekten kleinen Füße zu baden, zu peelen, einzucremen und zu parfümieren. Sie versuchte, mich zu sich zu ziehen und zu küssen; und ich liebte ihre Füße.« Er hält inne. Von seinem Hals steigt Röte in seine Wangen. Bob hat die helle Haut und die roten Haare der Iren und errötet schnell. »Ich hatte meinen Penis zwischen ihren Zehen, als wolle ich sie ficken, und sie begann zu schreien.

Als ich sie beruhigt hatte, sagte ich ihr, daß ich über Sex anders dächte als andere Männer. Sie schlief die ganze Woche auf dem Sofa.«

In jener Woche küßten und streichelten sie sich zwar, doch die Ehe wurde nicht vollzogen, weil Kelly sich weigerte, ihre Socken und Schuhe auszuziehen. Ohne ihre Füße zu sehen, konnte Bob keine Erektion bekommen. Sie drohte mit Annullierung der Ehe. Er flehte sie an, ihn nicht zu verlassen. Sie kamen zurück nach Los Angeles in ihre eigenen Wohnungen und handelten einen Waffenstillstand aus: Sie gab ihm sechs Monate, damit er sich Hilfe suchen konnte. Er kam nach Baltimore, weil er von dem Institut gelesen hatte.

Es gibt zwei allgemeine Theorien darüber, warum ein Mensch – meistens der Mann – eine Vorliebe für sexuelle Andersartigkeit entwickelt:

Vorzeitige und traumatische Begegnung mit Sex, oft in Form von Mißbrauch in der Kindheit

Einige Studien gehen davon aus, daß annähernd einer von vier Jungen sowohl von Männern als auch von Frauen sexuell mißbraucht wird. Laut Aussagen von Fred Berlin

waren 75 Prozent der am Institut behandelten Männer Opfer von Kindesmißbrauch. Aus Gründen, die die Forscher nicht in vollem Umfang verstehen, werden Mädchen nach Mißbrauch eher gehemmt, während mißbrauchte Jungen sich eher paraphil entwickeln.
Mädchen werden jedoch manchmal zu sexuellen Masochistinnen.
»Masochismus ist eine der ganz wenigen Paraphilien, bei denen sich oft Frauen finden«, sagt Berlin. »Es gibt so gut wie keine weiblichen Voyeure, Exhibitionisten, Sadisten, Serienvergewaltiger.«
Doch was ist mit den weiblichen Dominanten? Berlin erinnert mich, daß er keine Menschen behandelt, die mit Dominanz und Unterwerfung nur spielen oder beruflich damit zu tun haben; Menschen, die, wie er glaubt, ihre speziellen Fähigkeiten der Nachfrage des Marktes angepaßt haben, nämlich einem Überangebot an Männern, die die Erfahrung der Unterwürfigkeit suchen.

Eine übereifrige Unterdrückung der natürlichen Neugier auf Sex, aus religiösen und anderen Gründen

Kleinen Jungen, denen beigebracht wird, daß Sex schmutzig ist, und die für ihr Interesse daran bestraft werden, können zu Männern mit Fetischen oder fixen Ideen werden. Kleine Mädchen werden vielleicht Masochistinnen. Wenn die Antisexbotschaften, die Kinder während ihrer Kindheit hören, religiöse Untertöne haben, beginnen die Jungen und Mädchen womöglich, sexuellen Drang mit religiösen Gefühlen zu verbinden, wie beispielsweise Anbetung, Schuld und Bestrafung. Vielleicht erklärt das, warum manche Sadomasochisten über die »spirituelle Reise« des Schmerzes sprechen, der zur sexuellen Ekstase führt – oder warum einige Fetischisten rituelle Akte der Anbetung von Füßen durchführen.

Viele Anhänger abweichender sexueller Verhaltensweisen sind nach außen hin fromme, gottesfürchtige Männer. Während sie insgeheim das Verhalten an den Tag legen, das sie verdammen, zeigen sie sich nach außen hin als Muster an Rechtschaffenheit. Sowohl Money als auch Berlin wollen eine derartige Haltung nicht als »scheinheilig« abstempeln. Diese öffentliche Korrektheit könnte eine Manifestierung der »Sühne«phase innerhalb eines Zyklus abweichenden Verhaltens sein, nachdem der Mann wiederholt gezwungen war, Verhaltensweisen an den Tag zu legen, die er zwar moralisch widerwärtig, jedoch sexuell anregend findet.

»Schwere Verdrängung halten wir zwar nicht für eine Form sexuellen Mißbrauchs, dennoch besteht diese Möglichkeit«, meint Berlin.

Unter Benutzung von Fallstudien von Männern mit repressivem religiösem Hintergrund zog Dr. Money eine Verbindung zwischen perversem männlichem Verhalten zu nach außen hin frommen und selbstgerechten Persönlichkeiten. Wegen ihres Hintergrundes haben diese Männer ein starkes Schuldgefühl für ihre verborgene »Sünde«, die Art, wie sie sich sexuell verhalten. Um die »Sünde« des Fetischismus oder eine andere »Sünde« wiedergutzumachen, ermahnen sie ihre Umgebung zu moralisch einwandfreiem Verhalten. (Ein gutes Beispiel ist Reverend Jimmy Swaggart, der Evangelist, der mit einer Prostituierten erwischt wurde, die er dafür bezahlt hatte, daß sie ihn masturbiert.)

»Wenn ich jemanden sehe, der selbstgerecht bis zum Exzeß ist, sage ich mir automatisch, wenn ich hier an der Oberfläche kratze, stoße ich auf seine Sünden«, sagt Money.

Linda, die sexuelle Masochistin, und Bob, der Fußfetischist, kommen beide aus religiösen Familien, ihre katholisch, seine methodistisch. Beide glauben nicht, daß ihre Geschwister dieselben »sexuellen Dysfunktionen« haben wie sie, aber sie geben zu, daß sie nicht sicher sind.

»Meine vier älteren Brüder sollten Priester werden und ich, das einzige Mädchen, Nonne«, erzählt Linda. »Keiner von uns verspürte eine religiöse Berufung. Meine Mutter hielt zahllose Andachten für unsere ›Berufung‹. Ihre Gebete wurden nicht erhört. Ich erinnere mich, daß ich in der Kindheit das Leiden der Heiligen glorifizierte. Meine Mutter kommt aus Südamerika, und ich war ebenso von den Flagellanten fasziniert, die sich selbst blutig peitschten und am Karfreitag in religiöse Verzückung trieben. Ich kann mich nicht erinnern, daß meine Brüder jemals viel Interesse an Heiligen oder Flagellanten hatten.

Wenn Männer eher zu Perversen werden sollten, warum sind sie dann normal und ich nicht?«

Forscher vermuten, daß Männer aus zwei Gründen eher zu Anhängern von Paraphilien werden könnten: Die männliche Sexualität ist in der Kindheit zerbrechlicher – oder leichter zu beschädigen – als die weibliche; und männliche Sexualtriebe sind stärker als die weiblichen. Warum zerbrechlicher? Niemand weiß das so genau. Die Experten verweisen auf das Tierreich als Beweis für den starken männlichen Sexualtrieb. Weibliche Tiere sind am sexuellen Kontakt mit den Männchen interessiert, wenn sie in Hitze sind – und daher fruchtbar –, während Männchen immer Interesse am Kontakt mit Weibchen haben. Die Biologie schreibt vor, daß Männer, die stets zur Reproduktion in der Lage sind, auch jederzeit für den Geschlechtsverkehr bereit sein müssen.

In einem Interview, das ich vor vielen Jahren mit Money

führte, äußerte er die Theorie, daß Männer mehr Paraphilien zeigen, weil sie biologisch dazu gezwungen sind, zu erigieren und ejakulieren, damit sie sich reproduzieren können und einen Weg finden, dies um beinahe jeden Preis zu tun. Er nimmt an, daß ihre abweichenden Vorlieben die »kleine Öffnung« sind, durch die sie irgendwie hindurch müssen, die einzige Passage zu ihrer Sexualität – und zur Erfüllung ihrer biologischen Pflichten. (Zur weiteren Lektüre empfehle ich *Vandalized Lovemaps.*)

Eine Frau, die in der Kindheit sexuell zerstört wird, zieht sich vielleicht einfach nur zurück, erklärte er mir, weil ihre biologische Bestimmung lediglich erfordert, daß sie zur Befruchtung zur Verfügung steht. Soweit es die Natur betrifft, ist Orgasmuslosigkeit kein Problem. Im Gegensatz zur Impotenz.

»Vielleicht war Ihr Sexualtrieb zu stark, um unterdrückt werden zu können«, antwortete ein Sexualtherapeut Linda auf ihre Frage, warum sie, nicht aber ihre Brüder, ihre Sexualität außerhalb der Grenzen lebe. »Als Ihre Sexualität beschädigt wurde, wurden Sie zur Masochistin, weil es die einzige Möglichkeit für Sie war, sich ein sexuelles Gefühl zu bewahren.«

Wie die Heldin in dem Roman *9 1/2 Wochen* brachte Lindas Masochismus sie nach einem emotionalen und körperlichen Zusammenbruch ins Krankenhaus.

»Ich habe das Buch gelesen«, erzählt Linda, »und gemerkt, daß ich selbst sagte: ›Das ist nichts; was sie ausgehalten hat, ist doch gar nichts.‹ Ich kam schließlich mit einer Infektion ins Krankenhaus, die mich beinahe umgebracht hat. Diese Infektion begann in meinen Brustwarzen. Mein ›Herr‹ hatte an die Ringe in meinen Warzen Gewichte gehängt und sie so lange dort hängen lassen, bis meine Brustwarzen bluteten. Tagelang quollen Blut und Eiter heraus. Meine

Brüste waren geschwollen. Ich hatte Fieber. Mir war schwindelig, und ich war zu schwach, um aufzustehen.

Die Leute aus meiner Selbsthilfegruppe kamen vorbei, um mir zu helfen, aber niemand dachte daran, mich zu einem Arzt oder ins Krankenhaus zu bringen. Es ist für sie einfach ein Kredo, daß S/M nicht gefährlich ist, daß niemand wirklich verletzt werden kann, so daß sie nicht sehen konnten, wie schlecht es mir ging.« Sie spricht in wütender Hast, die Worte fallen wie heiße Kohlen aus ihrem Mund. »Wenn sie sehen, daß etwas Schlechtes passiert, weigern sie sich einfach, es zu erkennen. Sie weigern sich.

Schließlich kam eine Nachbarin vorbei. Sie sah die roten Streifen, die meinen Hals hinaufliefen, und sagte, ich hätte eine Blutvergiftung. Als sie mein Nachthemd hochzog und meine Brüste sah, war sie entsetzt. Sie rief die Ambulanz. Ich hätte beinahe meine Brustwarzen verloren. Ich hätte fast mein *Leben* verloren.«

Berlin sieht nur die »schlimmen Fälle« – Sexgangster, mehrfache Vergewaltiger oder ihre Opfer, Leute, deren S/M-Aktivitäten »zerstörerisch und problematisch« waren. Er hat Masochistinnen behandelt, die Angst hatten, ihr Masochismus könne zu ständiger Behinderung führen, zu Verstümmelung oder sogar zum Tod.

»Fetischismus kann in Beziehungen sehr zerstörerisch wirken«, sagt er, »aber er ist gutartig. Extreme Formen von Sadismus oder Masochismus sind sehr gefährlich.«

Die grundsätzliche Behandlung eines Fetischisten wie Bob oder einer Masochistin wie Linda verläuft nach demselben Prinzip: Eine Kombination aus Beratung und Medikation, um den Sexualtrieb zu verringern und obsessive Phantasien zu unterdrücken.

Eine Masochistin, die sich von Berlin behandeln ließ, suchte ihn auf, weil sie Angst vor ihrem eigenen Verhalten hatte und sich vor dem fürchtete, was sie als nächstes tun könnte. Sie suchte sich mißbrauchende Männer, hatte ihnen erlaubt, sie zu schneiden, und hatte sich sogar mit einer Rasierklinge selbst in die Brüste geschnitten. Wenn sie sich nicht im Zustand der Erregung befand, haßte sie sich selbst für die Dinge, die sie sich antat. Wenn sie erregt war, machte sie jedoch damit weiter.

»Die Medikation hat ihr die Kontrolle über ihren Sexualtrieb gegeben«, sagt Berlin. »Endlich wurde sie nicht mehr vom Trieb kontrolliert. Wenn sie ruhiger war, konnte sie in der Beratung viele ihrer Probleme aufarbeiten. Als sie in der Lage war, ihr sexuelles Verhaltensmuster zu ändern, setzten wir die Medikamente ab.«

Linda wurde auf ähnliche Weise behandelt. In ihrem Fall war die Einweisung in die psychiatrische Abteilung eines Krankenhauses unerläßlich. Bedingung für ihre Entlassung aus dem Krankenhaus war die Einnahme von Medikamenten gegen ihren Masochismus.

»Der zuständige Arzt warf einen Blick auf meinen Körper und wußte, daß ich verrückt war«, sagt Linda reumütig. »Er hatte recht.«

Linda machte Gruppen- und Einzelberatung und später eine Sexualtherapie, in der sie lernte, ihre masochistischen Phantasien durch Phantasien von freundlicheren, sanfteren Formen der Liebe zu ersetzen.

»Mein Therapeut sagte, daß Phantasien von Vergewaltigung und Unterwerfung für Frauen ganz normal sind, weil sie die Befreiung von Schuldgefühlen oder moralischen Zwängen symbolisieren. Sie befreien eine Frau, so daß sie ihre Sexualität genießen kann. Ich habe gelernt, mich durch romantischere Phantasien tragen zu lassen. Ich stellte mir vor, ich sei Scarlett O'Hara, die auf Rhetts starken Armen ins Schlafzimmer getragen wird. Dieser Wandlungsprozeß dauerte jedoch sehr lange. Manchmal stelle ich mir immer noch die Peitsche vor, wenn mein Mann mich liebkost. Aber ich höre dann auf damit, ich ersetze diese Phantasie durch etwas Besseres.«

Auch Bob wurde durch eine Kombination aus Drogentherapie und Beratung behandelt. Wie Linda lernte er, die erregenden Phantasien von Füßen ganz allmählich durch andere Phantasien zu ersetzen.
»Das Problem für den Fußfetischisten und seine Partnerin liegt darin, daß er nur durch Füße erregt werden kann«, sagt Bernie Zilbergeld, Therapeut aus San Francisco, der ebenfalls mit Erfolg Fetischisten behandelt. »Wird ein Mann einmal durch Füße erregt, wird er immer durch Füße erregt. Doch er kann sein sexuelles Repertoire ausweiten – wenn er die Veränderung wirklich will.«
Mit der Zeit kann er lernen, noch durch andere Dinge erregt zu werden, und zwar indem er seine Phantasien kontrolliert – die Bilder seines Fetischs allmählich durch andere, konventionellere Bilder ersetzt – und mit seiner Partnerin Standardtechniken der Sexualtherapie übt, wie zum Beispiel kontrollierte erotische Berührungen, Streicheln und Küssen. Letztendlich kann er dann auch ohne seinen Fetisch erregt werden und ejakulieren.
Bob meint dazu: »Ich werde Füße immer sexuell aufregend finden. Ich habe aber gelernt, daß auch andere Körperteile meiner Frau erotisch sind.«

Anders als die meisten Therapeuten hat Dr. Fred Berlin die ganz dunkle Seite sexueller Obsessionen gesehen.
»Ich habe gesehen, wie Ehen ruiniert, Karrieren zerstört, Familien in den Bankrott getrieben wurden. Und ich habe

die medizinischen Folgen längerer, harter S/M-Praktiken gesehen. Ich bin sicher, daß es Paare gibt, die diese Dinge auf weniger intensive Art und Weise genießen. Sie haben sich gefunden, und sie sind glücklich zusammen. Diese Paare lerne ich nicht kennen. Offensichtlich habe ich eine schiefe Meinung über sexuell obsessives Verhalten.«

Weil er die Risiken ganz genau kennt, ist ihm »unbehaglich« zumute, wenn es um Bücher und Artikel geht, die obsessive oder gefährliche Praktiken einfach als »sexuelle Varianten« beschreiben.

»Das Risiko darf nicht verschwiegen werden. Ich vergleiche das mit dem Trinken. Einige Leute trinken nur in Gesellschaft. Sie werden niemals ein Problem mit Alkohol haben. Andere Leute trinken und werden zu Alkoholikern. Dieses Risiko verschweigen wir in unserer Gesellschaft nicht.«

Gibt es ein psychologisches Profil – eine Möglichkeit vorherzusagen, wer, wie Linda, durch derartige Verhaltensweisen Schaden davontragen wird?

Außer einer höchstwahrscheinlich mißbräuchlichen oder repressiven Kindheit haben laut Dr. Berlin Sadisten, Masochisten, Fetischisten und Anhänger anderer Paraphilien nur wenig gemeinsam.

»Es gibt kein typisches Profil. Sie sind sogar überraschend unterschiedlich. Diese Leute kommen aus allen sozioökonomischen Schichten. Viele sind gebildet, intelligent. Viele sind es nicht. Ihre einzige Gemeinsamkeit liegt in den Dingen, die sie sexuell erregend finden.«

Eskaliert ihr Verhalten mit der Zeit?

»Nicht unbedingt. Es gibt keinen Grund anzunehmen, daß ein S/M-Paar in Schwierigkeiten kommen wird, wenn sich ein stabiles Verhaltensmuster jahrelang hält. Vermutlich bleiben diese Leute mit ihrem Verhalten mehr in der Phantasie. Sollte jedoch ein Muster der Eskalation existieren, muß ein

Paar aufmerksam werden und genau bedenken, was es tut. Wenn mehr und mehr Mißbrauch nötig ist, um einen oder beide zu befriedigen, dann sind sie wie Drogenabhängige, die immer mehr Stoff brauchen, um high zu werden. Das kann ein gefährlicher Ritt sein.«
Seiner Meinung leugnen die Leute in der S/M-Kultur, die sich die Risiken nicht eingestehen, diese Gefahren einfach.

»Ich habe die meiste Zeit, als ich mich mit S/M abgab, das Risiko geleugnet«, gibt Linda zu und zerdrückt die siebte Zigarette, die sie in der Stunde geraucht hat, seit wir zusammensitzen. »Die Gruppen sind so aufgebaut, daß die Leute leugnen müssen. Es wird niemandem gestattet, Zweifel über das eigene Verhalten zu äußern.«
Sie entschuldigt sich, um sich noch eine Tasse Kaffee zu holen. Als sie durch den Coffee Shop läuft, beobachte ich ihre Haltung, die Schultern fallen nach vorne, ihr Rücken ist gebeugt, das Kinn gesenkt. Sie geht wie eine Unterwürfige. Auf ihrem Weg zurück mit dem Kaffee in der Hand hat sie ihre Schultern zurückgezogen und sich aufgerichtet.
»Wenn ich darüber rede, durchlebe ich alles noch einmal.« Sie setzt sich und zündet sich eine neue Zigarette an. »Was haben Sie von den Leuten gehalten, die Sie in den Gruppen getroffen haben?«
»Einige mochte ich, andere nicht. Ich dachte, sie hätten einige Charakterzüge gemeinsam«, sage ich und widerstehe der Versuchung, in neutralem, therapeutischem Ton zu sprechen. »Aber die Experten sagen, es gebe kein psychologisches Profil eines typischen Paraphilen.«
»Welche Charakterzüge zum Beispiel?« Sie lehnt sich interessiert nach vorne.
»Kälte; keine Gemeinheit, aber eine Unfähigkeit zu wirklich warmen Gefühlen. Irgendwie eine Unfähigkeit zu Verbin-

dungen. Sie sprachen viel über Intimität und behaupteten, S/M-Sex sei intimer als normaler Sex, aber ich glaube ihnen nicht. Wie die Fetischisten tun sie alles mögliche, um die Distanz zwischen sich und den Objekten ihrer Lust oder Liebe aufrechtzuerhalten.« Ich halte ein und nippe an meinem Kaffee. Sollte ich so etwas wirklich zu ihr sagen? »Einige Leute, sowohl Dominante als auch Unterwürfige, haben mir erzählt, sie fühlten sich ihren Partnern während eines Szenarios besonders verbunden. Ich frage mich, ob sie die Intensität der Schmerzen brauchen und die dazugehörigen Emotionen, um ihre Barrieren zu durchbrechen.«

»Anomaler Sex hat immer damit zu tun, durch Rituale eine Distanz zueinander aufrechtzuerhalten«, sagt sie und wischt sich eine Träne aus dem Augenwinkel. »Sie haben recht, wenn Sie sagen, diese Leute könnten keine Verbindungen eingehen. Ich lerne gerade, wie ich meine Gefühle der Liebe und Wärme und meinen Wunsch nach Sexualität verbinden kann. Früher konnte ich das nicht. Liebe war etwas anderes als Lust. Mich gelüstete nach der Peitsche. Ich dachte, daß ich Liebe empfand, wenn die Auspeitschung vorüber war und mein Herr mich hielt und streichelte.«

»Glauben Sie immer noch, daß es Liebe war?«

»Nein, o nein, o Gott, nein. Ich glaube, es war erbärmlich.«

Ich rufe Dr. Berlin an, um einige Details abzuklären. Alle paar Minuten klickt in der Leitung seine Warterufeinrichtung, aber er ignoriert sie und gewährt mir, wie schon viele Male zuvor, großzügig seine Zeit. Er erzählt mir von einem Artikel über S/M, den er kürzlich in der Presse gelesen hat und der »hauptsächlich fröhliche Leute zeigt, die darüber reden, wieviel Spaß es macht, einander Schmerzen zuzufügen.

Ich bin vorsichtig damit, S/M als gutartig darzustellen«, sagt er nachdenklich. »Zu sagen: ›Es macht Spaß und ist ganz allein unsere Sache‹, finde ich gefährlich. Man kann sich sehr schnell verkalkulieren und dem anderen mehr Schmerzen und Schaden zufügen, als man beabsichtigt hatte.

Diese Sache ist nicht nur eine Frage individueller Freiheit, sie ist komplizierter. Manchmal macht ihre politische Einstellung Therapeuten, Journalisten und andere Menschen blind gegenüber den Gefahren. Wir leugnen die Gefahren, rationalisieren sie oder machen uns etwas vor, weil wir nicht moralisierend klingen wollen. Wir wissen nicht, wie wir die Risiken analysieren sollen, ohne den Anschein zu erwecken, daß wir diese Menschen verdammen.

Piercings beispielsweise sind gefährlich. Es besteht ein hohes Infektionsrisiko. Die Genitalien zu piercen könnte die Sexualität gefährden. Warum wird derartiges Verhalten in den Medien glorifiziert?«

»Vielleicht sollten alle S/M-Artikel mit einem Warnschild versehen sein.«

»Darüber sollten Sie mit Tipper Gore sprechen«, lacht er.

Als ich aufgelegt habe, ruft mich eine Freundin an, um zu fragen, ob ich am Abend zuvor die Sitcom Murphy Brown gesehen hätte. Corky hatte über Murphys Post ganz beiläufig einen Satz fallenlassen: »Sie haben zwei Briefe von Männern bekommen, die Fotos von Ihren Füßen haben wollen. Ich wußte nicht, was ich damit machen sollte.«

»Sexuelle Abweichler kommen langsam ans Tageslicht«, meint meine Freundin, »wenn sie in Sitcoms zur besten Sendezeit erwähnt werden.«

Während wir uns unterhalten, räume ich meinen Schreibtisch auf.

Ganz oben auf einem Haufen Post liegt eine Pressemitteilung über die Produktion des Filmes *Exit to Eden.* Dana Delaney spielt die Hauptrolle in der Filmversion der S/M-Liebesgeschichte nach dem gleichnamigen Roman von Anne Rice. Mädchen peitscht Jungen, Mädchen verliebt sich in den Jungen, Junge und Mädchen laufen von der S/M-Phantasieinsel zusammen weg.

Darunter liegt ein Zettel von Jan von der Briar Rose, der lesbischen S/M-Selbsthilfegruppe in Columbus, Ohio. »Häusliche Gewalt in der S/M-Gemeinde«, lautet das Thema eines Workshops. Eine Überprüfung der Realität?

SCHLUSSFOLGERUNG

Wie weit wird es noch kommen?

Wenn man über Sex schreibt, denkt man auch an Sex. Vermutlich denkt man häufiger an Sex als der Durchschnittsmensch. Manche Leute haben mich gefragt: »Macht es Sie nicht an, über Sex zu schreiben?« Ja, häufig tut es das. Das Schreiben über Sex hat meine Phantasien beflügelt und ihr manches Mal Nahrung gegeben.

Doch weite Teile dieses Buches haben mich nicht angemacht. Zu Anfang war ich von den Dingen, die ich sah und hörte, angenehm erregt. Die Menschen teilten mir ihre Erfahrungen mit, manchmal in den schillerndsten Farben. Frauen lehnten sich über ihr Weinglas oder ihre Kaffeetasse und senkten ihre Stimme, wenn sie mir von den Erfahrungen berichteten, die sie als »abartig« betrachteten. Männer sahen mir beim Reden in die Augen, um zu sehen, ob ihre Worte auch mich erregten. Und manchmal, wenn der Augenkontakt abgebrochen wurde, warf ich einen schnellen Blick in ihren Schritt, um meine Neugier zu befriedigen und zu sehen, ob sie bei der Erinnerung an ihre eigenen erotischen Erlebnisse erregt wurden. Später war ich oft von den Gesprächen auf Band erregt, besonders wenn ich allein in meinem Hotelzimmer lag.

In San Diego beschrieb eine Frau mit atemloser Stimme, wie die leichten Schläge ihres Liebhabers sie vor dem Geschlechtsverkehr erregt hatten: »Seine Hände fühlten sich ganz warm auf meinem Fleisch an. Die Klapse ließen meine Schenkel erzittern und langsam warm werden. Plötzlich merkte ich, daß seine Hand, die meinen geschundenen Hintern liebkoste, köstlich kalt war.«

Ein Künstler aus Chicago erzählte, wie gerne er über längere Zeit Cunnilingus machte, während seine Frau ans Bett gefesselt war: »Ich verliere mich in ihr, im Lecken ihrer Säfte. Dann ziehe ich mich zurück und lasse sie zu mir hinaufbiegen. Zu sehen, wie sie sich streckt, um mit ihrem gebogenen Körper meine Zunge zu erreichen, macht mich wahnsinnig an.«

Außer auf Video hatte ich noch nie gesehen, wie zwei Frauen miteinander Liebe machten, bis ich an einer Swingerparty in Texas teilnahm. Der Anblick eines weiblichen Mundes, feucht von Lipgloss, der gegen die Schamlippen einer anderen Frau gepreßt war, erregte mich ganz unerwartet. Hemmungslose Frauen, die gegenseitig Brüste und Genitalien liebkosten die und sich aneinander rieben, machten ihre männlichen Partner heiß – und verwandelten sie zumindest für einige Minuten in die Hengste, die sie gerne sein wären.

Als ich damit begann, Leute zu interviewen, die an anstrengenderen und öffentlichen – und für mich beunruhigenderen – Formen von S/M teilnahmen, regten meine Recherchen mich nicht mehr an.

Ich habe einige ziemlich feste Ansichten über die Dinge, die ich gesehen und gehört habe. Ich bin zu einigen Schlußfolgerungen darüber gelangt, was manche Menschen tun und warum. Es handelt sich dabei nicht um die Meinung einer *Expertin.* (Haben wir alle nicht schon genug Expertenmeinungen gehört?) Es sind meine Ansichten, die Beobachtungen einer Frau, die als Zuschauerin einige sehr bemerkenswerte Szenen mit ansehen konnte – ein Blickwinkel, der normalen, neugierigen Menschen wie Ihnen und mir nur selten gewährt wird. Wären Sie dabeigewesen, hätten auch Sie sich ganz sicher eine feste Meinung gebildet.

LEICHTE ABARTIGKEIT IST SEXY, SCHWERE ABARTIGKEIT NICHT

Die »abartigen Sensualisten« – Menschen, die starke sexuelle Gefühle genießen – schließen jene ein, die Analsex lieben, Tie-and-Tease-Bondage und ein wenig S/M. Sie haben vermutlich ein größeres Bedürfnis nach sexueller Abwechslung als der normale Mensch. Sie binden ihre exotischen Formen des Liebesspiels in ihr Liebesleben ein, das zärtliche, sanfte und emotionale Episoden der Liebe umfaßt. Einige abartige Sensualisten zeigen auch exhibitionistische Neigungen – wie das Paar, das es auf Collegepartys im Badezimmer trieb.

Ein sehr attraktiver Mann und seine Frau spielten kürzlich in einer Ausgabe der Sendung *Real Sex* vor den Kameras leichte S/M-Spiele. In einer Szene führte sie ihn an einer Hundeleine, die an seinem Sklavenhalsband befestigt war, hinauf ins Schlafzimmer. Sie legte ihn auf dem Bett übers Knie und versohlte ihm mit einem Schuhleisten leicht den Hintern. In der nächsten Szene befestigte er ihre Handgelenke über ihrem Kopf an einen Bondage-Stab, der einem Trapez ähnelt. Sie war in ein Lederkorsett gekleidet, das Brüste und Hintern freiließ, und sie genoß es offensichtlich, ihren lüsternen Körper den Blicken der Öffentlichkeit preiszugeben. Er peitschte sie einige Male mit einem dünnen Rohrstock aus, machte zwischen den Schlägen je eine Pause, um ihre rotglühenden Pobacken zu reiben und zu fragen, ob alles in Ordnung sei. Beide waren in jeder Szene eindeutig erregt. Ihre Aufregung war ansteckend. Es war wirklich ein sexy Film.

Geht man einmal über Analsex, Tie and Tease und S/M-Phantasiespiele hinaus, die ohnehin mehr mit Kostümen als mit Folter zu tun haben – dann hat man es nicht mehr mit Sex zu tun. Diejenigen, die harte, abartige Praktiken vollziehen, sind Menschen mit Problemen, und diese Probleme lassen sich nicht mit dem Verschwinden der Kernfamilie begründen. Die negative Haltung dieser Menschen wurde höchstwahrscheinlich am Busen eben dieser Kernfamilie genährt.

Die Interviews und das Recherchematerial, das sich mit diesen »Lifestylers« beschäftigt – den Menschen, deren Leben durch S/M oder Fetischismus bestimmt wird –, fand ich faszinierend, manchmal erschreckend, oft packend. Erotisch? Nein.

Fetischisten und Leute, die harte S/M- oder Bondage-Praktiken vorziehen, haben keinen leidenschaftlichen, wilden, aus der Kontrolle geratenen Sex. Sie vollziehen Rituale, die sich um Schmerzen und/oder Anbetung und Erniedrigung drehen, um Bestrafung und Buße, Opfer und Belohnung. Diese Menschen haben mehr mit christlichen Fundamentalisten gemeinsam als mit echten Sexabenteurern. Sie sind vor allem anderen *streng*, eine Eigenschaft, die ich bei einem Liebhaber nie suchen würde.

Wenn S/M mehr als ein Spiel ist, das keine Narben hinterläßt, haben Sie Probleme. Suchen Sie sich Hilfe. Es ist mir egal, was neun von zehn Therapeuten sagen, während der Kassettenrecorder läuft, Sie haben Probleme.

THERAPEUTEN SIND ÜBERMÄSSIG ›POLITICALLY CORRECT‹

Mich ärgert die Denkschule, die nach dem Motto »Ich bin o. k., du bist o. k., selbst wenn du gerne beschimpft werden oder den Hintern versohlt bekommen möchtest, während du an Zehen nuckelst« operiert. Nein, ich will nicht, daß

Therapeuten ihre fetischistischen oder sadistischen oder masochistischen Patienten kasteien. Aber gibt es keine Möglichkeit, zu sagen, »unterwürfig zu sein ist nicht der richtige Weg, gesund und glücklich zu leben«, ohne den Unterwürfigen oder Dominanten moralisch zu verdammen? Sollten professionelle Therapeuten nicht die Verpflichtung haben, darauf hinzuweisen, daß Sex mehr bedeutet als diese kleine, vertrocknete Scheibe, die diese Leute vor sich auf dem Teller sehen?

»Therapeuten wagen es nicht, mit Worten zitiert zu werden, die nicht ›politically correct‹ sind«, sagte ein Psychotherapeut in Boston zu mir. »Eine ehrliche Bewertung von Pro und Kontra eines Verhaltens wird selten als ›politically correct‹ betrachtet. Diese ›Political correctness‹ durchdringt die ganze intellektuelle Atmosphäre. Man kann alles, vom Transvestitismus bis zum Verhältnis der Rassen untereinander, in Worte kleiden, die ›politically correct‹ sind. Dieses Denken kann auf seine Weise genauso unbeugsam und moralistisch sein wie die Rhetorik der christlichen Rechten.«

›Political correctness‹ ist ein Konstrukt liberaler Weißer, die linke Version puritanischer Sitten, die Methode der neunziger Jahre, unsere Schuld an »Minderheiten« zu sühnen. Sie ist außerdem langweilig, einschränkend und wirklich herablassend gegenüber den »Minderheiten«, die sie eigentlich mit ihren Richtlinien für *akzeptablen* Sprachgebrauch sowie akzeptables Verhalten und Gedankengut schützen sollte. Wenn die Sprache der Therapeuten noch weiter durch den Filter der ›Political correctness‹ gedrückt wird, bleibt nur noch verdummendes Geschwätz übrig. Und wenige Experten wagen es zu sagen, daß es vielleicht doch nicht so gut ist, den Partner im Namen der Liebe zu verprügeln.

SWINGER SIND LANGWEILIG, BESONDERS DIE MÄNNER

Außerdem stehen sie der Gefahr von sexuell übertragbaren Krankheiten und der Art ihrer Verbreitung erbärmlich ignorant gegenüber (aber das ist bei den meisten Menschen so, die viele verschiedene Partner haben).

Die Mehrzahl der von mir interviewten Swinger wechselt seit Jahren, manche schon seit Jahrzehnten häufig die Partner. Oft wirken sie wie Menschen, die in einer Art »Zeitverzerrung« gefangen sind. Ihre unbekümmerte Haltung gegenüber ihrem Risiko, sich eine Krankheit zuzuziehen, zeigt, daß sie in einer anderen Zeit leben; das gilt auch für ihre vorherrschende Ideologie: *Partnertausch ist gut für die Ehe. Partnertausch hält die Paare zusammen. Swinger sind nicht so eifersüchtig oder besitzergreifend.*

Männer, von denen ich noch nicht einmal einen Gebrauchtwagen kaufen würde, bedrängten mich mit derartigen Aussagen wie mit Visitenkarten. Männliche Swinger legten viel eher als ihre weiblichen Gegenstücke regelrechte Rekrutierungstaktiken an den Tag. Einige Frauen machen ganz ohne Zweifel mit, weil sie die Philosophie ihres Mannes akzeptieren. Andere Frauen wiederum scheinen mehr Spaß als andere daran zu haben.

Partnertausch scheint eine gute Möglichkeit für bisexuelle Frauen zu bieten, mit anderen Frauen eine Affäre zu haben. Ihre Ehemänner willigen ein, weil sie zusehen dürfen. Zwei Frauen zusammen bilden immer noch die Lieblingsphantasie des Durchschnittsmannes. Und vielleicht wäre es den Frauen auch nicht angenehm, ohne ihre anwesenden Männer Sex miteinander zu machen.

FETISCHISTEN, MASOCHISTEN, SADISTEN, SWINGER, BEGEISTERTE ANHÄNGER HARTER BONDAGE-PRAKTIKEN – ALLE HABEN PROBLEME MIT INTIMITÄT

Sie haben genau wie alle anderen Menschen, oder sogar noch dringender, ein Bedürfnis nach Ratschlägen zu der Frage, wie man sich in Beziehungen verhält. Ich dachte, ich hätte Probleme mit Intimität – bis ich diese Menschen kennenlernte. Es ist erstaunlich, wieviel Energie sie aufbringen, um sicherzugehen, daß sie keine wirklich intimen Bindungen zu einem Sexualpartner schmieden müssen.
Leute, die ernsthaft S/M praktizieren, sprechen über Intimität. Sie behaupten, intimere Beziehungen zu haben als andere. Diese Behauptung kann durch wissenschaftliche Untersuchungen nicht bestätigt werden. Wenn man sich erst schwer auspeitschen lassen muß, um in die Arme des Geliebten sinken zu dürfen, dann ist man mit einem liebenden Haustier oder einem guten Buch besser dran.

DIE MEDIENBERICHTE VON S/M UND ANDEREN AUSGESUCHTEN ABARTIGKEITEN SIND PHANTASTEREIEN

Verbringen Sie einmal einen Abend gemütlich im Bett mit Ihren Lieblingszeitschriften und der Fernbedienung, besonders wenn Sie Kabelfernsehen haben. In den Zeitschriften sehen Sie schöne Frauen in der Haltung von Dominanz und Unterwerfung. Zappen Sie zu MTV; dort sehen Sie dieselben Frauen, in weniger Kleidung, in aktiveren Posen. Perfekt geformte Körper werden auf The Movie Channel, Showtime, Cinemax und HBO erotisch gequält.
Der durchschnittliche Sadomasochist sieht nicht aus wie die

Komparsen in einem Madonna-Video. *Er* ist der Widerling mit fettigem Haar in der Eulenspiegel-Society, der Typ, dem Sie in der U-Bahn nicht unmittelbar gegenübersitzen möchten. *Sie* sieht erst so toll aus, wenn sie ganze Stunden für ihr Make-up verwendet hat. Sie alle haben einen Blick, den Sie lieber nicht verstehen wollen.
Ernsthafte Sadomasochisten verhalten sich zu Filmstars wie der Alkoholiker im Rinnstein zu dem eleganten Paar, das nur ein bißchen am Champagner nippt.

PIERCING, BRANDING UND SCARRING SIND GEFÄHRLICHE, FURCHTERREGENDE PRAKTIKEN

Artikel in der Presse über Piercing konzentrieren sich darauf, was es jungen Leuten bedeutet. *Sexy. Spaß. Mein Körper gehört mir. Will meinen Anspruch auf meinen Körper deutlich machen.* Wann wird ein Journalist die viel größere Frage stellen: Warum verstümmeln junge Leute sich selbst? Wann wird ein Journalist dazu einen Arzt befragen?
Meine Ärztin, die angesehene Internistin aus Manhattan und Leiterin des Institute for Sexual Health, Sue DeCotiis, sagt über Piercing der Klitoris: »Es besteht ein großes Risiko schwerer Blutungen. Ebenso ein Risiko für Infektionen und möglichen Verlust sexueller Empfindungsfähigkeit.«
Ich schätze, daß in zehn Jahren eine *Donahue-Show* über »Opfer des Piercings« gesendet wird. Unter den Gästen werden Männer und Frauen sein, die durch das Genital-Piercing sexuell beeinträchtigt sind, die Eltern eines Mädchens, das während eines Klitoral-Piercings verblutete, der Piercer – über Satellit – aus seiner Gefängniszelle, ein plastischer Chirurg, der sich darauf spezialisiert hat, vom Piercing zerstörte Körperteile wiederherzustellen, und natürlich ein Therapeut.

TRANSVESTITEN SIND LUSTIG

Die Gegenwart von Transvestiten versetzte mich zurück in die Zeit der Pyjamapartys an der Highschool. Sie und Ihre beste Freundin im Gespräch über Make-up, Klamotten, Strümpfe bzw. Strumpfhosen. Transvestiten haben etwas Erheiterndes. Und wer beneidet Sie sonst schon um Ihre Brüste, auch wenn sie klein und ein wenig schlaff sind?
Aber schlafen würde ich mit keinem.

WIE WEIT WIRD ES NOCH KOMMEN?

Vor 25 Jahren war es abartig, sich zur Masturbation zu bekennen. Männer, die zugaben, auf Cunnilingus zu stehen, waren abartig. Eine Frau, die gestand, gerne Fellatio zu machen, war abartig. Heterosexueller Analsex war besonders abartig. Die Definition für »abartig« hat sich gewiß sehr erweitert, seit die geburtenstarken Jahrgänge, meine Generation, geschlechtsreif geworden sind. Wie weit wird es noch kommen?
Die meisten Experten glauben, daß harte S/M-Praktiken mit der wachsenden Akzeptanz von Abartigkeiten nicht häufiger geworden sind. Derartiges Verhalten wird von den Teilnehmern offener und freier bekannt, aber ansonsten nicht häufiger praktiziert. Viel mehr Paare glauben, es sei gesellschaftlich anerkannt, alternative Formen erotischer Spiele auszuprobieren; und das ist gut so.
Wird diese wachsende Offenheit zu mehr potentiell schädlichen Verhaltensweisen führen? Vermutlich nicht.
Wird eine immer gewalttätigere, sexuell repressivere Gesellschaft weiterhin Fetischisten, Masochisten, Sadisten hervor-

bringen – vielleicht auch eine immer gewalttätigere und entfremdete Gruppe von Sadomasochisten? Vielleicht.

Sind die meisten Anhänger abweichenden sexuellen Verhaltens eine Gefahr für die Gesellschaft? Nein. Nur für sich selbst und vielleicht für ihre Partner, die mitmachen.

Was wird in 25 Jahren als »abartig« gelten? Ich setze auf die Missionarsstellung.